LOCUS

LOCUS

LOCUS

LOCUS

Smile, please

smile 136

台灣教育的另一片天空——20年民間實驗教育的里程碑

作者：果哲
封面設計：林育峰
責任編輯：冼懿穎
美術編輯：Beatniks
校對：呂佳眞

法律顧問：全理法律事務所董安丹律師
出版者：大塊文化出版股份有限公司
台北市10550南京東路四段25號11樓
www.locuspublishing.com
讀者服務專線：0800-006689
TEL：886-2-87123898　FAX：886-2-87123897
郵撥帳號：18955675　戶名：大塊文化出版股份有限公司

總經銷：大和書報圖書股份有限公司
地址：新北市新莊區五工五路2號
TEL：02-89902588　FAX：02-22901658
製版：瑞豐實業股份有限公司
初版一刷：2016年9月

定價：新台幣350 元
ISBN： 978-986-213-727-7
Printed in Taiwan

台灣教育的另一片天空

EXPERIMENTAL EDUCATION IN TAIWAN

20年民間實驗教育的里程碑

果哲 著

推薦序　台灣教育的藍天

馮朝霖　台灣另類教育學會理事長、政大教育學系教授

台灣近兩年因實驗教育三法的誕生，另類／實驗教育的發展的確是如火如荼，儼然整個社會對於既有的體制教育都已厭倦不堪，不論城市與鄉村似乎都不願落於人後，急於創辦屬於自己的實驗教育機構。事實上，從上世紀九十年代以來，另類教育發展日漸蓬勃，呈現多采多姿的豐富面貌，雖然學術界與出版界不時有零星的研究文本現身，然而，關於台灣另類／實驗教育的系統性描繪文本卻始終難尋。因此，我認為果哲此一包羅萬象的台灣教育改革新書，恰可在此時提供關心台灣教育創新的讀者一本具有相當參考價值的文本。

根據我的觀察，當前台灣另類／實驗教育的發展趨勢，可歸納為六大取向：華德福教育（如宜蘭慈心華德福實驗中學）、民主學校（如卓蘭全人實驗高中）、在家自學與共學（如暖暖蛇親子共學、慕真在家自學資源中心）、東方文化復振（道禾實驗教育）、原住民族實驗教育（如屏東地磨兒國小與台中普瑪實驗小學）、偏鄉學校轉型（如雲林樟湖生態國中小學）。

本書定位並非學術性質專書，因此不必以學術標準苛責，但對於台灣實驗教育的主流現象的「台灣華德福教育運動」隻字未提，卻無任何說明；又用不成比例的篇幅（不足兩頁）草草交代人本教育基金會的「森林小學」與強調民主教育的「全人實驗中學」，我不明白作者內心真正的想法為何，但無論如何，這是本書較為令人無法認同之處。

面對實驗教育繼續發燒的現象，有不少人憂心忡忡，認為將來必然會產生實驗教育的污名化，因此開始有種種嚴格控管的聲音出現。拙見認為不可因噎廢食而採取保守的轉向，一如民主政治的政黨有左右光譜的多元，實驗教育之多元化也不可避免類似現象，因此不應以特定哲學立場否定其他主張存在之正當性，而應訴諸社會整體之辯證。美國哲學家羅迪因此主張「自由的問題優先於真理的問題」（Take care of Freedom and the Truth will take care itself）。推衍羅迪的自由哲學，我認為教育的持續自由化與多元化才是解決教育困境的唯一改革正道。因為，若無「學習的自由」與「教育的民主」，就無實現全人教育與人性化教育之充分條件。

我深深欣賞作者在前言的一段話：樂天知命的台灣人，在永遠的瞬變憂患中，培養出一種堪忍的韌性，以至於在台灣所發生的各種奇蹟，其實，是一種「台灣本色」。也深信台灣另類／實驗教育未來仍會同樣令人讚嘆不已。

推薦文

小野　作家

生活在台灣心情往往在悲觀和樂觀之間擺盪。

許多事情在努力之後覺得徒勞，好像是宿命。

可是當你正在嘆息時，另外一批人已經攻下新的灘頭堡。

更令人振奮的是那些攻下新的灘頭堡的人向你招手說：「來吧，歡迎你加入戰鬥。」

這本書的出現就是這樣，當我正陷入悲觀又想退隱時，有人向我招手。

我翻開書，天哪，我那小小的挫折算什麼？有那麼多和你想法接近的人已經在這個荒蕪的土地上耕耘了很久，一片新天新地已經出現在眼前。

今年我意外接下TMS（台北市影視音實驗教育機構）的工作，同時間果哲來找我談這本書。她告訴我正在訪問的人和事，其中一句最重要的話是：「實驗教育不必要很長的籌備，因為實驗就是要動手開始，如果想太多就永遠不會做了。」

於是我就不再猶豫了，決定勇往直前。

謝謝這本書，它鼓舞了我進入了我最熱愛卻又最沒有信心的領域——實驗教育。

林逢祺 國立台灣師範大學教育學系系主任兼教授

「實驗」代表求真、求善、求美的旺盛生命力，也是懷抱希望和愛的象徵；教育作為社會革新的基地，不能沒有實驗。近年來，台灣的實驗教育在民間有志人士的辛勤耕耘下，遍地播撒了希望和愛的種籽，終有一天見到百花綻放、綠樹成蔭的教育榮景。

何榮幸 《報導者》總編輯

本書既是過去二十年台灣實驗教育的寫照，更向所有曾經奮力一搏的教育工作者致敬。台灣教育的另一片天空，有著跌跌撞撞後多元奔放的生猛有力風景。這條不同的路，值得更多人一起走下去。

The number of schools and pedagogical approaches is really worth to be described and offered to the public in a moment of public discussions about better ways of schooling. This book can help people not to restart new concepts at any moment without referring to school experiments that others have already made.

Rainer Kokemohr（瑞諾・寇可模）德國漢堡大學教授

（當大眾正在討論更好的教育方式時，這些學校及教學法很值得被描述並提供給大眾參考。這本書可以幫助人們，在任何時候都必須先參考其他人已經擁有的辦學經驗，再重建自己的新觀念。）

＊寇可模曾任德國漢堡大學教育系首席教授，擁有哲學理論與教育實務雙學位。他跳脫西方社會文化觀點，在非洲喀麥隆進行教育田野研究二十三年，投入實小師培，成立師範學校並任該校校長。近年受聘為政大講座教授，關心台灣各地實驗教育學校。

One of the major issues in education, as is recognized internationally, is the issue of thinking. The idea of teaching through cramming information down the brains of students, called transmissive pedagogy, is becoming outmoded, as recognized by most specialists. But the main problem is the inertia encountered in the institutions and the teaching community, traditionally resistant to changes. Of course, to induce thinking demands to reform mental and practical habits, it requires time and the capacity to accept mistakes. That is the challenge presented by Gogeor in her book....We hope reading it gives the opportunity for all pedagogues in Taiwan to rethink their teaching strategy.

Oscar Brenifier（奧斯卡．柏尼菲）法國哲學家

（國際公認，思考是教育裡的一個重要課題。大多數專家都認為，將知識填鴨進學生腦袋裡的教學方式（也就是所謂的傳遞式教學法）已經過時了。不過，最大的問題在於教育機構和教學社群裡的惰性，這些團體一直以來都抗拒改變。要培養思考能力，當然必須改革心理、行為上的習慣，還需要時間以及能夠接受錯誤。果哲在她書中呈現的就是這種挑戰……希望台灣教育工作者，能藉由閱讀本書再次檢視自己的教學策略。）

＊柏尼菲是巴黎索邦大學哲學博士，在世界各地致力於「哲學實踐」的理論和實作，並組織各種兒童與成人的工作坊與座談。他已出版三十本哲學書籍，其中【PhiloZenfants】系列被翻譯超過二十五種語言，並創辦「實踐哲學學院」，培訓實作哲學人。

前言　台灣，從教育救起

台灣是一個島國，年年面對颱風狂襲、地震威脅，每每處理天災過後人的死傷與滿目瘡痍，人們必須連心合力，重整破碎的家園，先想辦法把日子繼續過下去，再想辦法把日子過好。樂天知命的台灣人，在永遠的瞬變憂患中，培養出一種堪忍的韌性，以至於在台灣所發生的各種奇蹟，其實，是一種「台灣本色」。

一八九五至一九四五年，在五十年的日本政府統治時代，國民教育在台灣各地普及化，建立了與日本國內普魯士教育相仿的學校制度，台灣學生穿上制服、揹著書包走進學校。國民政府遷台，一九四五至一九八七年間，進入了四十二年的戒嚴時期；其中一九六九至一九八七年實施近二十年的髮禁；又從一九五三年，中學以上增加軍訓課，至二〇一六年為止。教官進駐校園長達五十三年，軍事化管理的教育方式與思想在各級學校教育中深根固蒂。

一九八七年解嚴之後，台灣開始走上民主社會的政黨輪替時代。直到一九九四年四月十日，民間團體首次發動四一〇教育改革大遊行，人民企圖從長年的政治控制中掙脫，回歸到教育本質。

台灣的教育改革從四一〇之後分成兩路：體制內的教改紛紛擾擾，體制外的民間教改默默進行。

台灣民間實驗教育的一條坎坷路

曾有三位實驗教育校長因辦學而被提起公訴，台灣早期政府對最初的民間教改團體辦學，有時以斷水、斷電、控告的方式進行干涉阻撓。然而，民間實驗教育的先驅們，卻一個接著一個、無懼無畏地堅持在深山荒野辦起自己期待中的理想教育，也在各自不同的期待與闡釋中，嘗試找出教育理念的交集。

經過體制外團體多年不斷地努力爭取，一九九九年政府制定《教育基本法》，非學校型態的實驗教育（在家自學）有了法律依據；二〇一四年十一月，立法院通過了「實驗教育三法」，人民終於可以自由辦學了。

二十多年後，二〇一六年五月，台灣國民教育署黃署長在第二屆「台灣實驗教育論壇」，表達了對實驗教育的敬意，「我們說藏富於民，民間的能量比公家更大，我們想得到的，民間都想得到，我們做得到的，民間比我們先做了。我們從民間擷取非常多的經驗，理想也好，幫助也好，可以引為借鏡的也好，我們也一直調整策略，修正作為。」政治大學的國際會議廳坐滿了關心民間實驗教育的人，廳外的天空陰沉微雨，「你們走在我們前面，我們在你們既有的成就之上，也就是說，我們站在你們的肩膀上，看得更高，看得更遠」。

台灣的民間實驗教育一路走來孤獨無援、艱辛困頓，卻始終堅定不變；二〇〇五年，政大馮朝霖教授組織的另類教育學會，教授們陪伴了這些另類教育的成長。各實驗學校一、二十年的實驗成果，始終是體制內教育的重要領航。從最初政府的反對阻止，到現今政府的向民間求教，二十多年來被貼上小眾貴族教育標籤的民間實驗學校，不但撼動了台灣百年的傳統教育，連東亞各國也為之驚艷。

然而，民間實驗學校依然二十年如一日地憂愁著自家的柴米油鹽，有的因辦教育傾家蕩產而關校，多半仍在勒緊褲帶苦撐；宜蘭的清水小校，第一年辦學教師團全部沒有薪水，至今教師仍在領半薪以維繫學校的經營。相較之下，英美政府協助民間辦學的立法靈活性與主動輔助，令人望而興嘆。

實驗教育從體制外走進體制內

民間的實驗教育學校，經過十多年少數媒體雜誌的不斷報導，醞釀著無法估計的影響力。近三、四年，再也等不及的體制內教育工作者，亦紛紛站出來，開始走上心中理想教育的實踐之路。

對台灣民間實驗教育影響最大的兩本書，一本是戒嚴時期由志文出版社「新潮文庫」翻譯的英國《夏山學校》（後由遠流出版）；另一本是二〇一二年由《親子天下》翻譯的日本《學習的革命》。

英國的夏山學校成為最初台灣實驗教育學校的模仿對象，在台灣的保守環境下，是大破大立的教育革命模式，其中對於民主自由的追求，形成日後逐漸擴散的影響。日本佐藤學的《學習的革命》出版之後，成為台灣一些體制內想要改革的教師的浮木，由於東亞國家的教育體制相仿，因此在日本的教室改革模式取得成功後，在台灣立刻風起雲湧的仿效，在難以動彈的體制內教學現場，首度引入活水。

民間的實驗教育現場從體制外走進體制內，從下而上的體制內從兩個方面進行：進行實驗教育的學校，以及進行實驗教學法的教師。

最容易開始著手進行全面改革的體制內學校，竟是政府鞭長莫及的偏鄉學校。由於是資源弱勢又不被期待，學校在存廢之間掙扎求生，因此反而擁有最大的彈性空間，也成為試辦實驗教育學校最有利的條件（請參考討論二）。這些面對生存問題的偏鄉學校，因政府的放手，而必須各自經營出特色成果吸引就讀學生。其中陳清圳校長獨排眾議，堅持找回教育的核心價值，長年獨力經營的華南和樟湖二校，成為台灣偏鄉學校轉型實驗教育學校的成功典範；同時，偏鄉原住民族學校伍麗華校長，也在泰武和地磨兒二校，成功地走出原住民自己的教育模式；而政大教育系鄭同僚教授「偏鄉學校型態實驗教育」計畫中的五所學校，更改變了偏鄉小校的命運，以及教學模式與體質，為偏鄉小校注入強心劑。

體制內學校的教師，雖然無法改變整個學校的傳統體制，卻可以改變經營自己的教室。於是，除了各地興起的日本佐藤學「學習共同體」，以及幾位明星老師的全力推動，全台灣各地都有教師開始在自己的班級教室中做改革。

其中，更有由教師主動向學校爭取開辦實驗班，出現非由學校主導的實驗班：有台北市中山女高張輝誠老師的「學思達實驗班」，推動自創的學思達教學法，和台北市南港高中林靜君老師的「國際人文實驗班」，側重培養哲學思考能力。而最早帶動教師改變教學法的佐藤學「學習共同體」，則除了努力在各學校內推動教師課堂改革之外，有些由校長發動的全校改革，也成為體制內學校的實驗教育中，依循國外實驗教育而進行學校改革的例子。

教育需要全國攜手合作

台灣學術界走入實驗教育現場，由一些教授展開行動，台大數學系的黃武雄教授、史英教授及師大陳柏璋教授參與全人和森小，國北師的楊文貴教授在宜蘭人文國中小推動適性教育，輔大哲學系楊茂秀教授創辦毛毛蟲兒童哲學基金會，大學校長李家同的博幼基金會照顧弱勢生課後輔導，政大教育學系馮朝霖教授的「另類教育學會」陪伴支持實驗教育學校，東華大學顧瑜君教授的五味屋照顧弱勢生，政大教育系鄭同僚教授的「偏鄉學校型態實驗教育」計畫改變偏鄉學校命運，以及哲學界的一些大學教授也開始進入高中推展哲學教育。而一批大學教授參與教育現場，最早是由鴻海集團的永齡基金會所帶動，許多的大學教授因此開始進行偏鄉教育的實作與研究，第二波的一批教授參與實驗教學法，則是近三、四年興起的「學習共同體」。台灣逐漸出現更多的熱血教授，不畏辛勞，願意進入教育現場，和第一線的教育工作者並肩努力。

另外，教育學術研究工作的進行，像是專長於國際比較教育學的師大楊深坑教授，繼國際比較教育的大型研究計畫——各國的《教育制度中的社會正義與適性發展之比較研究》完成之後，又帶領民間組織「台灣教育哲學學會」，繼續規劃為期三年的「台灣教育研究」。台灣學術研究的水平，如師大林玉体教授在《台灣教育史》中所言：「可以躋身於寰宇而毫不遜色」，林玉体教授更認為，「且以台灣作為研究素材，正是台灣學術界責無旁貸的重任。」教育界唯一一位國家終身講座教授楊深坑所主持的「台灣教育研究」，正適時地回應了大家對學術界的期待。

學術研究若奠基在現場實作的經驗累積上，就能與教育現場實際連結；而現場實作透過學術研究的資料彙整與分析，就能借力看清自己的位置、盲點與行徑方向。當台灣的學術界與教育現場結合之後，就能開始彼此了解，互相擷取所長。而許多參與教育現場的教授，都是抱持著謙卑自省的態度，向現場一線教師學習，表現出重要的身教示範。

當更多的學術界願意進入體制內外的教育現場進行合作，而補教界願意開放公益版的教學錄影幫助偏鄉（請參考討論二），台灣企業界願意注入資金在鼓勵民間發展創新教育，跨界有志之士也願意出一分力氣，人民願意放下成見一起攜手努力的時候——台灣下一代教育的支撐網絡才能建立起來，才能守護台灣下一代的幼苗健康地成長，守護台灣的未來走向光明。

以教育立國的芬蘭，從土地貧瘠、自然條件惡劣的情況下翻身，全國支持理念教育，擁有高素質的教師，成為世界矚目，爭相拜訪的國家。二〇一六年，英國政府宣布一半的小學要學習東方的數學課程，以西方世界為中心的教育觀點，開始看見變化，也看見西方國家對於本國教育的憂心與急迫。隨著人工智慧的發展所帶給人類對於無法預測未來的焦慮，無論東西方國家，無不憂心忡忡地紛紛從教育下手，準備謹慎應戰。過去沒有捐款習慣的中國，近來各大型企業也紛紛捐獻鉅款在教育事業上。

台灣教育此時的艱巨非其他國家所能比擬，處在社會對立撕裂的不安定狀態下，毒梟、詐騙集團、幫派等等各種黑暗勢力又環伺在側不曾鬆手，台灣需要更多人伸出雙手捍衛我們的下一代。「培養一個孩子，需要用全村莊的力量」，台灣下一代的教育，需要用全台灣人民的力量去支持。沒有永恆的政治勢力，而人民才是永恆的，百年大計的教育，是每一代人民不能推卸的責任。

台灣的實驗教育，將從單打獨鬥時代，進入群體合作時代——需要體制內外實驗教育的攜手，需要企業與各界的支持，更需要全民的投入。台灣是不是可以在危機中再現奇蹟，不能只是觀望和等待，而是，你我立即開始行動！

第二部 偏鄉、原住民、弱勢的實驗教育 158

第一部

實驗教育學校、機構、自學團

新北種籽小學

台北市開平餐飲學校

彰化苗圃蒙特梭利中小學

台北市立麗山高中

台中道禾耕讀村

宜蘭清水小校

新北市六年制學程

台北市影視音實驗教育機構

新北種籽小學
——資深教師團治校的實驗小學

新北市烏來山區蜿蜒的山路兩旁，已經綴滿了初春的淺粉櫻花，種籽小學的校車緩緩前行，不論是走過陽光灑落地上的凌亂樹影，或是進入煙雨繚繞的水墨畫裡，天天都是彎了又彎，轉了又轉，山溪也在日日低吟，「莫忘、莫忘……」

早上九點，校車抵達山谷裡的種籽小學。

看見微笑的孩子們

走進校門，右邊的籃球場上總是有一群孩子在玩球，孩子們在球場上交到了朋友。籃球場旁的足球門有兩個男孩，正在認真地練習射門，準備跟教練去參加比賽。從籃球場再往裡走，就是依傍著龍眼樹而蓋起的「大樹屋」，綽號「三條」的體育老師，捲著袖子在大樹屋陪孩子打起桌球，遠遠傳來陣陣歡笑聲。

大樹屋的後面，連接著一片原始樹林。印度橡膠樹的大樹幹上繫著一條粗麻繩，三個高年級的女孩一起抓著麻繩盪了出去，尖叫著嘗試更刺激的盪法。籃球場旁大草地的盡頭，兩個小女孩坐在學校圍牆角落的鞦韆上，講著悄悄話。

校門口的小徑旁有兩棵大桂花樹，每棵樹上都掛著兩三個孩子，一邊摘桂花一邊比勇氣。桂花樹的後面，就是ㄇ字型的老舊平房教室了。

種籽的小樹屋是早期家長依照孩子的發想建造的。圖片來源：種籽小學提供

教室區的後面，還有一小排不整齊、更老舊的教室，裡面同樣放著一些高矮大小不一、但還堪用的舊桌椅。

兩排教室的中間，就是種籽最獨特的「小樹屋」了。「小樹屋」有兩層樓高，懸架在香楓樹幹上，是由早期家長提議與建造，並和孩子們一起討論，因為孩子們的發想，所以「小樹屋」有了小閣樓和繩索的設計。幾個小孩小心地爬上小木屋，「我先下去啦。」開始依序抓著繩索滑盪下去。種籽校長瑋寧說：「我們不擔心孩子摔跤，我們反而是用事先的安全教育，讓孩子理解如何保護自己」。

ㄇ型教室的另一個轉角，是整間學校最現代化的新建築——廁所。這是種籽成校將近二十年時，政府撥給種籽唯一一筆補助整修校舍的錢，原本破爛狹窄難堪的舊廁所，終於在二〇一二年得以翻新。在這個寬敞的新廁所內外牆壁上，孩子們自己動手畫上彩繪，因此這個新建築顯得格外美麗、熱鬧而隆重。

新廁所的旁邊，靠近原始樹林，有三個孩子，正趴在生態池中間的木橋上，「噓，小聲一點！」孩子剛從池邊摘了小紅果粒在餵魚。種籽師生們親手挖出了這一片生態池，是為了春天到來時，孩子們可以在池邊釣青蛙。

每天九點進入學校後的打掃工作，在十五分鐘之內完成後，直到第一節課九點四十分之前，都是孩子們的自由活動時間。廣場、劇場、球場、教室、圖書館、樹上以及每個角落，都是將近一百位孩子每天徜徉的生活空間，不是個陳設而已。

沒什麼爭吵聲、沒什麼人在生氣，孩子們似乎總是知道自己想去什麼地方、想做什麼事情，孩子們的肩上沒有來自大人世界的沉重壓力。在這樣安全祥和的環境中，孩子們臉上放鬆的線條，老讓人以為他們是在微笑。

自由選課，上課是一件很有趣的事

第一節課的鈴聲響起，孩子們從四處湧進了教室，校園逐漸安靜下來。校狗「條條」，搖晃到校門外，曬著早晨暖暖的太陽，伸了伸懶腰，趴在路中央，大剌剌地打起盹兒。

聽著遠遠傳來嘹喨又帶磁性的嗓音，「然後，大紅貓就『嚇！』的一聲……」國生老師說著故事，同時不斷地拋出問題：「為什麼牠害怕別的貓發現牠就是大紅貓呢？」「因為牠怕別的貓不跟牠做朋友了！」李勳最先舉手，孩子們紛紛轉動起小腦袋，也搶著舉手回答，嘗試著組織他們的句子。江國生運用戲劇的功力，在小一班的語文課裡邊講邊演，收攏了孩子們的注意力。「後來發生什麼事了呢？我們下次再繼續說咯！」「噢喲，國生每次都這樣啦！」

孩子們在種籽直接稱呼老師的名字，不冠上「老師」的頭銜，不注入馴化服從的思想；師生之間不建立威權，大人不發號施令不進行操控，師生都是朋友，彼此之間以理服人。

「學校確實讓老師有很大的空間，可以自由發揮」，頂著一頭白髮、腳穿一雙藍白拖的駐校藝術家阿正，十分肯定種籽對於老師上課內容及方式的授權。他曾經開了一門選修的書法課，花了整整一個月，和孩子們學一首王維的四言絕句。「雖然在課堂中，我容許孩子無拘無束，但是我對他們的要求是很嚴格的，如果打混摸魚，我就會請他們退選！」對孩子一向寬鬆的阿正，卻重視孩子的學習態度，「成績的評鑑方式，學校也讓我們自己決定」。

種籽的孩子，從小學一年級就開始自由選擇自己想上的課，必修課只有國語課、數學課、一週一次的生活討論課和六年級的畢業製作，其餘都是選修課和社團。學校教孩子如何做課程規劃，並建議孩子和家長一起討論。

單車教練永綸（Alan）的單車課，在種籽已經開了十多年，一週一次用兩堂課的時間，帶高年級的孩子去騎山路。「我平時就是看一下孩子的姿勢，」Alan很重視正確的運動觀念，「調整一下他們使力的方式。」遇到下雨天，就會在學校教孩子維修自行車，或教一些單車的機械原理，「我講解一些基本力學，身體的操控，比如說什麼姿勢最省力，是什麼原因；怎麼樣使力才不會造成運動傷害等等。」

每年的畢業挑戰，可以選騎單車或是登大山，如果那年投票結果是騎單車，四天三夜縱走花東公路，也就由Alan負責訓練。「騎公路很輕鬆啦！」Alan估計準備半年就可以培訓了，「平時我們在山區練習，相對困難得多了。」

除了單車社，種籽開過的社團真不少，還有許多是由家長開的社團：亂玩社、小農夫社、電影社、台語歌社、烹飪課、圖書世界和說故事時間等等。阿正開了一年的「造窯課」，為種籽留下了一個麵包窯，成為種籽特殊的景致。「麵包窯是由小孩做，大人輔導，每週一次，做了一年，整個學校都參與了。」阿正忙著跟輪流爬到背上的孩子玩過肩摔，「蓋窯的材料，有的上山找；有的花錢買；有的回收後再利用。」

讓孩子自由選課，對老師確實是個挑戰，也因此老師必須一直保持全力以赴的意志。種籽現任總顧問、政大教育系鄭同僚副教授認為，「老師需要將課程開得有趣、有意義，才能經得起選修門檻的考驗。吸引學生來修課，贏得孩子和家長的口碑，永遠是當老師向上的重要動力。」

「空堂」課，讓孩子學到更多

大人習慣把孩子從小到大的每個空檔，都用上課安排得滿滿的，對於孩子可以擁有自己的空閒時間，通常會有不同程度的焦慮不安，倘若孩子有一堂課「無所事事」，像是大人的錯誤與失職。

種籽的孩子，在自己的空堂時間，知道自己想做什麼，或者不想做什麼，大人不會自責，不會擔憂。空堂讓人恢復了自然呼吸，這種安詳的生活態度不但在種籽出現，並一直成功地進行著。

種籽畢業生家長余庭妤說，「大人不會敲著一定節奏的鼓聲讓孩子齊步前進，尊重孩子的個別發展勝於一切，這也就是當年我們選擇種籽的最大原因。」

以阡媽媽講起孩子的空堂課：「六年級時，有畢業製作的目標，所以她會利用空堂，先約好和老師談自己的畢製。有時在生活中與同儕之間遇到難題，也會找導師談談，也和同學聊天，交流彼此的家庭以及對事情的看法；或一起解決問題、或在圖書館看書、有時想一個人獨處，不受干擾。」以阡甚至還利用空堂，學會了打桌球和跳舞。以阡媽媽說：「很難想像，一個沒有師長為孩子精心安排規劃的空白時段，竟是豐富孩子生命的時段。」

自己的導師自己選

種籽的孩子可以自由選擇導師，每個孩子依序寫出自己選擇導師的四個志願，「孩子選擇導師，各種情況都有，」宜珮老師笑著說，「有從一而終的，有周遊列國的，還有團體行動的。」經教師團討論後，依孩子的性向需求，再做些調整。所以，同一個導師班上的孩子是混齡的，一到上課時間，孩子們就分頭進各自的課堂教室；同時兼具選課的自由，又保留了導師班的安全港口。

國生班的孩子，利用空堂合力做了一個郵箱，並製作郵票，最後還成立了郵局。國生最初的動機，是希望藉著寄信，來傳遞彼此的關懷。「我們全班有十二人」，全班總動員，一同參與這個班級活動，國生說：「有人專門幫我一起製作郵票；有人專門中午擺攤；有人另外負責週五蓋郵戳；有人負責送信；有人負責賣飛翔郵票；有人當會計——每個人的工作是依照自己的喜好。」目前已經出過的郵票圖案，有全體老師、校徽、種籽日的食物、畢業生、運動會項目、校外教學紀念事件等。正在發行的，是種籽校園常見的五種蛙類，「最初的想法是藉由一項工作，讓我們班上孩子的特性得以發揮。我們像是一起經營一種共同事業，其實也是一種靠近彼此的方式。」

這樣混齡的導師班，是種籽重要的基石，導師對孩子的生活教育擔負起重責。「孩子需要導師陪伴他長大，」瑋寧說，「孩子成長的過程中，必須做許多的抉擇；孩子在抉擇時，需要有人在旁邊和他進行合適的對話」。

導師是一座溝通的橋梁，他們建立起孩子的安全感，並與孩子充分的互動。孩子在「種籽法庭」接受判決之後，導師將接續對話與引導的工作。學科老師會把孩子的學習狀況詳細地和導師討論，導師也同時和家長保持充分與良好的交流。

躲在「祕密基地」吃著媽媽現煮的午餐

十二點整的鐘聲響過了，大家開始拿著自己的便當，到廚房去打飯。

「哇！今天的排骨蘿蔔湯，太讚了啦！我可以喝三碗嗎？」種籽的午餐，真是特別美味，因為學校的午餐都是由媽媽爸爸們輪流到學校替孩子們煮出來的！「嗯，咖哩雞好好吃，我還要再吃一碗。」如果想要自己的孩子也能吃到這樣的午餐，家長就必須一個學期排定一日，輪流到學校來煮飯。當然，也可以選擇每天自己帶便當。

最初，因為有媽媽希望孩子能吃到現煮的飯菜，於是逐漸形成了這樣的傳統。由於一學期才輪一次，所以家長盡顯手藝，這裡的孩子可真有口福啊。

孩子們等到自己想吃飯時，才進廚房打菜，「我們不能收得太早，因為孩子們想吃飯的時間不一定，」亦樂媽媽說。如果超過中午一點，上課時間到了，還沒去吃怎麼辦？「那就要碰運氣囉，」亦樂媽媽手一攤，「如果沒剩的飯菜，就只能說抱歉了。」

種籽沒有整齊劃一的用餐時間、沒有禁語，老師不會要求孩子盯著時鐘把飯吃完；不為了方便大人而集體管理，也不搬古訓，連餐桌都不用。每個人可以有自己感覺飢餓的時間，自己走進廚房打飯吃。吃飯可以是一件沒有壓力、很輕鬆的事。

吃午飯是一個令人震撼的場景！到處都有人捧著碗吃飯：圖書館前走廊的「老人街」，老藤椅、舊沙發坐滿了聊天的師生，連桂花樹上也夾著幾個在吃便當的孩子。

種籽的生活討論課是全校參與的課程，孩子們聚在一起討論全校的事情。圖片來源：種籽小學提供

「祕密基地」，當然也是一個享受午餐的好地方。種籽開放孩子申請自己的「祕密基地」，屬於私人領域，「外人」進入需要經過「基地」申請人同意。其實「基地」的申請，只需要用一張A4的紙，說明哪些是共同申請人，把基地的地點畫出來，領域範圍標清楚，不是學校規定的公共領域、不破壞自然生態，再經過老師同意，張貼在「基地布告欄」上，算是完成了公告，就可以擁有一學期的私人基地了。

種籽法庭，生活教育的重要課程

今天中午，種籽的「法官團」要審理一個案件：阿吉把水龍頭開著不關，讓水流個不停。

「如果阿吉確實是像他所說的那樣，因為水龍頭有點故障不容易開，而他為了後面的孩子也可以用水，所以就乾脆讓它開著流」，在這個假設前提之下，大家開始推理分析，討論可能性，有人開始舉證推翻，阿全說：「但是水龍頭是不容易關，不是不能開呀。」「可是開的時候也有一點卡卡的，」家榮舉手發言。

不帶情緒成見，就事論事；大人和孩子，平等而認真的輪流發言，刨根究柢。過程中，沒有上對下的權威，只有依循已經養成的習慣，就是互相尊重，遵守發言規則，大家各自表達意見。

「生活討論課」是種籽的必修課，一週一堂，所有孩子聚在一起討論全校的事，有報告事項、心情時間、提案討論。提案討論可以是新訂校規或是修改舊規，比如新鞦韆的使用規則、在交通車上可不可以播放影片等等。由六年級的學生組成主席團，分擔主持、報告、記錄、搬椅子、管秩序等工作。如果說生活討論課像是在立法，那麼，若是有人違反大家制定的規則時，就會被告到種籽法庭這個司法單位。

中午十二點到一點的午餐時間，也同時是「法庭」的進行時間，所以小法官們都捧著便當盒，一邊吃一邊談。討論的過程，專注卻不嚴厲，認真但不緊繃。生活中，有嬉笑歡樂的時候，也有認真思考的時候。

經過討論後，法官對於可能產生這種行為的假設與研判，心中已經有譜。那麼，對於這樣的行為，應該做什麼判決呢？負責本案的法官徵求大家意見。

李維舉手說：「我可以計算出來，大概浪費了多少水，阿吉應該付多少水費。」安安舉手提了一個點子：「我建議，請他上水利局的網站，自己選一篇文章閱讀，然後寫一份心得報告交出來！」大家頻頻點頭同意。

法官團的學生，是由全校投票選出。每天的法官團由六、七位同學組成，一週五天，由不同的學生輪流，每天也輪兩位不同的老師，協助當日的法庭進行。前半場，先進行法官團的內部會議。如果有收到提告的狀子，當日要審理的案件，會先在內部會議討論，指導法庭的輪值老師，會協助提出各種可能性，讓法官們有更多思考及面對處理的準備。後半場，開庭審理，並開放旁聽席，全校師生都可以自由進場旁聽。

有的狀子是學生告老師，也有老師告學生的狀子，統統一視同仁，人權平等。

有的時候，低年級的孩子要告高年級的孩子，或是比較內向的孩子提告，通常導師會坐在他的旁邊陪伴他，協助他陳述事情經過。弱勢者被保護並鼓勵發聲，學習嘗試勇敢面對強勢，爭取公平正義。經常要審理的案子，大都是生活裡的一些相處摩擦，「男生的方式，通常都比較直接，就是會你一拳我一腳的，」宜珮是資深的諮商老師，也擔任過早期校長，「女生就常常會夥同大家一起討厭、排擠某人。」而以種籽的標準，「這就已經接近霸凌了」！

種籽沒有霸凌的問題，「種籽重視人與人互動之間的學習，並不是因為種籽有法庭，而是在可能發生問題的跡象之初，老師就已經開始積極進行對談與處理，」瑋寧說：「如果單單模仿種籽法庭的操作形式，而不了解內涵，恐怕會徒勞而無益。」種籽小學對於人我之間的教學規劃縝密細緻，並環環相扣，最後在法庭這樣的場域中，綜合呈現出來。

由於種籽有空堂的設計，所以導師平時有足夠的時間，和孩子做充分的個別溝通。若是整日埋首於批作業、改考卷、趕進度、處理行政的老師，對於學生性格養成、生活行為與人際的問題，恐怕通常就沒有餘力了。為什麼法庭不厭其煩地去問告訴人或被告各種狀況？「『真實』很重要，是一個變動的狀態，不同角度會看見不一樣的真實，」將新任校長的婉如老師說：「『真實』是永遠需要練習去靠近；靠近需要能力，最好的方式就是對話。」

無論是混齡導師班、空堂、各種活動、畢業挑戰或是校外教學，這裡的孩子有更多機會學習如何與人相處，從小就開始在碰撞中學習拿捏分寸。進入國中後的種籽畢業生光瑋認為，「和別的學校不同之處是，種籽畢業的孩子，有很好的自我管理能力。」這樣的教育成果，是教師們多年來不離不棄、細心耐性的陪著孩子們，走上正確的路。

集體領導的教師團治校

種籽教師團的穩定度，在體制外實驗教育的學校中十分少見。大部分的老師，在種籽都已經任教十幾二十年。

「一旦進入種籽這個工作環境之後，就不會想要離開，」前任校長瑋寧說出自己的感受，「因為這是一個很好的團隊。在這裡工作，你不會被拋棄，你會被視為一個完整的人，大家會彼此互補互助，協助對方成長；先成為一個完整的人，才會是個好老師。」所以，在這個與人為善的環境裡，老師也同步成長學習，並且也是收穫最多的人。

一九九四年，種籽由一群關心教育的家長興學，當時的家長在創辦人李雅卿女士的號召下，在新店燕子湖畔創校，當時的校名是「毛毛蟲學苑」。一九九五年遷至烏來鄉信賢國小的現址，並且更名為「種籽親子實驗學苑」。依據台北市自主學習實驗計畫，一九九四至二〇〇三年計畫主持人，是台大數學系黃武雄教授。二〇〇三年至今，計畫主持人交棒給政大教育系鄭同僚教授。

二〇〇四年種籽申請成為台北縣第一所政府委託民間辦理的小學，同時也正名為「台北縣政府委託民間辦理信賢種籽親子實驗國民小學」，簡稱「種籽實小」。從此以後，實行教師團辦校至今。雖然稱作公辦民營，但是縣政府並沒有撥款輔助學校經營。

種籽小學，不是由一人領導；教師團治校，可以相互取長補短，集合眾人之智慧與經驗，而不必受制於領導者的個人局限。但是，要能找到志同道合的伙伴，並長久配合，並不是一件容易的事。

校長經由董事會遴選，基本上由教師團輪流擔任，平均三年一任。學校教師之間合作無間，互相補位，共同分擔學校工作。學校的大小事，也是由校長在校務會議中提出討論，大家表決通過後才能執行。

那麼，除了接待外賓、對內聯繫之外，校長感到最憂煩的是些什麼問題呢？「我經常在想種籽的未來，」瑋寧思索著，「在目前教育的演變、法律的變更、少子化這些問題下，種籽該如何運作下去？」這些是對於外在變遷的思考。對學校內部則是：「種籽是不是一直走在自己堅持的路上？如何親師共學？親師懇談會如何和家長溝通？如何把家長的力量拉進來？」

老師ＡＢ嶠加入種籽時，他的「梅林」是宜珮老師。「『梅林』是從亞瑟王的傳說來的，梅林教會亞瑟王如何思考、解決問題，具備各種不同的能力。」種籽對於新進老師的培訓，教師團會共推一位資深老師當「梅林」，建議與陪伴新老師處理各種問題。

教師團有異動，請長假或離職，教室團就開始重新「走位」。走位的意思類似補位，依照教師的特質、個性與當時狀態，進行分工調整。二〇一五年暑假的颱風蘇迪勒重創烏來山區，道路中斷，種籽被迫遷校一年。這一年中老師之間的完美默契，純熟的互相補位，讓流浪中的校長瑋寧深深地感慨，「從颱風遷校的這一年可看出來，這所學校老師之間的自動補位，真的逐漸成熟了」。

教師會議固定每週開一次，前半場有一位家長代表參加開會，關於學校行政事務的討論，家長代表可以方便向家長會轉達。後半場「會小孩」時間，則僅由老師參與討論，對於個別小孩的特殊狀況，集思廣益，提出意見與看法。除了教師會議，另外還有教學會議，安排討論下學期要開的課程，以及每週一次的數學科小組會議，和兩週一次的語文科小組會議。

一個學校的教師團隊的實力，通常決定這個學校的教育執行力，因為，老師是第一線的教育工作者。近二十年來，種籽集合教師群的經驗智慧與努力，累積傳承，經過不斷地縝密交織，才成為牢不可破的種籽教師團隊。

種籽踏實辦學二十三年來，一小步一小步地走出了台灣本土教育實驗的路徑。然而，當實驗教育漸漸直接影響台灣教育環境；當這些衝在前鋒的教育場域正在提供台灣滋養、靈感和可能性；當樹漸漸成林，種籽卻依然要為了未定的校地煩惱著，沒有辦法獲得穩定的辦學空間和支援。

用六年時間，將全台灣走一遭

「種籽每學期都會舉辦一次五天四夜的戶外教學，將台灣分成十二個區塊，用六年的時間，將全台灣走一遭，」婉如說：「現在已經是環遊台灣第三輪了，這次是去台東地區」。除了學校致家長信，與家長充分溝通之外，孩子也必須先做好行前準備，每個年級的孩子，都有一些叮嚀與基本能力目標。

「每學期走訪十二分之一的台灣，全校師生出去玩五天，家長不可以跟。」種籽現任家長會長夏宏豪說：「那是帶給孩子最真切的教育，課本上的，全都要摸到或走過，然後孩子就不會忘記。也因為爸媽不在身邊，孩子一瞬間都得長大，變得獨立。」在每學期五天四夜的校外教學，全校師生緊密相處，其中人際互動能力、相處之道、進退方式，就顯得格外重要。這是全校學生的必修課——人際關係課。

小六的學生有畢業挑戰，和一堂必修的個人畢業製作。畢業挑戰可以選擇爬大山或是騎單車，都是四天三夜的活動。個人製作，就是每個人的各自展現，像是演奏音樂、寫小說、做武器等等；有個孩子訓練球隊，帶低年級的小孩練習打球。六上做前置作業，六下拉出時間軸和進度。「重點不是最後的呈現，而是歷程。」婉如說學生自己找指導老師，像找指導教授一樣，幾乎一對一，從發想到怎麼做，都要靠自己對話出來，不是馬上知道要做什麼題目，「尋找『我自己現在適合做什麼』的歷程裡，通常會很苦惱。有人想做的很多，但不知道選哪個。有人都沒有想做什麼，需要有人帶著他對話，」也有可能中途會改變，「遇到瓶頸和突破，才是歷程的精華。」

有從事文字工作的種籽畢業生，畢業製作就是寫小說。有的畢製是演戲的，後來去參加業餘劇團；還有做謝師宴的孩子，開了甜點工作室；十一歲的孩子熱中的事情，就已經跟未來的生命有了連結。

學校背後最大的支持力量

「從八十七年第一個孩子進種籽到現在十四年了，與種籽的連結不曾中斷，即便老三都已畢業兩年，我還是喜歡回

孩子在學校旁的小溪跳水。圖片來源：種籽小學提供

去」。亦萍、亦甫、亦修的媽媽周梅，是種籽前任家長會長，目前還在種籽開烹飪課。「雖然新學生的名字叫不出來，但是看他們在校園活動的身影，我就可以感染那份自在與幸福。」歷年的老家長，由於經常保持互動，新近還成立了一個屬於家長的「九久社」。

學校的「親師懇談會」，一學期舉辦三次，每次進行的方式都各不相同：期初會是請家長進導師班，導師和家長一起談；期中會則是針對學科，分低中高年段，談整體學習；期末會則是在導師班，一對一，約時間會談。婉如說明：「家長們有時會在輪流來學校煮飯的那天，再個別找老師，了解自己孩子的問題。」

此外，親師之間的溝通，每星期有聯絡單，可以傳遞學校訊息給家長，家長總是能和學校做很好的訊息交流。另外，種籽親子通訊上，有孩子們的文字作品，已經辦到一百多期了。瑋寧說：「我們還是堅持紙本的親子通訊，以保持那份實體存在的親切感。」

種籽家長會會推派課程委員，針對學校課程進行討論，家長會的課委每個月開一次會，開會的結論以校長為橋梁與教師團溝通，因此家長會對於學校課程，始終具有監督的功能。家長會還有活動組與總務組，經常看到家長自動協助老師做出各種漂亮的壁報。學校的親師溝通密切，有著信任的關係，家長是種籽成功運作背後的支持力量。

夏宏豪認為「要讓孩子自由，對父母而言，是一個多大的練習！也因為我們開始讓孩子自由，同時我們也釋放了自己；或者說，放過了自己。這在親子之間，創造出一個自由的空間，因為有這個空間，親子之間反而更親密」。

「在面對自己的強項時不驕傲，面對自己的弱項時不自卑。這就是我所謂的『不卑不亢』、『自在』的生命態度，這是孩子從種籽帶走的資產，也會是他們長久一生的資產。」種籽畢業生家長蘇浩志，觀察了十二年的種籽，有著很深的感觸。

「我們選擇種籽，就是期盼他長成自己的樣子——一個與人為善、喜歡自己又很誠懇生活的『健康人』。」畢業生皓天的媽媽余庭妤，當兒子的國中校長握著她的手，稱許他們把孩子教得真好時，庭妤認為，「殊不知這是經歷一段長期的涵養、對話、陪伴而長成的，而種籽這個『學校場域』給了孩子相當的支持和穩定的力量……在面對不理性的大人似是而非的邏輯及處置時，依舊有著一顆清明的心去理解、去面對、甚至包容。」

一個被遺忘的承諾

黑狗條條，對著已發動的兩部大型遊覽車吠了幾聲，種籽交通車又緩緩前行，走在回家的路上。

「我只要車子一發動，大家就會自動坐好。」校車駕駛載過幾所不同學校的孩子，「別的學校小孩吵死了，都說不聽喔。」對於種籽學生的印象，「有教，真的不一樣啦！」

他們有一種超然的成熟
一種面對逆境的冷靜
當其他學生童年的夢想一一被壓榨捏碎的同時
只有他們一貫著自己的自信
穩穩的照料著自己的理想

人們比較著成績學歷和薪水
但卻從來不比較誰比較快樂
童年，會是一個人永遠的快樂
它奠定你如何面對自己的一生

——種籽畢業生，黃偈，十八歲寫作

群山溫柔地目送孩子們回家的身影，守候著下一個明天；溪水潺潺，不斷地複誦著一個古老的承諾，給孩子一個快樂的童年，「莫忘、莫忘……」

台北市開平餐飲學校

——千人大校教改成功的典範

一九九〇年，夏惠汶博士返台接任開平中學的校長；一九九八年開平全面改革，他率領教師團隊，一起「摸著石頭過河」。

「我們在調整，我們在創新，我們在走一條沒有人走過的路。只有大家胼手胝足齊心協力，抓緊理念發揮創意，鍥而不捨，才有可能，」夏惠汶語重心長的說，「改革要成功，需要所有人都願意下水，一起摸著石頭往前走。只有大家願意一起承擔摸索的辛苦，我們才可能早日過河成功。」

二十多個年頭過去了，夏惠汶已經率眾渡河，成為大校教改成功的典範。

「分享力量」是由開平的學生規劃到校外，去跟社會上不同的人作分享互動。圖片來源：開平餐飲學校提供

開平是一所上千學生的大學校，大校要談教育改革，其中的困難度是無法憑空想像的。開平的教改成功，在台灣實驗教育史上，留下重要的紀錄。在夏惠汶博士撰寫的書籍中，他完全地公開與外界分享了自己的第一線教育經驗，他不但是政府教育官員經常請益的對象，十幾年來直到今天，他著作中的教育理念與方法，也是體制內外實驗教育工作後進們的重要指標，影響非常深遠。

轟轟烈烈的教育革命

二〇〇〇年前後，開平學校正醞釀爆發一場劃時代的教育革命，夏惠汶校長著手進行校內全面革命，首先就挑戰了所有老師的改革意願。當時的老師必須思考決定是否願意參與這場歷史性的革命，「這是一個革命團體，要拋頭顱、灑熱血的，每個人我都講過類似的話，在這邊是沒有好日子過的喔！」夏惠汶要找的老師，是真正願意獻身教育工作的人，「不要期待我跟惡質的社會現況妥協……不想追求理想的人，就不要留在開平，那對大家都是痛苦的。」

「使命感！是當時老師們決定留下來的共同原因，」經歷過開平新舊兩個時期的張家聲老師，回憶起十多年前的往事：「那時候，老師們傍晚在學校開完會，晚上回家吃個飯，就又跑到同事家繼續討論。」回憶往日的革命情感，家聲眼中閃起亮光，「有時就討論整個通宵」，直到東方既白，才肯離去。這背後的動力，究竟是什麼呢？「因為我們終於可以開始去實踐自己心中的理想教育了！」夏惠汶權力下放，授權不授責，授權給老師規劃，老師有權執行。學校支持老師大膽嘗試創新教學，讓老師們實踐理想。

「我期待校園裡的老師們都在討論教學法——合作教學、合作學習、啟發學生的教學……另外，多在情緒開展、建構人格的方向努力。每一堂課都對學生有一些啟發。」這就是夏惠汶對於老師不變的期待，「學生在學校有無窮的快樂，有好大的領域去探索。想想我們當學生的時候，最喜歡什麼？最討厭什麼？最喜歡上什麼課？為什麼？最討厭上什麼課？又為什麼呢？」

「通常立即想改變學生的當下外顯行為，我稱為『管學生頭皮外的事』。所以『少管學生頭皮外的事，多管學生頭皮內的事』，就是說，少去干預學生當下的外顯行為，多花時間去讓學生符應而入社會認同的價值觀中。」夏惠汶首先揚棄傳統教育中控管學生外在行為的權威教育，而堅持選擇正確卻耗時的理念教育，關注學生的內在思想成長，「要解決上述的問題，就是要用智慧、用方法啊！不要只想走回頭路，將高壓、管理、限制、威脅等扭曲人性的招數，用在教育改革的路上。」

開平的「導師制」被取消，因為「傳統的導師管東管西，學生覺得煩，往往是師生衝突的原因之一。十五至十八歲的孩子，要學會自己負責，承擔社會責任，不能什麼事都要導師從早盯到晚，老師的功能應是『關懷的角色』，而不是事事要替學生打點」。訓練學生獨立的能力，包括獨立面對處理問題的能力，以及獨立思考，「老師的不給答案，正是孩子主動學習的動力，當孩子在老師身上找不到答案，就會轉向其他管道，像是同學、圖書館、網路，太多的資源可以學習，這也是我在做師資培訓時的重點——不給答案、不教、只有陪伴與問一個好問題。唯有這樣，孩子才有可能學到更多更廣。」夏惠汶所主張的「讓學生學會『學』，不要太多的『教』」，也正是自主學習的核心精神。

「要注意的是，忍住是策略，忍住不給答案；但一定要引導，引導才是最難的，那叫『循循善誘』。」夏惠汶苦口婆心地反覆強調，老師不要干預，要去影響。要培養出孩子的獨立思考，就必須堅持正確的方法，「引導、引導、再引導；孩子的頭腦就靈活了，視框就打開了，思考組織就開始了。」

夏惠汶並且大手筆的改革了學校組織結構，「沒有了導師，也沒有專任輔導老師，但全校每位老師都可能是學生的輔導者，在此情況下，訓導處、輔導室當然喪失功能，就裁掉了！而開平各年級採『學群制』，學生不需要購買制式教科書，各學群的老師一起討論出自創教材；課程進度及課表的安排，都由學群的老師自行排定，在這樣的制度下，制式的教務處毫無作用，當然也裁掉了！」學校每學期會調換一次班上同學，老師也是經常更換。為了培養學生互動交流的能力，夏惠汶特別重視學生要有更多的機會去學習人際關係的課題，「餐飲實際上是在處理人與人之間的關係」。

實力堅強的教師團隊

早上八點整，開平的老師們已經準時聚集在會議室了。

二樓和三樓的會議室，各有十幾位老師，正全神貫注地進行著每日例行的教師會議。白板上條列出今天要討論的議題，今天將展開的工作、目標設定、活動討論，以及個案處理等等。老師自在地表達意見、切磋學習，有提出工作上遇到困難的、觀念上有困擾的、資深老師做經驗傳授的、有給參考建議的、有打氣鼓勵的……大家圍繞著會議桌相對而坐，同儕彼此支持相互協助，一股凝聚力油然而生。一個小時之後會議結束，老師回到自己的班上，展開與學生的互動。直到下午學生放學之後，老師們再度回到會議桌，繼續進行至少一個小時的會議，討論今天所發生的各種實際案例。這樣的教師共同學習備課，從十幾年前進行至今。

開平獨創的「學群制」，改變了過去傳統班級導師只需顧好自己班上學生，每班各自為政的現象，讓整個年級的十幾位「學群老師」，合作經營同一個年級的全部學生。十多位老師的命運相繫，在教師會議上，討論並共同認識學生的情況，大家齊心協力面對問題處理困難。結合成一個團體之後，老師的能力迅速加總加成，激盪產生出想像不到的力量。

對於一線教育工作者，開平重視教師對工作投入的熱忱，對於教師培訓不遺餘力，絕不馬虎鬆懈，全面提升老師的素質。「在開平的教師，已經打破鐘點時數制，工作時間完全以責任需要為考量，必須付出更多的心力，挑起身為師長的責任。除此之外，寒暑假也被取消了，所有教職員都必須參與學校研習：包括各種輔導知能研習、讀書會、教學反思成長團體、行政訓練、企劃案研習以及學科統整的課程開發等等。」開平老師們每天要記錄教學心得：「六步模式」，貼在夏博士的教學網站「蝦米網」，開放給教師之間互相交流討論。在台灣還沒有推動教師社群網路之前，開平就已經開始運作教師社群了。

為了培養老師的反思能力，釐清教學觀念，老師每天要記錄事件的發生。早期稱為「田野筆記」，現在是「六步模式」，作為個人固定的內省功課，培養老師反思的習慣和能力。藉著「六步模式」把永遠向外看的習慣，每天轉回來往內看自己。經年累月的磨練，開平老師具備自省的習慣，是提升教師素質最有效的方式。

一，**現象**：看到或發現一個現象能清楚寫出觀感直覺。

二，**比對**：回到自己內在……回憶曾經在什麼時候也發生過類似的情況……比對一定要進入回憶程序。

三，**感覺**：有點難過……（我的難過是因為……）。先寫出喜怒哀懼的情緒詞彙，再寫出為什麼。

四，**決定**：回到大腦，我決定要……（自己內部有個決定要怎麼做）；這個決定以後要遵照這樣的方法……或重啟一個方法。

五，**行動**：根據決定我做了什麼……每做一次就會增加一次經驗也滋養一次銘印；如果每次做法都是一樣的，銘印會越來越大。銘印來自於過去的決定及實踐。

六，TOTE：測試再測試做到滿意為止。選擇讓自己做到滿意的事情，可以增強自己的信心；如果還不能讓自己滿意，就連續寫作（幾天），一直做到自己滿意才結束議題。這是建構好銘印的方式。

「六步模式」可以了解自己行為發生的心路歷程，是修正自己行為的基礎認識。「任何一個『有感』的發生，都是一個刺激，會讓自己內心有些反應。透過這樣的分析自己，就知道刺激會帶給自己怎麼樣的反應了。」所以寫「六步模式」被視為工作的一部分，「因為那是了解自己行為脈絡的一種方法，而人文精神，就是從了解『脈絡』開始。」

這一切的奮鬥努力，就是為了還給台灣的孩子們一個健康優質的教育，「老師是學生發展成功的關鍵，學生的每一次成功，都離不開老師的指導。所以，當老師用了正確的方法，給出了舞台（是好方法之一），學生的亮點就展現出來了。那還是在老師『忍』功下，才有可能。」在教育這個場域裡，老師是重要的角色，「而且，還要默默承接突發狀況。所以，看起來老師可以好好休息，不需要做什麼，但背後隱藏著更大的『愛』。這就是學生是學校的主體，老師是學生發展成功的關鍵。」

拋開部編教科書，全面統整課程

開平沒有部編課本及教科書，「在開平所施行的，是一種完完全全打破學科界線的課程統整方式，稱為『超學科課程統整』。」夏惠汶從二〇〇二年起，就開始進行統整課程的編寫，「所有的教材都是由老師們因應課程內容的不同，與學生討論、企劃、編寫出來的。」夏惠汶重新制訂課程與教材選用，依照學生的實際需求，量身訂做。「在開平的教育現場，我們不是事先想好要實踐什麼理論，我們是從學生學習的貌像中，透過摸索嘗試，找到可以讓每一個學生神情認真、眼睛發亮，願意參與投入的教育方式和學習領域。」開平的學習，是拋開教科書和筆紙考試之後，讓學生長出真正能力的學習。

「一旦學生自發性地提出學習項目和內容，同學的興趣已被挑起，會主動提問，找資料，辯證價值意義的走向，再修正自己的方向，繼續尋找解決的方法去找出答案，這時候，學生已經進入研究性的學習。」十多年前，夏惠汶所發表的教育現場實作經驗，仍然是今天實驗教育的模式，「老師只要扮演陪伴和協助的角色，盡量給出支持和關心，被邀請時也參與一併討論，共同思考解決之道，這是師生關係已經進入『共學』境界。」夏惠汶同時不忘提醒，「老師切記不要太快給出答案，要一起思考，給出樓梯，讓學生自己找到答案。」

開平自二〇〇一年起，全面進入「超學科（trans-disciplinary）統整課程」的發展與實踐。跟著這樣的課程規劃出：協同教師團隊、學群及督導。整個開平學習圈的設計，是以「群」為概念，依年級分成兩個學群：新鮮人學群（一年級）和成熟學群（二、三年級）。

「學群」是由十幾位不同專業科群的教師（包括語文類、數理類、餐飲專業、商業類、資訊類、生活類、社會科學類、輔導及體育等），以及整個年級的學生，共同組成。「督導」的任務是協助教師群進行主題式課程設計、協同教學完成、問題解決、教學目標檢核、師生團體動力判讀、行政與教學的溝通等等。學群教師每天早晚和寒暑假都必須接受督導。

「主題式教學」是開平課程的教學模式。將整個年級學生視為一個群體，學習衝突後合作，完成一個明確清楚的主題。過程中，相關群體需共同討論並決議，包括方針路線、分工後的組織結構、報告系統、執行方案等。在共同參與與推進的過程中，不斷地對話、嘗試、反思、修正、再嘗試……往復循環，讓工作滾動前進，讓內在心靈不斷螺旋提升。

在學校每週五天的第一個小時，是藝文通識或是閱讀日，課程由行政教師團隊授課，還有一天是全校師生平台對話。學生上學的第一件事就是參與全校性的活動，是沒有上下課鐘聲的學校。其餘的課程以時段計，每時段三小時，以師生共學型態，用「主題式企劃案」教學為主，共同完成「超學科統整課表」的協同教學工作。面對未來的世界，創造與團隊合作將是最重要的能力。

而創造與團隊合作，無法在書本、紙筆考試中獲得。「主題式教學」也是最能激發創造力，團隊合作的教學模式。

「總之，在課程設計方面，必須有宏觀、全面的概念，絕不能用支離的觀念去衡量該學什麼、不該學什麼，不可能什麼都涉獵到，必須選擇。所以，必須有一終極目標來引導課程規劃，再帶領學生學習，這種思辨是台灣目前教育體制中最缺乏的。」

夏惠汶做了重新思考與決定。

「總結地說，我們希望在課程規劃方面，能夠保持三個原則：第一、要統整看到整體。第二、要有彈性，回歸到能跟總體結合。第三、一定要跟生命作結合，從與生命經驗相關處做起；然後去啟發學生，讓他們找到一種興趣或發現一個領域，透過價值澄清的方法，確定自己要什麼。」校長拉出了經緯，老師們就可以全力發揮了。

「我研究過九年一貫裡的課程統整部分，頂多只是把兩三個學科做整合，不具太大的意義。」開平現任張家聲副校長，有很深的感慨，「其實這方面，在開平早就已經完成了，而且做得更好。」開平有大量的學術研究及行動研究論文，以及各種出版品，都整理在學校官網「關於開平」的「教育論述」。

聽奧閉幕 3500 人同享台灣美食。圖片來源：開平餐飲學校提供

學生自己企劃的行動學習，也讓學生直接進入關懷世界。開平的學生團隊，從協助台灣老農銷售滯銷的大蒜；到泰北偏鄉教孩子們烹飪手藝；到中國痲瘋村落照顧痲瘋病人……開平的學生有充分的機會去擴充生命經驗，培養服務貢獻的情操。

二〇〇九年「聽奧」在台北閉幕式的餐宴上，有八十一個國家、三千五百位外國選手體驗十二道台灣美食。由於市府三次流標沒人願意做，才找上開平承接。八月二十八日簽約，九月一日新生入學第一天就登記要不要參與這個活動，還需要家長同意，十五天後就上場了。開平立即組織了九百多位志工，包括在校學生、老師及家長，短時間內攜手完成一個不可能的任務。對於學校、教師團隊、家長會以及學生，都是一次高難度的新挑戰，檢驗了平時互動的默契與實力，成為日後親師生流傳的光榮紀錄。

大校的民主與法治

「當我們還給學生更多自主思考學習的空間時，學生才有機會發展出健全的人格，我們的校園也才能培養出有活力、有創造力的青少年。」開平教育注重培養學生的獨立性，包括行動力和思考力，「在民主的公民社會中，就是要每一個人都能面對問題，發出自己的聲音，與人群對話，釐清人我空間界限。這才能彌補威權時代取消後所留下來的縫隙，那是要靠每一個人去填補的。」

開平早期保留一道「民主牆」，讓學生盡情塗鴉、宣泄、表達。後來取消體制內的週會，將每週三上午八點至九點定為動態的「民主牆」，作為一個平台，讓全校師生進行對話。在平台上，校長、老師與同學都暫時卸除角色，任何聲音都是等重等值。但平台是作為充分溝通的目的，並不做任何決策，有效決策仍需回到學校行政系統。在平台對話中，學生可以自由提出任何議題，老師也可以直接要求與校長對話，表達不舒服的情緒或不同的意見。

「我們學校是不會秋後算帳的，」頭上總是綁個花頭巾的家聲副座說起，自己曾經有一次在

週三民主平台是全校師生的對話課，是重要的民主對話練習過程，圖中站立者是夏惠汶校長。圖片來源：開平餐飲學校提供

台北烏來山上家族聚會時，接到校長電話，要求立即送文件去學校，此事令他耿耿於懷，大為不滿。終於在一次全校的平台對話中，由於有人鼓勵家聲說出自己的真正情緒，於是面對一千多位師生，家聲顫抖著大聲罵幹！「當時夏杯也只是笑笑說，他自己有時太急了。」家聲回想起來，「幾年後，一直到現在，我也沒出什麼事啊！」此後，家聲確信這是一個安全、可以信任的環境。學校師生早期稱呼夏惠汶為夏伯伯，後來暱稱作夏杯，連學校以外的人，也都開始稱呼他夏杯了。

在開平把衝突拿到平台對話時間裡，放在檯面上談論是被鼓勵且安全的，「因為先要敢於面對衝突，才能開始學習跨越差異，進而朝向團隊合作的目標前進，成為充滿活力的學習型組織，這大大地挑戰了中國傳統集體威權恐懼與檯面下文化。」

「在開平，我們的學風是開放的、自由的，那是建立在學生懂得選擇自己要的空間和界限，也懂得尊重自己、尊重別人的空間和界限。也就是說，不讓別人侵犯自己的空間和界限的同時，也不要侵犯別人的空間和界限。」開平作為一個開放自由的學校，如何營造出一個大家可以共享的自由環境？「當然這些空間和界限必須是共同約定的，自己才願意遵守。所以有這樣的想法和表現的學生，才有資格留在這裡享受開放、自由的學風。」

開平學校並不主張無限上綱的自由，「自由的基礎，是需要畫出約定範圍，並能恪盡遵守約定的義務。」在學校這個公共場域裡，大家既要能享受自由的美好，又不想讓自由氾濫成為災難，其中，需要很多的學習與努力。「來到開平的學生，我們會讓他們分得清楚，什麼時候該做什麼事，相信這就是人格成熟度的重要展現。」

開平強調的是，學校的任何措施都是教育，若沒有教育意義，那項措施就要重新檢討。「我們都是從威權時代教導出來的，習慣威權體系中被教育的方法，」夏惠汶隨時將思考方向，回歸到教育的意義，「但在今後，我們要隨時保持警覺地去看所有事情的發生。每一個處理的方法，都是在教育，孩子都在看我們是怎麼面對的。他們會從中學習，而且比在教室中學得還多。當我們警覺地以回歸教育意義的方式處理的時候，孩子就學習到了如何面對、如何處理『群我關係』。」

開平學校的「處分」，是要經過「法治委員會」執行裁量判決，其中是有討論空間的，是要能兼顧「情、理、法」。

「當我們把每一項政策措施攤開來，用人文精神以回歸教育本質來探討時，就比較容易清楚地知道如何面對與執行。」

「處分」，是因為學生違反了共同的約定，造成了團體中其他成員有形或無形的負擔或傷害，使得團體要付出一些「團體成本」，而其他團體成員卻無可避免地必須承受，這時該如何處分的裁量就發生了。

若大家都願意接納判決結果，也就是說，違反約定的人了解以後不應再違反團體約定，因為那是要付出代價的。而其他成員也知道雖然要包容，但也要有力量制裁違反約定的人；最重要的是，知道以後團體是可以相處共存的，那麼處分就彰顯出它的價值了。夏杯表示：「這就是『法治教育』。就是讓學生學習到，要享受自由是要付出代價的，願不願意付出代價，那就是自己的選擇。當機會沒有的時候，即使付出代價，也不見得能獲得原來擁有的東西，因時機過去了。」

當判決不被接受時，就進入「申訴」的過程。

第一種是對於法治委員會的判決不服氣；第二種是學生準備改變自己，並且已經找出問題或改變自己的方法。另一個目的則是「確認事實」，也就是透過與學生面對面交談，了解實習單位的說法與學生的情形是否吻合，是否有誤解，或者有其他問題。

「申訴委員會」的成員包括主席、書記官、兩位校方代表、申訴人（學生）、申訴人家長以及十二位陪審團（由五位學生代表、五位教師代表以及二位家長代表所組成）。對於判決的結果，陪審團有投票權，倘若陪審團的投票數為六比六，主席可進行最後的表決。

「學校中發生的大小事，其實學生都在看。我們辦申訴委員會，就是讓學生知道，如果你違反了規定，你必須經過一個十分煎熬的過程，如果之前你沒有違反規定，就不會有今天的結果。大前提是我們給學生一個概念『原來學校是玩真的』，這可以讓他們自己省思『界限』的意義。」

後現代父母工作坊

「後現代父母工作坊」是夏惠汶為了學生的父母開設的家長學堂。從最初的幾個人，到現在每週上課的學員人數在八十人上下，不限年齡及身分，校內外人士都可以參加。「學校的輔導工作重點之一，必須放在強化家長親職的功能上」，開平為了學生的教育，對於與家長的溝通，不遺餘力。「開平試圖扮演陪伴家長及家長參與再教育的機制，規劃親職效能訓練課程，在教改的潮流中轉化家長動力成為重要的助力。」

「親子關係中，常常因為家長的忍不住，『關心』就會一個不小心變成了干涉或是嘮叨。這讓許多為人父母的心裡很受傷，會因為不想讓孩子和自己的關係破裂而收手閉嘴的假裝不關心，其實憋在心裡的難過和焦慮更讓人傷身。要如何能讓自己的關心正向的傳遞到孩子的心上，不會誤解或是感到不舒服，這是許多家長的困擾。」在《愛，要流動》以及《親子關係全壘打》裡，夏惠汶收錄幾年來的一些實際處理案例。

「家長的力量，不是捐錢，而是願意參與、投入學校。」夏惠汶對於學生家長的態度，也有自己的看法，「很多學校並不願意『外行的』家長干預學校運作，並嫌棄家長，高姿態的自認為是『教育專家』。」有許多學校，選擇與家長築牆，「我們如果無法讓家長聽得懂我們在說什麼，我們又怎麼能讓學生聽得懂我們的話？」開平選擇親師生三贏的方式，「如果學校不開放讓『外行的』家長參與，家長如何有機會了解學校，又如何能明白我們的教學方式？」開平學校有一群不畢業的家長，他們是學校教育合夥人，上課學習比學生還勤，他們「易子而教」擔任學生觀護家長，每年成功協助十餘名學生回到人生正向。

二〇〇九年十一月，開平學校家長會榮登「台北市杏壇芬芳錄」。這一向由優秀教師得獎，這次竟頒發給開平家長會，是莫大的肯定與殊榮。開平家長代表表示，感謝夏惠汶每週三上午在台北市立圖書館總館的「親子工作坊」課程，協助家長們長出力量，建立共同的語言，去幫助自己的孩子或易子而教。

「愛」在付出的時候就完成了

在開平任教的老師，確實需要付出更多的努力，這些夏惠汶都看在眼裡。開平的老師「背後付出的『煎熬』是別人不容易看到的，但我知道。」即便辛苦，還是要堅持走下去，「真正的從事教育工作，就是這樣！」夏惠汶了解在開平當老師的辛苦，「感謝老師們，在我們這麼另類的學校，要這麼費神地面對學生的各種突發狀況，我相信在別的學校一定沒有這麼麻煩。但我也知道，我們今天讓孩子將麻煩宣泄在這個園地，將來進入社會就比較不麻煩了。」

年輕學子進入各所學校之後，通常很快地就會和學校的文化相結合，並理所當然地認為本該如此。以至於開平學生所享有的天空，老師背後的付出，也被視為理所當然，「弔詭的是，沒有人知道，沒有人感謝。」前人種樹，後人乘涼，披荊斬棘的過程容易被遺忘，甚至於當下不為人知的愛心，也經常讓付出的人感到缺少溫暖，「教育孩子有一顆感恩的心，但我們自身要從孩子身上得到感謝和回饋嗎？」

教育本是良心事業，「不要期待回應、回報。那是投資，而不是愛。『愛』在付出的時候就完成了。」老師要如何才能愛得不累？「我們要愛我們的學生，讓他們感受到我們的愛，但也要讓他們沒有負擔。我們是愛那個『人』，不要期待那個『人』的成就來證明自己或滿足自己。」夏惠汶幫助過上萬個家庭，處理過各種親子、夫妻、朋友、同事之間打了結的關係。他過盡千帆之後，認為幫助人們離苦得樂，才是他人生中真正的志趣。在眾人的熱淚中，無盡的親子相擁、夫妻和好、怨結冰釋……愛，在人們心中流動，「陪孩子走一段，過了就忘了，叫『放下』。孩子也不累，自己也不累，也算是『自在自得』吧！」

備註：

夏惠汶於一九九〇年返台接任開平校長，即開始著手進行校內改革。依據「開平的人文理念教育改革歷程大事記」，於一九九八年，實施「平台對話」、「教訓輔三合一」、宣示「人文理念實驗學校」的全面改革，因此本書以一九九八年作為開平的教改年代。

參考資料：

1 《摸著石頭過河：一位頑童校長的辦學歷程》夏惠汶著（師大書苑）。
2 《亂有道理的學校：開平團隊深度對話》夏惠汶著（智庫）。
3 《美味關係：從餐飲學習出發》陳靜宜（聯經）。
4 《親子關係全壘打》夏惠汶著（智庫）。
5 《愛，要流動》夏惠汶著（智庫）。
6 《翻鍋的滋味：開平餐飲學校二十四個愛與尊重的故事》夏惠汶著（商周）。

彰化苗圃蒙特梭利中小學

——主張「自學能力」與「混齡教學」的本土化蒙氏教育

國道一號從彰化鹿港交流道下，往鹿港秀水的方向行駛一公里，左轉進入小巷，約五百米後的右手邊，兩株高聳南洋杉連接著茂密綠樹，就是苗圃蒙特梭利中小學。這所學校，實行嚴謹的蒙特梭利教育法，已經有十六年了。蒙特梭利教育從零歲開始，校長梅世傑（Robert William Major）說：「蒙氏真正完成一個孩子的教育是二十四歲，蒙氏沒有傳統的小學中學概念，一個人一直在學習、一直在建立自己的觀念到二十四歲。」在一般台灣人的印象裡，蒙特梭利只是辦幼兒園教育，但是在美國蒙特梭利中學已經有超過兩千所。

梅校長說，佛洛伊德的女兒安娜（Anna Freud）也是蒙特梭利的學生，「Google 創辦人、亞

苗圃孩子走訪玉山、阿里山山脈等研究台灣的生態系。圖片來源：苗圃蒙特梭利中小學提供

馬遜網站創辦人、英國威廉王子都是接受蒙特梭利教育法的名人。Google 創辦人甚至將其成就完全歸功於蒙特梭利教育法。蒙特梭利教育的理論盛行在全世界已一百多年。有非常多的名人都和蒙特梭利有關，例如印度詩人泰戈爾、發明電話的貝爾、發明家愛迪生和美國總統威爾遜、幼教大師皮亞傑等，都曾大力協助蒙特梭利（Maria Montessori）女士推廣她的理論，或在世界各地設立學校。蒙特梭利的教育論著被翻譯成三十七國語言，蒙特梭利教育法則已經普及到全世界一百一十多個國家。」[1]

「這裡大部分的樹，都是十幾年前搬來之後才種的」，農家出身的農業經濟碩士梅校長，親手打理出一個綠色校園。學校承租一棟兩層樓的寬敞舊式洋房，四周綠地圍繞，校舍旁有一大片青草地。梅世傑校長是美國人，擁有教育碩士以及農業經濟碩士學位，會說數國語言，並能用中文發表演講，「學校在這塊校地的中間，水在校地四周環繞著，像一個細胞的細胞膜，能保護這個環境。」梅校長沿著學校邊緣挖了一圈渠道，角落有一個在都市罕見的大水車不斷地在打水，渠道的水一直循環著，是活的水，「水流動就會帶來生命機能，變成生命源，一直循環就會造成一個小宇宙，裡面的動植物很安全舒服，人也跟著舒服。」

校牆邊種滿椰子樹、芭蕉樹、芒果樹，一條木屑道從遊樂場鋪往水車的方向，「木屑會培養出益生菌，益生菌會殺細菌，孩子跑到這裡會聞到益生菌，就會殺掉不好的細菌。土裡面有腸胃裡的益生菌，孩子在草地上玩耍會補充身體所需益生菌；現在孩子吃各種含有防腐劑的食物，他們的免疫系統、消化系統，都缺乏好的菌。」倚傍著大樹搭建的是一座竹子搭的兩層樹屋，用麻繩攀爬而上。設計與建材都原始而低調，自然地融入整個環境中。「這個生態系裡面，會培養各種昆蟲和生命，當外面有不好的東西侵入，就會傳出一種訊息。」校園有蜻蜓、蝙蝠、燕子，起初只有一對黑冠麻鷺，完全只依靠校園草坪生活，現在已經有四對了，「在這個校地，培養出來一個環境，這些動植物都在保護我們，我們學校就像一個蛹。」

蒙特梭利教育的兩大特色──「自學能力」與「混齡教學」

「孩子自己能做自己教育與生命的主人，這個叫『自學』，你不是『給』他自學，你是『接受』他自學。」蒙特梭利最主要的教育理念，就是自學能力。梅校長認為孩子不應該「一進學校，就依賴老師、依賴學校、依賴別人來成長」。他認為，「每一隻鳥、每一棵樹，都要靠他自己本身活下去；教育是為了他的精神，為了他的自由。」

一九二一年美國舊金山世界博覽會的玻璃學校，當時的美國人對蒙氏產生興趣，是因為看到三歲的孩子已經會翻書讀英文了。梅校長敘述：「蒙特梭利說為什麼美國人那麼注重三歲的小孩會讀書？她認為最了不起的是孩子會自學，所以對美國人有一點失望。」梅校長說當蒙特梭利提出孩子要選自己的功課時，大家都笑她，孩子怎麼會選功課，他一定會選玩、會選逃避學習，「但她很早就說孩子要自學，當時認為不可能，但現在已經非常普遍。現在是你不給他們選他們要的教育，他們一定會學不好，他們要有自由，自己選。」

「『孩子他們自己教自己』，這件看似簡單但是深刻的事實啟發了蒙特梭利對教育改革、方法論、心理學、教學法，以及對教師訓練的終身追逐。基於她的奉獻促進了孩子學習自我建構的全部過程。」財團法人蒙特梭利啟蒙研究基金會在介紹蒙特梭利生平時，寫著蒙特梭利在一百年前的教育核心理念。2

梅校長說：「你來這裡，我們談的是自學的過程，我們給孩子自己決定的權利。讀書不是為了老師、不是為了父母，是為了自我實現。自我實現不是我變成『大』男人，自我實現是我的精神成長了。」梅校長反對殖民地式的教育，「我們不做殖民地教育，你如果把孩子送到這裡，是為了希望你的孩子比別人強、比別人有能力，這是殖民地的教育，我們不會做，我不是培養小獨裁。」梅校長認為教育以孩子為主，「你是你自己的主人，你是自己教育的主人，你可以突破一切。」

當孩子進入一個自學的管道，他不會追求流行的，「比如像追求金錢，如果一個孩子一直想我怎樣賺錢，這是一種病。如果一個孩子從小自學，他對這些會不感興趣。」和苗圃教師王汝內（Renee）結婚生子的梅校長，拿自己的大女兒當例子，「你給她智慧型手機她沒興趣，她也不要iPad，最大的興趣就是去圖書館看書。你不能說，老師你是有什麼碩士應該很會教，會很懂小孩。不，我不是來洗腦的，我不是要孩子按照我的方式去進行，我能讓她找到她自己的方式就好了。」

蒙特梭利主張混齡教學，「同時你需要了解，你不能一個人，必須一群人，也不能都是一個年齡，蒙特梭利混齡是讓不同的孩子在一起，所以他們懂得和年齡不同的人相處合作，一起互相學習的力量。」梅校長說明自學需要同伴，並且需要不同年齡的孩子在一起，互相學習，「我們不教他們，我們認為孩子自己本身有能力；我們就是給他一個環境，他可以自己去研究，可以問他自己、問同學、問老師，大家一起討論，而不會有一個定論。」

苗圃四至六年級混齡教室中孩子正進行小組或個別學習。圖片來源：苗圃蒙特梭利中小學提供

課程與本土化

依據孩子的敏感期所設計的課程，「六到九歲的課程，就非常適合這個時期的孩子，一定會引起他的興趣。」梅校長說這些課程都已經包含經驗值在裡面，「孩子們對於課程的結構很有興趣，包括像幾何，有人說幾何要到國中高中才學，但是一年級的孩子就很感興趣啦，動植物和地球科學也一樣，不需要等到國高中再學。但是我們會有課程進度，而且還有自己的清潔工作、藝

術、耕種等等課程。」

「我們雖然是跟隨孩子的腳步，但還是有一個完整系統，不會隨著孩子亂竄。」王汝內老師強調教學系統的重要性，有扎實的理論依據，才不致憑感覺而迷失方向。梅校長說：「我們能夠放心，是因為蒙特梭利教學系統已經完成了，我們是越來越按照她的基本精神來做。我們跟孩子在一起，孩子會告訴我們他們想改什麼、他們想要什麼、他們想了解什麼。我們透過他們的疑問、他們面對的困難，才知道我們要給的是什麼。所以，孩子們在讓我們把教學精神本土化。」

梅校長重視本土化的教學內容，「蒙特梭利是談生命，裡面談時間，是談歷史的教具，我們把二十四節氣帶進來，把蒙特梭利的教具本土化。」另外，由於蒙氏歷史談到音樂的歷史，都是西方音樂，「我不願意做那個教具，我也收集了許多台灣的，因為西方是八個音，亞洲國家是五個音，我都要改，也介紹台灣和中國的樂器。」但梅校長感嘆沒有人要學，大家都學鋼琴、小提琴，大家都要學巴哈、莫札特，學莫內、畢卡索，「介紹歐洲國家的時候我會用講的，教具就不拿出來了。我們就會看台灣的樂器，特別是在鹿港的。」除了文化課程本土化，科學部分都一樣，教具基本也一樣，比如「萬」這個單位，不能說成「十千」，教具一定要改成配合中文的文法。

「現在的孩子離生產，種菜種稻很遠，不知道他們自己所吃的食物是什麼。我們有二十四節氣，所以我們要讓孩子知道，不同的時間有不同的水果、不同的菜，不同的氣候要用不同的方式種。」梅校長說，孩子們要學習從播種到開花結果，收集種籽，再種一次的完整過程。《紅冠水雞讓臭水變秀水》的戲劇演出中，「演紅冠水雞的那個孩子必須用網路查紅冠水雞的影片，觀察牠怎麼動，是飛還是游。」

據官方網站的「苗圃中學劇團簡介」，二〇〇二年苗圃遷至彰化市校地新址，整建之初，梅世傑校長帶領孩子們在校園內打造環水系統，來過濾學校的廢水。另一方面，孩子們因為看到洋仔厝溪沿岸的電鍍廠及工廠不斷排放廢水，自二〇〇五年起苗圃的孩子們決定於每年十二月二十八日發出一個行動的呼聲，舉行「一二二八預約台灣土地健康日」，梅校長具體設計環保方案，從恢復河流溼地生態系開始。

苗圃孩子與引導者（蒙特梭利教師）將這些生命經驗化為戲劇演出，曾創作並演出《百步蛇聽到洋仔厝溪的哭聲》，由小學孩子演出。二〇一五年苗圃創作《紅冠水雞讓臭水變秀水》，主要由中學的青少年擔綱演出。經過這些過程，孩子慢慢會發現，也許在將來他們可以為這片土地、這個地球、這個宇宙做些什麼！

小學是想像力的敏感期，「不是目標性的，是一種啟發，孩子如何發展，就尊重他們的發展。」

如何編故事，讓他用想像力來突破他的五感，梅校長強調，「我們會給一個啟發故事，裡面包含事實。比如說，科學家說宇宙開始是一百三十至一百五十億年前的大爆炸，我們會編一個故事談宇宙怎麼開始，但是我們會放一些事實，包括物質怎麼出現，能量怎麼出現。這樣啟發孩子，他們會了解自己住在一個宇宙裡，然後來到太陽系，來到地球；再分成亞洲、歐洲，台灣哪裡，開始知道我的存在，我在哪裡。為什麼人類會思考，動物不會思考？因為地球一開始無生命，如何變成有生命，可以感覺、可以創造、可以思考，這就是蒙特梭利敏感期的觀念。孩子在三歲時有次序感，開始進行邏輯的思考，有了邏輯的思考他就可以自學，他可以問自己的問題，找自己的答案，這個都很科學。」

苗圃的孩子每天進門上三樓教室前需要打坐十分鐘。最大的孩子十七歲，其次十六歲，共四十位學生，師生比是十比一。有從高雄、台北、台中來這裡上學的，梅校長說：「我們不走流行的教育，那是假的！我們的生命太寶貴了。」

在苗圃，宗教是一個主題，為什麼恐怖分子會自殺，是為了他們相信的神，「我們會討論，什麼是回教？在討論伊朗、伊拉克這些中東的國家時，才會討論這些宗教，以及他們的歷史，他們主要的目的是什麼，我們不會說哪個宗教比另一個宗教重要。」

苗圃的一位家長是物理系教授，他說起過去他的一位物理系學生想去德國留學，「當他第一次找我談的時候，已經準備好了。他自己找了很多資料，感覺上他比我更了解那邊的系統，只是跟我討論一下、交換一下意見。」這位教授說現在一般的大學生，會問：「你說我現在該怎麼辦？」或「我這樣做好不好？」原來這位學生就是苗圃蒙氏教育的畢業生，「他已經很清楚要這麼做，看看我有什麼想法。當我介紹還有哪些學校不錯時，結果他給我一篇文章，跟我講的差不多，他都已經找好了。第二次直接跟我約說，可不可以去看我的實驗室。」這位畢業生的自學能力與態度讓教授對蒙氏教育的影響相當驚艷。

苗圃的蒙氏小學師資培育——三的N次方

「我要有心的老師，」梅校長希望培訓有心為教育付出的老師，「為了他的社會、文化，很想做一點事，他就來。我可以用一年來訓練老師，再讓他進教室裡實習。過了三年，我們會認為這位老師算是成熟了。」目標是辦教育、而不是辦大校的梅校長說：「我不鼓勵辦學校，學校太……複雜了。我鼓勵做教室，一個蒙特梭利一到三年級的教室。在這個蒙特梭利教室開始實習，需要六個小孩，要有一年級和二年級，這個很容易做得到。」

「我不開班教二十幾個或兩百個老師，那是假的，不可能會有好的結果。」梅校長實行師徒傳授的蒙氏培訓法——三的Ｎ次方（3^n, three to the nth power），「這是最早的蒙氏教法」，一個老師需要訓練三位其他老師；三位老師也要各教三位老師。「我的一位助理，她在當助理的時候，她要寫教案，她就需要看我的教案和看我怎麼教，然後做筆記。一邊實習和學習，一邊準備她自己的教具；過了五年後，她就可以獨立教了。」梅校長說，當年只有蒙特梭利女士可以開班訓練老師，因為各個國家的人都會來上她的課，其他人則都是採師徒傳授。「由於我們的教案都是英文的，所以也必須要判斷其內容適不適用於台灣。」如果要改變原來的內容需要提出理由，「我們一位老師是幾何專家，有自己發展的幾何教具。」團體必須要準備報告提供給在美國威斯康辛州的ＭＡＣＴＥ（蒙特梭利教學評鑑委員會）。ＭＡＣＴＥ管理ＡＭＩ（Association Montessori Internationale，國際蒙特梭利協會）和ＡＭＳ（American Montessori Society，美國蒙特梭利協會），若是有團體要培訓蒙氏老師，他們可派人去看是否符合，團體需要自費請五位專業人士來做認證。有認證才可以參加國際會議，或是可以跟美國聯邦政府申請費用。蒙氏重視師承，遇到問題會請示老師的意見，沒辦法快速大量地訓練老師。

臉書成立了「三的Ｎ次方」，是苗圃小學六至十二歲蒙特梭利師資培育計畫，「如果您所在的社區面臨青壯人口流失，想找到讓年輕人回鄉工作的機會？或是您希望居住的社區成為一個好地方，吸引人們搬來在好地方養小孩？如果您是對教育有熱情、理想的有志青年，您想成為一個蒙特梭利引導者（教師），考慮在家鄉做一個蒙特梭利自學班，這個教學會幫助人跟社區連結在一起。請您跟苗圃聯絡，我們正準備培訓一批年輕人做這個工作！」這是二〇一五年五月二十七日發表在臉書「三的N次方」有關「苗圃小學六至十二歲蒙特梭利師資培訓方案」的簡介。

台灣教育部並未規範蒙式教學法的師資來源，目前台灣的蒙式師資主要分為兩大系統：AMI和AMS。AMI是由蒙特梭利博士自己成立的國際協會，總部設於荷蘭，堅持嚴謹的蒙式精神；AMS則是由美國人成立，加入許多美式文化與開放精神。[3]

「蒙氏教學訓練滿嚴格的，」資深的王汝內老師說，台灣的幼稚園沒有繼續辦小學，是因為沒有小學的師資，「一般老師會利用寒暑假時間去受訓，然後再找引導實習的現場，與本土化的經驗……蒙氏的課程之間像是蜘蛛網，是融會貫通的，無法單獨切割分科這樣來請老師。引導者是協助孩子貫穿所有課程的人，所以老師必須非常了解課程，才有辦法教學。」蒙式教學法有套精深的理論為基礎，真要長久落實於教學並不簡單；師培過程也得不斷精進。

中國聞名而來參訪苗圃學校的教育工作者，他們對蒙特梭利教育延伸至小學階段相當感興趣，並驚艷於苗圃學校蒙氏教學本土化的經驗。他們表示，「中國家長迫切希望能有這種教育模式，由於中國獨生子現象非常普遍，需要混齡的蒙氏教學。」苗圃蒙特梭利中小學成功發展出適合華人文化的蒙氏教學，深耕台灣教育的梅世傑校長認為，苗圃小學的經驗可以成為華人教育特色之一。應各地邀約，梅校長夫婦也開始抽空前往中國，進行師資培訓。

照顧苗圃的農夫

梅校長是美國鄉下長大的農家子弟，大學是國際關係和法文雙學位，在威斯康辛大學麥迪遜校區念農業經濟碩士，特別研究亞洲的農業發展。論文題目是「台灣人為何從鄉下搬到都市？」。梅校長一直希望能當一個農夫。

梅校長在麥迪遜就讀時，就因為反核戰而出名。他組織的舞蹈團體中，有蒙氏學校的孩子，「我參加很多的社團討論就發現，這些人那麼尊重別人，那麼注意別人有沒有機會發言。我們激烈地在討論，他們很注意聽但發言不多，輪到他們時他們會說，我發言之前很想先聽這位的意見。我覺得他們好特別，這些蒙特梭利的孩子不想搶機會，他們也不想強迫別人接受什麼，引起了我的好奇。」後來梅校長在研究甘地，跑去印度找認識甘地的人談話，他們有一個圖書館，梅校長看到有蒙特梭利演講的書，讀了之後「發現蒙氏的想法跟我的非常像」。

一九八二年，梅校長到師大語言中心學中文時，和何嘉仁的老闆 Hess 以及喬登美語的老闆 Jordan，當時都是師大語言中心的同學。他在台灣教了一年的美語之後，回到威斯康辛大學的圖書館，無意中看到了一本書，是一部蒙特梭利教育理念的重要著作。裡面談到自學語言，「我一直在想如何教孩子學習美語，應該是靠他學習語言的本能，而不是靠我來教。」之後，在任何地方看到蒙氏的書，梅校長就會買下來讀。

梅世傑校長（前一）每年與苗圃中學生進入苗圃附近的排水溝，忍受惡臭，整理及研究如何讓臭水溝恢復溪流生態系。圖片來源：苗圃蒙特梭利中小學提供

學經濟的梅校長，雖然在台灣看到美語市場的大生意，但是他認為台灣的補習班證明台灣的教育體制有問題，原本就不應該有補習班。「我很想做不一樣的學校。」但是當時梅校長在教育部得到的答案是，「你只能做國際學校，

否則就不能教台灣的小孩。」梅校長不要那些，他要幫助台灣的小孩，「我推廣這個教學，是為了台灣的小孩，不是為了台灣的父母，很多體制外的學校就是為了服務台灣的父母。」

梅校長強調：「我不是為了台灣的政府、台灣的教育處、台灣的家長工作；我不是辦殖民地教育，我是在幫助孩子成長，他也在幫助我自己成長。我希望小孩的生命有意義，我唯一的想法是當一個引導者。我沒有在幫助他們去聽父母的話，我是在幫助他們跟父母一起成長，我也在幫助他們知道怎麼幫助父母成長。」

梅校長不想辦補習班，不想做蒙特梭利苗圃大王國，他想在彰化做很多自學教室，讓孩子能自學。「我也沒有要做苗圃一苗圃二苗圃三苗圃四……這是殖民地的觀念，我沒有興趣。可是如果有別的地方，有一群家長、有一些老師，真誠地想幫助台灣成長，我願意在他們的家鄉、社區，做一個自學教室，讓混齡的孩子可以成長，自學是他們的基本權。」

苗圃在二〇一五年九月籌備發起「苗圃新希望教室運動——私辦公推蒙特梭利小學班」。在二〇一六年四月由彰化縣教育處副處長見證苗圃與管嶼國小簽訂合作意向書，運用管嶼國小的閒置教室，建立一間一至三年級的蒙氏混齡教室。

「我看到孩子的成長越來越多，我也在跟他們一起成長，我每天越來越愛他們，越來越愛台灣，覺得自己的生命越來越有意義，為什麼呢？」照顧苗圃已經十六年了，梅校長說：「因為那是真正的教育！」

補記：台北市昶心蒙特梭利中小學於二〇〇八年開辦。
台中市澴宇蒙特梭利中小學於二〇一二年開辦。

註釋：

1 《0～6歲最關鍵：蒙特梭利全方位教養手冊》國秀華（木馬文化）。
2 基金會的起源，請參考財團法人蒙特梭利啟蒙研究基金會（www.cmf.org.tw/aboutus.html）。
3 〈選幼兒園／認識蒙特梭利〉李宜蓁，《親子天下》專特刊（二〇一一年五月）（goo.gl/NjOf7T）。

參考資料：

1 昶心蒙特梭利實驗教育官網：charmmontessori.com。
2 〈認識幼兒園——五大幼托體系完全解析〉陳珮雯，《親子天下》專特刊（二〇一一年五月）（goo.gl/oF6Ew）。

台北市立麗山高中

——自立自強的科學實驗高中

台北市立麗山高中建校之初，命運乖舛。一九九一年台北市長黃大洲成立規劃「麗山科學高中」指導委員會，計畫對全台招收青少年科學性向學生，加以培育。一九九六年賀伯颱風帶來山坡地重大災害，環評因此一路延宕，遲至一九九八年才由台北市長陳水扁動土。然而於二〇〇〇年招生前夕政策變調，台北市長馬英九裁示剔除「科學」二字，即使歷經多年專家學者進場規劃，軟硬體都已定調的「麗山科學高中」，還是在最後關頭穿上「普通高中」的外衣。

但是，麗山高中的歷任校長和教學團隊並沒有自我放棄，靠著自己的力量，延續著麗山的科學魂，展現亮眼的科學教育成果。

屢登國際舞台，與世界接軌

麗山高中學生參與 2016 年的英特爾國際科學展。圖片來源：麗山高中提供

二〇一六年美國英特爾國際科學展（Intel ISEF），麗山高中高三學生張霈萱，獲得數學科首獎、大會一等獎以及大會歐盟青年科學家競賽獎 EUCYS。進入普通班的張霈萱，「高一選擇數學為專題研究，她最初只是對數學有興趣，卻不怎麼有自信」，經過數學老師林永發的指導，開啟研究之路。她與同學「曾為一道未解決的關鍵幾何結論證明，用盡解析幾何、代數方法與數學軟體進行檢驗，耗盡篇幅的龐雜演算，前後花了五個月時間才解開問題」。

其實，麗山高中從二〇〇六年開始，就已經多次得到美國英特爾國際科展一等獎，累積了國內外超過三百個科學競賽的獎項，校史室裡擠滿了各種科學獎盃，不但在台灣科學研究領域上有舉足輕重的地位，更屢屢登上國際舞台。「國際天文聯合會小行星中心」已經「用五位麗山高中學生的名字，去命名新發現的小行星，因為他們五位是英特爾國際科學展得獎者」。

然而，台灣民眾幾乎沒什麼人知道。

獲得北市二〇一五年度中等學校學生科學研究獎助計畫一等獎的薛恩慈、鄭詠云研究發現，科學中藥裡的紫蘇葉濃度越高，抑制內皮細胞血管新生的效果越好，「若能掌握紫蘇葉濃度對人體的副作用，有可能應用在抗癌」。王元均六歲學圍棋，小六考上職業棋士，十七歲已登國內三冠王寶座，獎金累計上千萬元。徐建國校長全力支持他發揮圍棋專長，二〇一五年清大首辦「特殊選才」免試進清大，越過特殊專長生視為「鬼門關」的升學考試。

二〇〇六年開始，麗山高中每年進行一次由HASSE太空學校贊助的美國太空總署（NASA）遠距教學，學生可以與演講人直接對話討論。二〇〇六年申請到國科會「高瞻計畫」的補助，並陸續參加各種研究計畫，才能透過專案彌補小班小校經費的缺口，進而充實學校實驗材料及各項教學設備。二〇〇八年在學校成立台北市首見五米高「數位化全天幕」星象館；二〇〇九年被選為台北聽奧接待學校，二〇一四、一五年，成為台灣國際科展（TISF）指定接待學校。期間，麗山高中還主辦了一場國際研討會，第二任校長陳偉泓於二〇一一年舉辦亞太國際會議「高瞻方案亞太科學教育研討會——探究性學習在高中教育的實踐」，備受好評。

麗山每年還會選出四到六名學生到英國伯大尼學校（Bethany School）做國際交流。近三年，有將近四十名學生到加拿大進行卡加利遊學計畫；每年並與越南丁善理紀念中學、馬來西亞鍾靈中學、日本靜岡北等高校、上海市二中、北京理工大附中等校做雙向交流。此外，還參與了上海科技創新大賽，清華、浙江及南京等大學高校的科學營。

麗山高中的國際交流非常活躍，但其實這一路他們走得孤獨而辛苦。

「當年學校動工興建時，韓國還來觀摩學習，現在韓國已經有兩所科學高中了，台灣連一所都還沒有。」韓國經歷一九九七年金融風暴後，也開始重視高中教育。麗山新任校長柯明樹說：「現在韓國的科學高中，連大學資源都投進去了。」麗山規劃之初的宿舍，招生對象涵蓋全台灣，一方面是為了學生做實驗的需要，同時也方便指導實驗的老師或教授。然而，市議會以「台北市的經費用在台北的子弟身上」為由，否決了宿舍的預算，也因此波及學生實驗的計畫與管理；有些實驗必須做到很晚，但在沒有宿舍的情況下，為了學生的安全只能停止實驗。二〇〇七年TVBS這樣報導了韓國的一所科學高中，「學生這麼優秀，設備不能遜色，這個原子能顯微鏡一千兩百萬，韓國政府把高中當大學來教育。」[1]

麗山校本課程——高中開始培養大學的專題研究

第一任校長鄭顯三從學校開始籌備、直到退休的十二年歲月中，依指示保留住計畫之初最重要的課程核心，一週三小時的「校本課程」，也是麗山高中最經典的必修課：高一是「研究方法」，高二是「專題研究」。雖然一週的表定時間只有三小時，只要學校和老師認真規劃、善用課程，就足以帶來不可思議的成果。

由於當初的建築設計是實驗高中的規格，所以教室是容納三十個學生的小班，每年級十個班。但是高一上學期的「研究方法」這一門重點課，特別由十五位老師自編教材，開出一點五倍的十五門課，足見學校的大力投入。「研究方法」的十五個課程中，人文社會、數學、自然科學、資訊科學與生活科技教師都進場，讓學生自由選擇。

「研究方法」是高一上的必修課，分成兩個階段上課：第一階段是剛開學的頭六週，重點是教學生基礎研究技巧，因此降低學科的分科，讓學生先學會文獻蒐集、整理、溝通、表達，並學會做海報、簡報等。學生從初入學的懵懵懂懂，開始學習到研究的方法。

第二階段叫作「領域探索」，學生開始試探未來要做哪些內容，又分成兩個五週：高一上學期的第二個五週，學生要選擇一個自己有興趣的學科去體驗，看看自己是不是真的喜歡這個科目。高一上學期的第三個五週規定學生必須更換別的學科，去做新的嘗試。金佳龍祕書說：「好比說前五週有人選擇數學領域，後五週就改選公民領域，讓學生有更多的機會去比較，也可以讓他們確定自己真正要選擇的專題。」高一上學期結束前，要做一次成果發表。

「專題研究」從高一下學期起，以問題解決為核心，繼續在自己喜歡的科目進行主題式研究，並開始找指導老師。金祕書說：「像是找指導教授一樣，必須通過老師的面試。」最後發表研究報告。學校設備不足時，可以申請去各大學借用實驗室，甚至去借政府機關的。專題研究有「野外實察」課程，像是地球科學課曾去南投、嘉義的鹿林山、玉山山腳做實地考察；天文研究去宜蘭觀星；生物研究去烏石港粉鳥林觀測野鳥生態；史地公民研究就一起去台東美麗灣實察，公民專題去訪談在地原住民、居民、觀光客對美麗灣開發案的意見。歷史專題就去尋找原住民歷史，地理專題去做地質研究。高一下及高二下，各有一次研究主題的成果發表。

二〇一五年度校內科展的六十位得獎的研究主題包括：

Euler 不等式探索之旅——給定外接圓與內切圓半徑之雙心多邊形研究

愛可爾斯定理在多邊形的延伸和推廣

光反射定理在多面體上的應用與推廣

非牛頓流體衝擊現象之研究

大自然的油切高手——嗜油菌對家庭污水的處理

中藥材對遭自由基破壞產生的帕金森氏症之保護作用初探

蝴蝶體型與翅形對飛行姿態與飛行效能之影響

商圈使用電子票證（悠遊卡）可行性之探討——以台北內湖七三七商圈為例

用金屬做成玻璃？製作具有玻璃特性的非晶態合金

滿清八旗制度中上三旗地位之探討

《黑魔女》談迪士尼公主系列電影人性的演變

麗山訓練學生在高中要學會獨立解決問題的能力，自己蒐集、整理、論證、思考，每個階段都要做成果發表，讓學生練習上台表達。

「科學素養」課程是一門選修課，從二〇一四年開始，老師自編教材，強調素養而不強調知識。「科學素養」分成社會中的科學（台灣環境發展與變遷、科學本質、ＳＳＩ科學性社會議題、科學史、科技倫理、氣候變遷、藝數）、生活中的科學（玩具中的科學、科學新聞解讀與寫作、藝術與科學、食品安全）、科技中的科學（科學中的數學、飛行科學與操作、奈米主題、英文論文閱讀表達、綠能主題、動態３Ｄ幾何繪圖）。

這門必修課訓練學生以科學的思考方式去面對各議題，例如核四公聽會的角色扮演；桃園工廠污染廢水，在科學上如何認證？看到科學報告怎麼判斷有多少可信度？用日常生活材料去做玩具，其中有哪些科學原理？還有由國文科老師開設科學新聞解讀與寫作社群。

高一上的「資訊課」，教軟體心智圖、電影剪輯軟體、資訊專題等等；高一下的「程式設計」是必修課，學寫程式語言C++。國文科著重發展思辨和口語表達，成立辯論社，麗山的辯論賽是全國前四名。全校多數老師採用創新教學模式，無論是學習共同體、分組合作、行動學習或是翻轉教學，各種社群豐富。

多元行動學習，為偏鄉孩子服務

麗山校舍最初的建築設計，就是一整層樓一個學科，以便於公共空間可以做教學情境的設計。每層樓都有一個偌大空間的留白，是校舍建築設計最大的特色，也讓人有放鬆和遐想的餘地。文科老師把空間布置成閱覽區，放上開放式書架，還展覽一些書法作品；工科老師則展示各種具藝術感的多角形手製模型。

麗山高中是全國體制內學校，唯一持續「跑班制」的公立高中。上數學課就去數學樓層的各數學老師專用教室，選修課就各自分散去自己的選修教室，全班早自習、午休和班會時聚在一起。創校至今，運作順暢無礙。

而由於受國際天文聯合會小行星中心的影響，學校七、八個社團的名稱都帶「星」字。「星嵐大使團」要負責接待來自國外的貴賓，所以要挑選英文好的學生，要能自己做簡報、用英文介紹台灣、台北及麗山高中，還要導覽學校。學生曾宇霈說：「參與星嵐大使團是非常特別的經驗，平時要學習製作簡報、訓練口語表達能力，當外賓來訪時，可向外賓介紹台灣特色文化。」每年新生入學時，就會招募十五位星嵐大使，由學長姐傳承貴賓接待經驗，社團課程訓練學生口語表達能力。柯校長說，透過這些社團經驗「到高三就很有目標，知道自己要什麼了」。這兩年更協助科教館，接待國際科展的參賽選手，儼然已經培養出一種專業能力。

「星晞服務隊」則把科學課程編成遊戲，用遊戲方式讓小朋友體驗科學。除了去過台北市明倫國小、桃園縣大埔國小、新北市山佳國小、宜蘭縣東澳國小、彰化縣芬園國小之外，更準備開始暑假的偏鄉服務。

學校每年四至五月間結合崇友文教基金會，參加兩次兩天一夜的公益旅行活動，每年都有三至四隊同學參與（約十二到十六名）。透過旅行學習服務的精神，培養反思與回饋社會的能力。畢業旅行時，學校帶學生去屏東九如鄉及惠農國小進行半天的服務學習活動，進行一次不一樣的教育畢業旅行，有別於近年公式化的遊樂區畢旅團。學生反應熱烈，感覺很特別、很高興。

對於校內各種運動競賽，學校也有不一樣的教育思維。排球賽分三局，三局都換不同的學生上場；籃球比賽不會只有五位同學下場比賽，而是強調每班每一成員都應有下場比賽的機會與責任，捨棄個人英雄主義，希望透過比賽凝聚班級向心力。跳繩比賽叫作大跳繩，也是由一排人一起跳，注重團隊合作。

除了增長學生獨立做研究的能力之外，麗山重視團隊精神的培養，並且養成社區關懷及做公益的觀念，還盡量讓學生有國際互動的機會，打開國際視野。在學校仔細的規劃下，學生進入麗山，經過三年豐盈的學習之後，帶走了扎實的能力。

位於山坡地的麗山高中佔地四點四公頃，學生約一千人，建築氣勢以及綠蔭校景，帶著些許台灣早期的學院味道。戲劇性的命運作弄，也正是台灣一個時代的縮影。然而，在台灣體制圍牆之內的麗山高中，堅持走出自己的藍天，她想向世人證明：教育，並不難，只要有心。

註釋：

1 「韓流之後　韓國政府重視菁英教育」，TVBS新聞（二〇〇七年四月三日）（news.tvbs.com.tw/world/329228）。

台中道禾耕讀村

——現代書院式人文生態耕讀村落

這一天是庚寅小寒，位於苗栗縣三義鄉的道禾耕讀村，山坡上已帶著溼涼寒意，樹林在薄霧之後，透發著靈氣與靜謐。「道禾是現代書院式人文生態耕讀學習村型態的校園，學校就是一個村落。」木桌上的金黃色山茱萸花，妝點出了鮮亮生氣，小風老師指著前方的幾個涼亭，「這一片是規劃中的藝術家駐校園區」，在三義道禾的未來圖像中，「校園的生活與學習，依循大自然四季、二十四節氣的時序，依時吐納、節氣生活，將人文、藝術、自然與科技融入生活與學習之中」。

三義校區規劃有幼兒園、小學、國中、高中，是一處十二年一貫的校園空間，自然農園、水圳、茶園、亭台層疊，與金、木、土、纖維、科學等工坊與文化館（茶學、劍學、弓學、琴房等）、

六藝課程之一：古琴，是道禾的特色課程。圖片來源：道禾提供

生活美學館（茶書院、節氣餐廳、個性書店、農藝工坊等）、藝術館（視覺藝術、舞蹈、水墨等）、戲台、書院與山居、農莊、山房等等，交互融合於村落、街坊之間。

「結合藝術家及專業工作者一起駐校創作與教學，並設有道禾教育研究院、書院、語言教育研究中心。延伸與國內外教育、藝術、文化、科技等資源互動合作。」在這個七公頃的山坡地上，「建立具全國性與國際性文化、教育、藝術之扎根與交流村落。」

「節氣生活」——依循天地自然韻律的生活

道禾重視「節氣生活」，取法老子《道德經》第二十五章：「人法地，地法天，天法道，道法自然。」與《論語．陽貨》：「天何言哉？四時行焉，百物生焉，天何言哉？」人類依循自然中二十四節氣而活動的思維，將「道法自然」的哲學理念，落實在教育活動中。

「我從小就是在雲林鄉下長大的野孩子，我會談二十四節氣，因為跟我的生命成長有關。」創辦人曾國俊提倡節氣生活，「看著二十四節氣就在我身邊不斷地流轉，看著慶典的氣味、庶民美學在生命過程中上演，布袋戲、六房媽出巡，兒時的氣味、煙硝味、北管，農村生活隨著節氣帶來的慶典活動。」敘述自己成長的過程中，留在記憶底層的印象，「搬到新竹，住溪邊，家前面就是小河，上學要走一個多小時才到學校，小學到國中的生活都是和大自然在一起。在溪邊、河邊、稻田、山邊、廟前，兒時記憶與內化的嗅覺觸覺各種感覺，都在我生命中。」道禾十七年前開始談節氣生活、節氣美學，是源自於自己生命的經驗，「再去尋找相關的文獻、著作，來支持並給予我更多的養分。」

道禾節氣生活採一年、四季、十二個月、二十四節氣及節慶的自然時序，並將人文、藝術、數學、語文、科技等知識內容涵攝於自然時序慶典活動中，配合節氣依時吐納，將蘊藏在大自然中的知識由外在轉化為內在的力量。班級命名，也依循自然，像是：天空家、草原家、湖泊家、山岳家、海洋家、大河家。

「節氣生活」具體表現在以「自然、有機、原型、元素、可建構」的原則提供的教育環境；以天然、手做設計研發教學設施、設備、教具及學用品；以生態永續建構出「自然生態的學習村」；以「老莊自然農法」帶著孩子規律耕耘，耕田耕心。

講到有機農耕，從如何鬆土養土，到老莊農法的雜草，「你會發現，這邊比較潮溼，這邊長些根葉的，那邊長些闊葉類的，這邊有棵樹，那邊比較乾燥；畫成一張圖，就知道這裡適合種什麼，那裡適合種什麼——不用擔心，你的收穫一定會非常豐富。」曾國俊對農耕相當熟悉，「如果你不信的話，全部都把它種成一樣，你一定會很辛苦，灑農藥也會出蟲害，除了這種蟲害，別種的蟲又來了」。

道禾重視「有機、健康、蔬食」的節氣食育，細緻健康地照料孩子。「早上由TC老師帶來的『節氣美食』課程，節氣正逢大寒與立春之間，也正是富含維他命C的草莓當令時節。飲食美學是作為生活樂趣，融合節氣食材，一邊將草莓、奇異果、棉花糖等色彩繽紛的食材組合在一起，拼湊出色味兼具的絕妙好滋味。」TC老師，是道禾資深的英文老師Teacher Cathy，擔起了三義道禾耕讀村落的住宿生照料工作，還開了節氣美食課程，將自己的好手藝奉獻給這群孩子們。「另外還有TC尾牙獨家的義式刈包，紅酒加上義式香料醃製的裡肌肉，佐以洋蔥蘑菇配菜夾進刈包，一口咬下滿滿的幸福感。」

道禾所有的桌子、椅子、櫃子，全是由一對藝術家夫婦幫忙做的，做了近二十年。每一根木頭上十一層漆，上完一層漆，要磨掉，兩個禮拜等它乾了；磨掉，再上一層，等兩個禮拜，再磨掉……「這叫入木三分，沒有半根釘子，做完以後木頭會呼吸」；鋼琴的烤漆，烤一層，乾了以後再烤一層，也是十幾層，黑得發亮，木頭上三分。曾國俊表示，「東方是向『內』的美學，西方是『出』的美學；東方哲思反求諸己，向自我的內在追尋。看到我們的桌椅，就知道東方人是怎樣的民族，用怎樣的態度去面對物、面對人、面對他自己。」

道禾教育研究院和劉文彥老師、李潛龍老師，共同研發「道禾學山水課程」。讓孩子透過「山水學」，走出教室，隔週一次，向「山」、「水」學習；以一年一座山，一年一條河，結合小學畢業於玉山，國中畢業橫渡台灣之心——八通關古道、聖陵線，已成道禾孩子的成長禮。他們並計畫和海洋學家及蘭嶼達悟族拼版舟師父，規劃造船與海洋學程，形塑道禾「山·海·關」學程，引領孩子感受著海洋島嶼生態與四季節奏。

道禾的教育理念，「生命教育、農耕、山水學與工坊，是一種人的發展的根源性、總體性關懷，是一種『清貧』的思想，也是每日的功課，是生命的基本功，是一種生活態度，而非課程模式。」

「六藝課程」：茶道、古琴、弓箭、武術、書法、圍棋

六藝課程是道禾的特色課程，他們在接觸西方各種開放式教育體系之後，邀請四十多位學者專家，其中涵蓋哲學、人文、藝術、自然等文化與教育專業工作者，組成課程暨教學研究發展委員會，逐漸研發出一套屬於華人東方傳統文化的教學之路。「在道禾，我們規劃了一系列人文教養課程，孩子透過人文茶學、劍學、書道美學、水墨、視覺藝術（金、木、土、纖維工坊）、音樂、戲劇、藝文欣賞等課程滋養。以文化、美學為載體，使其內外交養，啟發其天真純樸之善性，歸返那永恆的總體之根源的懷抱。」在道禾的孩子，透過「人文茶學」的「情心品味，吸納默讓」涵養著「知止、靜心、『奉』的美學」；透過「劍學」的「覺動體天地，直心即劍心」鍛鍊著「專注、勇氣、修心」；透過「弓學」的「引弓射箭心眼虹，不移寸步跨長空」磨礪著「自制、立志、成德」。他們透過文化與美學的學習，傳遞自己的美、自己文化的心行傳習。

道禾耕讀村生態池旁的露天表演木台，垂掛上了輕柔的粉紫布幔，古琴的清韻在氤氳裡流轉，現代東方風韻打扮的演奏者彈琴吟唱，觀眾彷彿置身遙遠的時空。木地板上的四張長桌，由四位中學部的同學分別負責司茶。絲帶繫著的紙捲上寫著：「寒度梅花 小寒．茶樂雅集．〈奉茶禮．安坐草木間．靜聽天地聲〉」，還附上一首宋元年代的詩人翁森的詩〈四時讀書樂之冬〉。茶席間，

淺草綠的桌巾上兩個小陶碟裡，分別是桂圓米糕和酵素金棗蜜。樂聲悠揚中，四位同學輕緩穩健地為客人們沏茶奉茶。

茶道課是道禾的特色課程，「上週的課程是介紹人文茶席所需的器具和位置，今天延續上週的課程，進一步談到每項茶具的用途，並仔細示範正確使用方法，重點是一次做一個動作，動作講求輕、柔、緩。單手提起熱水瓶時，可配合呼吸吐納，和另一隻手的輔助，讓動作流暢穩定。茶人奉茶給茶客人時，視線要與茶客人對上再鞠躬致意。每個動作務求到位，平時有機會多練習，才能成為一位真正的茶人。」[1]

最受歡迎的課，大概是弓道課了，連參訪團的大人們也興奮雀躍地期待著體驗。「學期末所做的『定位靶測試』，示範了將五支箭分別射在靶上的五個區塊，上下左右及中間。重要的不只是要明確地將五支箭分配到不同區塊，同時也要讓每支箭的『射角』一致，這是由『結果』反觀個人心性的證明。表示我們的心性，是可以透過某些事物的學習，而掌控調配自我的。」蔡明川老師在庚寅季夏．道禾實驗中學的手冊《學習》裡，介紹弓道課程時寫著，「每個人的個性不同，在射箭的展現模式上也不同！」蔡老師提到有一位同學「經常箭穿靶背，其所用之弓磅數也一般而已！何以如此能耐？是因持弓的穩定度高，其二是放箭時，能放鬆拉弦之手，箭在少干擾之下則能全力前進……當箭射出時，就算輕觸樹葉亦會消滅飛行之力」。

蔡老師展示許多求生弓、複合弓、奧運和世運比賽弓。弓道課除了練習射箭之外，還有教授如何製弓，「今天的課程，國一與新生的部分，依舊朝向第一把求牛弓邁進，速度快的同學已經接近尾聲了，加油喔；至於進度稍慢的同學，要找時間趕工了。舊生則努力的製作箭身及箭頭的部分，這部分需用到比較精細的工具及手法，工序的部分確實是比求生弓複雜得多。」

六藝課程之一：弓道課。圖片來源：道禾提供

武術課從「調身、調心、調氣」開始，小風老師引導孩子們收攝身心，練習詠春拳的基本功法，並逐漸增加「重力訓練」，讓孩子們的「肌耐力」能達到基本水準。「童顏」劇團團長的小風老師，他負責道禾的武術課，「武術如同創作，在不斷地重複自己中，窺見不足裡的超越，體悟限制中的自由。」

小風老師的武術課是美感教育，「『身體課程』其實是一種生命的價值，態度的釐清與形塑，是一種生活的方式，軌道的建立」，他認為「『少年武術』是種『詩意的身體』課程，會產生『美』的堅持，是一種『美感教育』，更會形成自律的要求和力量」。除此之外，道禾也進一步深化發展屬於東方身體美學的武術課程，自二〇一六年起邀請少林寺武術館國際教學部總教練——王雷穎師父，為道禾的所有師生進行少林八段錦與武學的課程學習。

已是歷史建築的台中刑務所演武場於二〇〇〇年十一月修復完工，由台中市政府委託道禾教育基金會經營管理使用。現稱「道禾六藝文化館」，是一處可以面向社會推廣家庭教育延伸，以及在地文創展示與市民文化休閒的場域。其中二館「心行館」、「傳習館」平時進行各種六藝文化活動，與參觀的民眾互相交流。

與校外組織團體搭建藝術交流平台

「對演員來說，最重要的是『專注』。不管在哪裡、做什麼事，只要有專注的態度都會是對的。」戲劇課的鹹魚老師要各組自己討論、排演一個沒有台詞的片段；每個小組在經過排練後，又要在原本的片段中，加入簡短的台詞，最後老師把小片段拍成劇照。戲劇課程內容還包括介紹舞台權力的建構，「一個導演要如何安排他的戲，讓舞台、演員和觀眾是在控制中的，是充滿美感與協調的。」[2]「現代視覺藝術」課程中，政綱老師透過投影片，分享著現代視覺藝術的美學角度。從單一的光，平面視覺、談到立體、空間、氛圍等不同的藝術向度。

四季慶典中的「秋社慶典」，有時搭窯、做手工麵包，有時教做柚子果釀酵素。「行動學習」

有時安排去參觀北埔老街客家建築的一級古蹟，或安排專訪三義在地藝術家。此外，除校內定期的藝文日、小型展演欣賞與駐校藝術家的藝術活動外，結合「行動學校課程」的校外藝文活動參訪和不定期的專業表演藝術欣賞，更成為孩子美感經驗交流或沉澱醞釀創作的良好媒介。

一九九八年，道禾和雲門舞集舞蹈教室教學合作之外，也與亞洲研究院、大觀茶書院一同搭建文集藝文的交流平台，並與童顏劇團、大樹下音樂工作坊等團體教學合作及邀請藝術家駐村。而專任藝術教師結合音樂、藝術、戲劇、美學各類工坊，發展人文素養。

除了六藝課程之外，道禾美語課程規劃以全語言理論（Whole Language Approach），將美語學習視為一個整體的過程，而非分割零碎的學習。以雙語雙導中外籍美語教師協同教學，及以美國小學課程 Open Court Reading 系列為主架構，那是一套美國小學普遍使用的語言教材。統整的主題式教學（Thematic Teaching），師生共同在跨學科（content area link）的學習歷程中探究與建構。

道禾於二〇〇六年與紐西蘭奧克蘭市的歐懷小學成為姐妹校，並實質進行雙向文化學習交流；二〇〇七年與日本大阪大谷大學附屬幼稚園建立姐妹校；自二〇〇七年起實小獲評為績優學校，而新竹幼兒園更獲評為全縣第一之總體績優園所。道禾還加入了國際教育資源網學會（International Education and Resource Network, iEARN），二〇一一年七月 iEARN 第十五屆國際青少年高峰會（2011 iEARN International Conference and Youth Summit），與來自世界各地四十五個國家的師生互動與交流。在三義校舉辦過兩週的國際文化交流營，讓外籍學員體驗台灣文化及六藝課程。

三義道禾書院：傳統書院與現代學校的結合

「書院就是講學、傳道的場所，講學是他的形式，傳道是他的精神內容；從組織上來說，則是古代的私人學校。」道禾教育基金會研究員廖崇斐解釋，「道禾教育基金會所創辦的『道禾書院』，是台灣唯一一座結合實驗學校的書院」，書院就是古代的體制外教育，「書院以講學、傳道為特色，有別於官學，可說是傳統的體制外教育。一方面象徵著文化的傳承與價值的回歸，一方面也隱含批判現實的精神。」[3]

「書院位於道禾學習村的最高地，俯看著整個學校，與學習村入口，落差近一百公尺。」地處中軸，顯示書院的中正高峻。其他建築就隱藏在山林中，採節氣建築的概念，強調人與自然的對話與共生，蘊含著天人合德的精神。書院主體是二樓斜頂式現代型建築，蓋在方塘泮水的上方。由山門進入，兩旁是鐘樓、鼓樓，拜亭是主建築前的寬敞空間。

規劃中的節氣步道，是由學習村入口至書院，設有約二點五公里長的四米步道；曲折蜿蜒，因應四時節氣，可盡覽園中自然景致，「這裡有七條古道，我們邀請文學、藝術各領域的專家，周邊的資源和生態的資源都很足夠，」曾國俊沿路介紹，「老師傅會住在工坊裡，沒有教學時就從事生產，現在生產出來的紙是千年古法的手工紙；墨是兩百五十年來的配方墨，做弓、做箭、做染紡，還有做古琴。」

孩子動手製作是道禾的課程設計，「孩子寫書法，自己做筆，就知道什麼是狼毫羊毫。」繞過茶園，「這裡的茶園，是五十年的茶園，野放的，會採這個春茶冬茶，作為我們自己校園裡面的茶，招待客人」，沿著採茶的步道走，「這裡沒有學校的教室，只有一個戲台」，想像中在戶外的戲台表演，別有一番趣味。「所有小學到高中的教室，都隱隱約約躲匿在一片樹林裡面，教室只蓋二十幾間，一樓或二樓」，不破壞生態，是基本原則。

曾國俊指著一條路是規劃中的「內街」，兩百多公尺，將會有一間一間的房子，裡面都有老師傅，做紙、做墨、做琴，「我們金工、木工、土工、紙墨、染織，有十幾種工坊，還有科技工坊及雲門舞集的身體體驗館，劍道館，弓道館有室內與室外，可以體驗。」工坊連接到教室和宿舍，學校開了東西南北四個門，由於買地是慢慢買的，所以道禾的建築環境設計也是傾聽而得、依勢而建，配合季節設計座向方位，茶道、弓道、劍道的教室，錯落在二十幾株馬尾松林裡，松樹全部保留下來。工坊附近有兩三百棵油桐樹，「四月底的時候，整個地上都是白的；四、五月的時候，在滿地白花時辦活動是最好時節。」

回首向來蕭瑟處

道禾於一九九六年在台中市誕生第一所幼兒園，「一開始，是為了我女兒，我邀請了身邊親友的幾個家庭，得到父親與弟妹的支持與投資，同時有六七位老師帶著子女加入，從一九九五年開始籌備至一九九六年歷時一年餘後成立幼兒園。」當孩子進到體制內小學之後，我們開始發現相對急功近利、過度強調比賽競爭的學習環境，滿足了成人的某種需求，卻也為孩子埋下了一些隱憂，這些現象都不斷地簇擁著我們去思考實驗教育的新的可能性。

在許多家長的建議之下，道禾經過考慮，最後決定辦小學，「那時我女兒已經在體制內小學上二、三年級了。後來發現，因為自己在教育裡，找到一個不必戴著面具，可以與人真誠相處的快樂，找到自己人生的方向，所以一路走下去。」在陪伴著孩子成長的過程中，自己也有機會再重新成長，發現自己的人生看似要向遠方走去，其實是走向自己的內心。

道禾實小於二〇〇三年著手建校，並於二〇〇四年開始招生。現有台中、新竹兩座學習村落，採社區型態；每處各六班，每班編制二十五位以下的兒童，採小班制雙導師協同教學（全校師生比一：六）。成立了教師成長組織，自編教材、課程；家長則以志工組織型態，參與建校與校務推動。道禾於二〇〇六年開始延伸教育設立國中部，以書院學塾型態進行教育實驗計畫。二〇一〇年，道禾於苗栗縣三義鄉，購地七公頃，邀請半畝塘建築團隊，以生態、環保、永續的觀念，規劃道禾三義學人社區，營造以書院為主體的生態學習村。

經過了四十多位委員的研究討論，「我們想辦一個『人文素養』與『人文知識』同時也是一個身心靈均衡發展的學校」，道禾選擇走一條以華人文化為主體的辦學之路，「現在的教育現場把過多的注意力放在看得見、可比量化的『人文知識』上，許多學校的遊戲規則，就是如何把學科考好，讓學生拿到好成績，拿多少百分比，進入哪個好學校。這種對『人文知識』的過度重視，比例太高。」

曾先生對於這樣的偏頗，提出不同的觀點，他認為，「『人文素養』是指看不到的部分，像是對花開花落、颱風下雨的感覺，巴哈《無伴奏》的感動，師生眼神交流、迎接、擁抱，師生間的互動行為與老師投入的愛，是無法量化、比賽、看見的東西。看不見的與看得見的同等重要，一個實一個虛。看不見的是人的情感、溫暖、愛。一個不懂得柔軟、沒有眼界、心量，也沒有望聞問切能力的老師，在面對一群被量化對待的孩子，坦白說，基本上就是一個災難，離真正的教育很遠了。」

道禾選擇回到自己的文化主體上去耕耘，「我們想辦一個東西方文化均衡發展的學校。一百多年來華人世界持續戰亂，相對貧窮苦難，沒有自己的教育模式。一直到最近的三十年，才露出文明的曙光，社會經濟才逐漸小康或部分富裕，開始看見未來面向世界的可能。解嚴、報禁、自由出國，都是沒有多久的事情。」

他遇到的第一個挑戰，是東方儒釋道的哲學，「如何發展為『教育哲學』？表現在人身上而不是文件上，在文件上的東西是片段的、分散的，不是能立刻轉化、使用的」，他認為，「離開真實的生命與生活的體驗沒有國學、也沒有經典，經典與國學具體就在生命的實踐與活出。」

第二個挑戰是，「琴棋書畫禮樂射御書數，如何發展成『教育美學』？成為教育的一個載體、平台、媒介、心法、方法。」在如今以西方教育為主導的時代，道禾努力發揚東方文化、深信最在地的也就是最國際的，道禾期許自己成為一所根深於文化、盛開於國際的學校，國俊說：「我們沒有自己的教學教法，沒有自己的話語權、詮釋權，一直用西方寫論文的方式、發表文章的方法，在描述我們自己。連顯示我們自己的文化，都還是用西方的邏輯思考，描述解釋我們自己的心法，明明就是不同的邏輯思考。」

「在這裡，文化與藝術成為知識與技能的搖籃；在視覺藝術、水墨、陶土、音樂、戲劇的藝術氛圍中；在樹下、簷廊或草坡，有人擊鼓而歌；有人二胡悠揚；有人彩畫水墨，也有人畫布景、做道具，彩排舞台人生……」在國俊的悠遠目光中，彷彿看見了在鋪滿五月雪的花香中，在舞台上縱情揮灑的孩子們。

註釋：

1 道禾三義水美耕讀村落臉書。

2 同註1。

3 道禾實驗學校官網（nw2011.heart.net.tw/_g_academy/_a_ac.html）。

宜蘭清水小校

——資深教師團治校的國高中自學團

我們不是一所學校，而是一個實驗計畫。在這裡，找不到以管理學生為出發點的所有機制。一切設計都是為了學習和成長。所以，我們不會有制服、不會有鐘聲、不會有訓導、不會有教官，也不會有全體起立敬禮坐下老師好……我們不會在乎你染金髮戴墨鏡穿吊帶褲或披圍巾戴頭套。我們有自治會、談話課、互動學習。我們在乎你想什麼、說什麼、愛什麼或討厭什麼，我們也想了解你為什麼學或不學，想學什麼？為什麼想學？我們和你一起思考未來、了解現在。學校的模樣，我們大家一起塑造，共同的生活，遊戲規則大家一起訂。

總而言之，在這裡，你不必有恐懼或焦慮，你可以決定自己的模樣。不管現在還是未來！[1]

學生在戶外上課。圖片來源：清水小校提供

下了羅東交流道之後，穿過三星鄉市區，朝著太平山方向筆直前進，眼前山巒層疊，茄苳樹夾道，都市的喧囂逐漸遠去。從天送埤左轉，粉色櫻花綿延一路，經過宜蘭著名的溫泉「清水地熱」岔路之後，一路上沒有任何標牌，再開幾分鐘的車程，路左邊有個紅色柱子的牌坊。若沒有錯過的話，左轉進入巷子裡，大約百米，就到了清水小校。

進入學校大門，一片老榕成蔭，天氣晴朗時，榕樹下經常擺放了一些上課桌椅，就在戶外上課、討論或演出。白色的兩層樓教室呈L形圍繞著青翠操場，兩三隻狗狗開心地蹦跳著撿回孩子們扔出去的飛盤。清水小校創辦時的召集人劉興樑老師，曾任苗栗全人中學創校副校長，環顧四周幽靜的校園，「我看過了宜蘭縣所有的偏鄉小校，可能廢校的和已經廢校的。」十多年前，開始四處尋找校地，直到二〇一二年，因緣際會下，和一批有豐富體制外教學經驗的教師，在此開辦實驗教育團體——清水小校。

「每個人是不一樣的，他的特性是不同的；每個學生、每個小孩子，他喜歡或者適合他的教育方式，教育模式，也會有不同。」興樑在接受香港電台訪問時談到，「我們不能只有一種模式，可能需要各種各樣的模式，讓小孩子有選擇，家長有選擇。」2

體制外的資深教師共同治校

體制外各校，所遇到的共同困境，就是很難找到合適的老師，即便台灣有數萬名流浪教師，卻不容易找到一群有豐富體制外教學經驗的核心教師。然而，清水小校的國、英、數、自然，四學科老師，都是在體制外另類實驗學校任教多年的資深老師，教學資歷加起來已經超過三十年了。大家聚集在此，不計代價，全力以赴，以難得的向心力，共同支撐起這一片天空。這樣的教學團隊，是體制外另類實驗中學裡，最珍貴的實力，也是清水小校創校的堅固基石。

「比如說登山課、戲劇課，只要給空間、有舞台，就可以進行了。但是最關鍵的學科教學，沒辦法看幾眼就學會。」擅長教古典文學的中文老師羅遠認為，「體制外的老師，不用制度，不用強迫學，不用花招，都能存活下來，就已經很不容易了。」揚棄懲罰管束和師長權威，不用威嚇的方式去強迫學習，在一個尊重個人、強調自由的學習環境下，體制外老師必須面對學生的挑戰，不斷重新思考，什麼是教育？「對於如何讓學生長成？讓學生主導？這裡的自主性、主導性空間比較大，資深老師拿捏的嫻熟度比較高。」

「在我的教學經驗裡，很少有教不動的學生。」大家暱稱老包的資深英文老師包黛瑩說：「我在帶的是自學能力，英文要學得好，只有自學能力強，才能學得好！」先診斷學生英文學習的困難在哪裡，然後開始輔導，幫他規劃適合學習的內容。如何分階段帶動一個班級的學習氣氛，老包也有一套經營的技巧與心得。「學習最大的動力就是成就感！他們每個人都願意學，就是因為成就感，再難教的孩子都一樣。」

老包在之前的體制外實驗學校裡，已經摸索琢磨出一套教學方式，資深老師對於每個學生學習問題的洞察力，以及教學上的技巧掌握，分寸拿捏，都是需要多年經驗的累積。

「我在給孩子最大的自由度下，還要教好基礎英文，這對我是一種挑戰！」這樣的挑戰，不是每位老師都能輕易過關的。在之前的體制外實驗中學，有要不要進教室上課的自由，有時老師必須面對整間教室沒有一個學生來上課的挫折感，「真的要在自主環境，就要把主動權交還給他，自己就真的要退，變成諮詢者。只要告訴他正確的方法、正確的連結，適當的時候回答他任何關於英文的問題，慢慢建立起閱讀的習慣。」如何讓自由學校的學生進教室，然後才能談如何開始學習，「在之前學校的第三年，我們班上學生每人人手一個電子字典，隨時都坐下來閱讀。」雖然在升學考試為主的學校裡司空見慣，但對於沒有任何學習壓力的自由環境下，就不是一件輕鬆的事了。

離開體制內的教學方式，在自由學習的氛圍下，英文教學的難度更高。「教學最困難的，就是遇到在學習上受過傷的孩子，」受過傷的孩子會排斥學習，因此得先重新做心理建設，「要花很大的耐心，讓他懂為什麼要這樣做，再去問他，那你要不要學？統統都說要學！你不要學，我一定不強迫你，這個時候我協助你做其他事情；你要學，我也協助你，你要跟他站在同一陣線。如果每次聽到學生說英文進步，就是這麼來的。」老包在長期的體制外實驗教育中建立起教學經驗與信心，相信絕大部分學生都可以教會、相信學生確實可以自學。在清水小校的官方網站上、清水活動紀錄裡，可以看到每年都有學生在台上用流利的英文發表演講的紀錄影片。

從羅遠老師的中文課教室裡，總是傳出一陣陣的笑聲。在體制外實驗中學已有十多年教學經驗的羅遠老師，學生暱稱阿羅，畢業於東海大學中文系。二〇一〇年二月於「國家教育研究院」發表一篇〈中學如何教古典──以《世說新語》為例〉，[3]公開自己選材設計並實際操作的教案。阿羅重視教學教材的結構，並強調結構的難易順序與邏輯順序。他去體制內學校觀課，「因為是跟著考試走，所以沒有結構問題，只是變換一種教學方法。我認為，若是教孟子這位思想家，必須要呈現出來他主要的思想點是什麼？為什麼是重要的？」

阿羅重視學生的閱讀能力，「閱讀擺第一位，學生上課必須擁有起碼的獨立閱讀能力，能夠讀完文本。」讀完後阿羅做引導，詢問個別學生在閱讀上是否有疑難，然後解說作業提問。每份作業通常約有五題，每學期一個班大約會出四十份作業，拿到學分的「量」的標準是，完成一半約二十份約一百題；「質」則看作答的深淺，「我希望藉由文本來引發學生思考過去與未來，個人與家庭與社會，學生學得好或不好，我可以針對個別學生來發言評斷。」

「我們不需要依賴課本」

寫作課的包惠瑩老師（孩子們暱稱包丁丁），在體制內任教近三十年，高師大國文系畢業，也曾在體制外實驗學校兼作文課，是非常資深、經驗豐富的寫作老師。有關十二年國教的作文議題，「作文本來只是文字的表述能力，孩子腦中有多少東西，如何用文字表達出來，如何兼具美感和真實，如此而已。文字的能力太珍貴，它可以成為人一生重要的伙伴。但為了考試，命題作文當道，老師要教學生如何習慣八股，如何堆砌令人仰望的價值觀，如何吊書袋。這一切，如果真的認真追究，是反教育的。當然並非技巧不重要，而是內容更重要些。如何讓孩子的思考和生命都是有內容的，這才是教育的本質」。

才兩年光景，清水小校就成立了詩社，每年五月有詩人獎。「清水詩歌節」是清水小校的盛事，孩子們在舞台上盡情地發揮，老包記錄下第一屆詩歌節，「孩子們以音樂、以肢體甚至以簡單的戲劇，為文字注入不同的生命力。於是，當孩子們一一上場，用自己的方式吟詩作對，孩子們開放自在地表演著。包括最後上場的大雜燴，幾個孩子在樂音中朗誦自己的詩，也讀同學的詩。孩子讀詩的聲音像海潮，一波波湧向清水的夜，雖然不是隆重的大場面，卻也巧妙地為大家保留了詩的想像。」許多人前往觀賞，一位詩人還稱讚清水詩歌節有接近台北詩歌節的水準，而孩子們在意的是投入過程中的努力與愉悅。

包丁丁教寫作，沒有範本，教學原則是「從孩子自己寫出來的東西，對他們做教學，再讓他們閱讀適合的書籍」。當時有位國三孩子剛開始時對於寫作課非常排斥，包丁丁花了一個月的時間轉變了他。一年之後，他在清水官網的學生作品欄，獨自建立一個「老衲的野菜專輯」，撰文專門研究野菜的食譜與圖鑑，為畢業製作預作準備。二〇一四年，參加教育部舉辦的「全國高中生小論文比賽」得到優等獎。二〇一六年他申請上東華大學自然資源與環境學系，四年前剛進清水時，他還是個學科程度不佳的孩子，考學測前只用半年時間準備，顯示清水在培養學科的基本能力上有初步的成果。

「從一個孩子一行一行不會寫，發展到可以寫詩寫文，從這裡可以看出資深老師的可貴。」老包講起寫作課帶給孩子的成長進步，是清水值得驕傲的學習之一。

「我們可能會迷失在所謂正統的教法裡，這是我在教育的領域裡學到的事。所以後來我在教學時，不一定採用教科書的順序。」雖然數學老師紹恭認為教科書的大方向是正確的，但他對於教材的取捨，就做了一些改變，「就教學的自主性而言，我想我不會走一般的教學路徑，」紹恭從一個教學者的角度去省思，認為「我們不需要依賴課本，因為課本講的東西，讓人覺得教學只有一套固定的步驟，那何必請老師？錄影一份最完美的教法就好啦」。他認為現在的學生沒有充足的時間去搞懂概念，就要接著下一個，「低空飛過以後，就趕快下一個又下一個，就這樣三年！」所謂的填鴨式教學，就是「今天教，明天考，急著收割、交差」。

目前紹恭班上的學生，國一、國二都是自己讀，先學會自己閱讀課本，自己做題目，有問題在課堂上與老師互動，「國一、國二的學生，主要要先找回學生的學習動機。」在小學階段，許多孩子對數學就已經有不同程度的挫折感，紹恭要費很多的力氣，去重新引發建立他們的興趣，「用數學操作活動，讓學生回到對思考問題有興趣。」

小豪原本連九九乘法表都記不起來，三年之後，已經可以用等量解一次方程式，「學習者找到自己對學習的主動性，是老師最大的成就感。」紹恭堅持不以教學進度為目標，去要求學生要做測驗，接手這些小學時代就把數學胃口搞壞的孩子，「現實面是，很多孩子要從動機開始被啟發，他們才可能接下去學。」

以老師的認證代替考試

除了紹恭之外，頭兩年還有每兩週遠從台中到清水當義工的邱守榕教授。從彰化師大退休，仍在數學系兼課，曾任全人實驗中學的董事長，「邱老師是我碰過的一位很有趣的數學教授，」紹恭說：「邱老師一直涉獵數學史，對於很多數學發展史的細節有所了解，也很重視。她的教學不完全是照課本的，她可以很輕鬆地教孩子去認識極限是什麼東西、函數是什麼東西。應該要到高三才學到的極限，但是她可以用一些方式，讓國中生去欣賞到這些，甚至於國中生就有機會欣賞到微積分，有何不可呢？雖然在技術上還有困難，但是國中生已經可以經驗了」。

清水辦校的第一年，只有幾個創校學生、沒有經費來源，在最徬徨的時候，邱老師伸出援手，慨然捐出二十萬元，鼓勵清水渡過難關。「邱老師每次會帶來問題，她用題目去解說的方式很不一樣；一步一步慢慢推，引導出最後的樣子。有時候她講課講得滿神的，我會覺得她怎麼會講得那麼有意思？從一些例子，慢慢變變變……變到甚至可以橫跨高中的數學！」大學教授教數學的方式，紹恭受到一些啟發，「以一個認真思考數學教育的人來說，什麼時候學什麼，其實不是一個最關鍵的問題。最關鍵的問題是，學生可以理解到什麼層次？」紹恭讚嘆自己學數學這些年，都沒想過還有這條路徑去教學，「邱老師想讓概念活起來，她帶領的方式都是出人意料的簡單，讓人覺得簡單操作就可以學會，這是她教學有趣的地方。」

「雖然學測變得比較簡單，還是有一種作答技巧的訓練。現在考試要求的是一種速度，必須五分鐘算一題，選出一個正確答案，所以現在的基測，是真的考基本能力？還是在考速度？一定要拚出差異性的測驗？」紹恭認為考試的弊端，除了扼殺孩子的學習動力與興趣之外，「如果學生同樣都能夠對一個主題欣賞與理解，但是，速度比較慢的學生，就會被刷掉了！」

廖修毅老師是中正理工學院機械系畢業，美國卓克索大學（Drexel University）機械碩士，在宜蘭公辦民營的人文國中教了五年的自然科學，曾任國中部總導師，他帶學生在清水一起做了一個生態池。「清水有擋修系統，把學習壓力還給學生，學習要有節奏，有方向。」對於學生的學習，不打混，卻又要保持彈性，「一般學校用考試，我們沒有考試，我們用認證的概念。認證時間沒有定時的，可以在第八週第十週認證，學期末或下學期第一週認證，過了就可以上修，若不過就擋修，重修。時間很彈性，孩子知道我必須認證過。老師 double check，一位老師推薦這學生還不錯，口試或筆試，依認證老師決定，老師有自己的標準。目的是了解孩子學會了沒有，沒有程度再往上修，意義不大。上課不認真、作業不做、問了答不出來。」

雖然沒有考試，但是必須通過教師認證，沒有統一認證時間，可以依照孩子的個人情況，也沒有統一考題，「有的是數學或語文能力差，這種方式可以培養學生自學能力，由於認證時間有彈性，有孩子希望早點認證完就不用上課，會花時間去做認證，去準備自學，培養出優勢智能」。

在自由和學習上找出平衡點

實驗課通常是孩子們喜歡的課，「修毅，酒還在櫃子嗎？」「酒在酒窖裡。」上禮拜實驗課做酒，孩子用不同配方自己做自己的酒。修毅把上課的過程，都生動地記錄在部落格上了。修毅在清水做偏向環境的建置，意圖讓自然科學融入孩子的日常生活中，水槽裡設置洗滌水的回收裝置，透過虹吸與連通管的設置，讓水回收到生態溝中；廚餘經過厭氧發酵然後埋入校園的後花園中，廚餘分解的廚餘水可以作為農作物的液態肥。「自然科不是跟生活脫節，而是可以運用在生活上面，所學的東西要可以用得上。」

清水新進的學生要先上一學期的電腦課，教電腦的修毅，在清水建立雲端系統，「不論課程或相關軟體，學生學會使用電腦，對以後較有幫助，這是基本素養。」學生的作業，或是清水老師的協同合作，各種資料都放在雲端，「孩子在資訊系統上，至少要運用自如，對未來就學或就業都有幫助。」

修毅把自然科的上課課程影片盡量攝錄下來，後續準備剪接重點成為十分鐘以內的短片，放在官網上，開放資訊。「被擋修的孩子，現在不想上沒關係，等以後想上的時候，可以自己補課。」清水的官網，未來還有更大的發揮空間，「清水官網目前是可以連結教案，下個階段我希望是連結題目和作業，孩子可以上去寫作業，自己做認證；如果有志工，可以上去批改。」清水的官網上，有學校課程與生活的文字紀錄、各種活動錄影、學生各科作品、學生自製短片，內容詳實豐富，讓人可以貼近了解清水學校生活，一覽無遺。

「台灣的實驗教育二十幾年來，我們的經驗是，在基礎學科的學習上，並沒有做得很好，我們希望把這塊補起來！」與樑老師認為體制外的教育工作者，「會無意中輕忽了基礎學科學習的困難度，認為孩子想學的時候，就會學得好」，他並不認為如此，「基礎知識需要累積，沒有那麼容易跨過去！」清水努力在自由和學習上找出平衡點，教師團共同的心願就是讓孩子走進教室，恢復學習意願，進行正常學習；在放棄權威的體制外學校，教師團需要不斷地和學生耐心溝通，最後才說服學生。

「有過學習挫折的國一國二生，第一個問題通常是，我為什麼要學這個？」數學老師紹恭採取的策略是告訴他，「你有機會重新去看你以前不喜歡的東西，等到學期末，再去看看你是不是對它有點改觀？」若是真的無法接受這個課程，學生就可以提出自學方案申請，在數學科的時間做其他學科的學習，但學生必須要提出具體的做法，老師可以等待學生。目前在清水，只有一位學生的數學課是這個情況。對於不進教室的學生，無論是沒興趣或是跟不上，各科老師都會再擬一份個人自學計畫，有的是單獨教學，有的是自己上網找有興趣的資料，但是不會放任孩子長期不學、放空的狀態。

學校下午的選修課程和社團課程，有籃球、網球、電腦、音樂欣賞、素描、木工、實驗等。戲劇課和登山課是特色選修課程，在北藝大任教的翠翠老師，是以劇場模式的教法。全校性的活動，有秋季登三千公尺的高山，春季則是分組校外教學，今年分了四組：文藝創作路線的微旅印象，騎腳踏車從花蓮去墾丁，環島攀岩。社團方面，只要有四位學生參加，且運作上軌道，學校就會聘請老師，有桌遊、單車、烘焙、詩社、吉他社等等。學校會去聘請專業指導老師，若是進行良好，就會升為選修課程。社長要負責寫社團紀錄，為了鼓勵社團運作，投票選出最成功的社團，學校還提供獎金。

學生自治會——學生自己討論並制定所有校規

打造師生平權的學習環境，是教師團治校的目標之一。「學習民主和尊重，沒有想像中那麼容易，尤其是像台灣這麼一個習慣大人和孩子之間有著清楚上下位階的社會環境下，師生平權頂多口水而已，」老包說：「但在清水，每個老師和學生分享知識也分擔同樣的工作，像掃地像洗碗像訂規則像邀集社團……一開始，從策劃到執行多半是老師帶領；但日子一天一天過，學生幾乎接手了所有事物，仔細看看不難看出學生大幅度的成長、成熟。」

學生自治會是清水維繫平權精神的重要課程，「由學生擔任主席的會議，也像清水的種種，一直隨著學生的成長而演進著。一開始會議由老師主導，包括形式和內容都由老師決定，但經過兩個學期下來，學生的主導能力逐漸出來。會議的主持有資深的也有實習的，從最簡單的維持秩序到主導議題，他們開始有自己的節奏和方式。老師目前貢獻最多的是提議題，但解決方案常是孩子想出來的。」由學生擔任主席、記錄等工作，老師也只是參與會議，必須和同學一樣服從會議規則，並沒有主導決定權。

清水透過幾門課程實現民主：台灣民主化訪談計畫、青少年法治教育課程、清水大會堂（自治會）、法官團。「透過了解民主過程及社會正義及言論自由的價值後，進一步累積攸關民主的權利及責任、歷史脈絡及各地區實行民主的過程及文化差異，從中累積足夠的民主知識，並佐以實際自治團體的運作，從中學習表達批判及思考能力，發展個人未來參與公共議題的能力。」[4]

「民主並不是符合人性的，」興樑老師對於民主，有自己的長期觀察與思考，「因為每個人都認為自己是對的。所以民主，是一種修練。」他認為民主是一種態度、一種想法。興樑老師認為學生自治會值得關注，「我們長期下來發現，自治會達成的教育效果，是非常高的。」經過長年的觀察，「在一般的體系裡，非常難做，因為無法做直接的民主。」興樑老師認為直接民主是一個不錯的制度，但是人多就難，「人數超過一個程度，要凝聚共識或討論都很困難。」以教育而言，「在人不多的情況下，進行直接民主，有很高的教育效果。」清水小校沿用了全人中學的學生自治會方式與精神，讓學生學習民主教育。清水最主要的修正，就是對於自治會中學生所做出的各項決議，學校會認真貫徹執行。羅遠老師表示，「清水教師團在走一條『反省』的路。」

幾番風雨幾晴和

從清水小校的官網上，巨細靡遺的文字圖片錄影記載著生活與教學，清水週記（老包主筆）、清水札記（修毅負責）、學生作品集、期末呈現錄影、戲劇錄影、各種大小活動錄影、照片集、各科上課內容紀錄，林林總總、點點滴滴，讓人感覺似乎和他們一起走過時光。這樣豐富有內涵的學校網站，由學生陳育發想設計製作，修毅老師指導完成。進入網站瀏覽，就能感受到一個雖然小，卻蘊藏無限可能的學習場域，正在靜靜地散發出驚人的能量。在每一個孩子自在的身影，健康的臉龐，看見一群老師攜手努力的成果。

「教育是一件有趣的事，」老包在多年的體制外自由學校裡任教，說到身經百戰之後的感想，

「作為一個青少年實驗團體，幾位專任教師帶著經驗和對多種教育理論的理解而來。但有趣的是，我們不敢自稱為專家，因為在教育現場上，每一個孩子都在挑戰既定的政策和我們認為已完備的想法。當孩子的一份堅持出現時，我們雖然清楚自己的方向，但仍會忍不住擺動一下，看看有沒有再寬廣一點的可能。」「這些都不是任何理論或想法可以涵蓋的。對教學現場的師生們而言，理論說法是一回事，如何精緻地實踐才是關鍵。」教育不是單由理論可以完成，而是需要站在第一線的教師，本著教育的熱忱與信念，不厭其煩地循循善誘，還有，不斷地自我修正。

蛙叫蟲鳴的喧鬧聲漸漸微弱，走廊上突然響起放學的音樂——萊納・李奇開始唱著，「Say you, say me, Say it for always, That's the way it should be.」老包的身影浸潤在黃昏的餘暉中，眼睛閃著光，夕陽餘暉染紅了天際，也染上了老包走過風霜的雙頰，「這麼多老師，花了這麼多力氣，如果這些小孩都沒有教好，我們真的就不知道我們在做什麼了。」

註釋：

1 清水小校部落格（qingshui2012.pixnet.net/blog/post/28309829）。

2 影片「視點三一：台灣、香港的另類教育；創科局利與弊」（www.youtube.com/watch?v=7m9wCdgoP1Y&feature=share&fb_ref=share）。

3 《小校革命：二〇〇二—二〇一〇台灣體制外中學教育》羅遠（白象文化）。

4 官網「清水日記，二〇一四年六月九日（星期一）自治會的演進」。

新北市六年制學程

——網路自主學習和伊立奇非學校化教育

千人大校的板橋新埔國中，受少子化的影響，教室樓群後棟的五樓，多出了一排空教室。「六年制學程」國高中三十人的自學團，租賃了其中三間教室，在學校的一角靜靜地辦起學來。初辦學時師生保持低調，只有新埔國中的老師知道這裡有一個自學團體，但是學生知道的就不多了。導師兼行政的雅敏老師忙進忙出，身上不離一個塞滿文件的黑包，「有時新埔的學生經過，會好奇的探望一下」。

民間自訂課程與課綱，全面培養自主學習的能力

「六年制學程」的國三課程安排，有一些必修課與二十五門選修課，創辦人丁志仁，人稱丁丁，提到加拿大的教育制度，「加拿大高一約等於台灣的國三，是採學分制，也安排了很多選修課程。同學們到了這個年紀，應該要享有選修的空間，不應該只有實驗教育的學生才能享有這種比較合理的課程安排，而應該是所有的公共教育的學生，都可以享有這種合理的課程安排。」三十多年投身公共教育改良的丁志仁，二〇一二年開辦了一個「六年制學程」自學團，他認為教育必須從實踐之中去找答案。「真正去使用這些學習資源，真正去教教看，看看到底哪邊還要修改？這樣才會是一個完整的課程發展過程。」丁丁辦實驗教育的目的，並不是為了辦一個私塾，而是為了尋找改良公共教育的可能性。

六年制學程的電腦課是重點課程，學生具備寫程式能力。圖片來源：六年制學程提供

擔任國家課綱課發委員的丁志仁，認為現在課綱的內容，符合八〇／二〇法則，「我們生活中百分之八十的應用所需，只佔課綱內容的百分之二十！」

而學生百分之八十的時間去學那麼多單元，「竟然不是要為了自己進入未來社會做準備。」他認為國訂課綱的問題是內容太多了，「若所有單元全部教完，只幫助了班上前百分之五不到、具有學術傾向的學生；班上百分之九十五的學生，不可能全部都學完而且都學會。學生就在老師趕課的過程中，一個單元一個單元沒學會，每次月考受挫折，落差越來越大。」丁丁認為這樣的課綱，非常沒有道理，「現在花了幾千萬的國訂課綱草案，版本只有一個，社會只能選擇要讓它通過或不讓它通過而已。」他建議，「民間的教育團體可以提出另外一個課綱草案的版本，送進國家課程審議會裡，讓大家討論。」

目前的國定課綱，「只是人類傳統知識的一個分類架構而已，又有樹幹又有枝又有葉，有上千個單元，整棵樹都要塞給學生！」丁丁隨手畫出一棵「知識樹」，「樹幹是人類知識系統的主軸，必須有系統地去教，它沒有分科，融會成一體。從最底層的質能時空、基本粒子開始，到原子、分子、大分子的結構；到生命，到遺傳演化，到人類社會，整個是有系統的知識樹。」到了樹枝或樹葉，丁丁認為就能讓學生自由發揮，去研究有興趣的細節。但是，即使有很強的網路搜尋能力，樹幹是無法透過同學自己去架構出來的。

丁志仁重新規劃了一套中學生的學習課程，「國一的必修課比較多，選修課比較少；國二開始增加選修課；國三上學期十八門選修課，佔了一半的課程時間；到了下學期，有二十五門選修課，佔百分之七十的課程時間。到了高中，改為『一生一課表』，個別化教育（IEP），每個學生都有自己的一份課表。」

「學程」的必修與選修課

「六年制學程」不是學校，簡稱「學程」。國二有一門必修課是「大英百品報告」，大英博物館選了一百件文物，代表過去的人類文明，稱為「百品」，「學程」的學生在二〇一五年到故宮參觀「百品」展出，每個學生要選一樣文物，還要上台報告這文物背後的故事。

國三選修課的「世界史地」，再依據國二做的報告，配合擔任各單元的助教。比如在國二「大英百品報告」中研究日本平安時期的銅鏡的學生，到了上國三「世界史地」日本史的單元時，要先上台報告十分鐘日本簡史與梗概，再由老師講解。

國一的「全班共讀」，全班同學選的是《波西・傑克森》的五本書共一千多頁；又請「千樹成林」創意作文創辦人李崇建老師來上「寫作課」，學習如何避免寫出應付作文考試的八股文章。同學的作品每個人寫八頁，要合出一本書，並以賣出一千本為目標，於是就請陳榮裕老師帶八週的「書籍出版」課，請參與責任編輯小組的同學，在編輯會議裡慢慢和大家進行討論修改文章。

學寫電腦程式是「學程」的必修課，教寫HTML（網頁）、SVG（電腦向量繪圖入門）、GIS（地理資訊系統）、SCRATCH（圖像化程式語言）。丁丁說：「未來的物聯網時代，對於機器人的校正和調整，就不是工程師的事情了，而是一種生活技能。學生必須學會如何從感應器中取得資訊並演算，如何去指揮動作器，這是基本能力，不一定是要當程式設計師」。

國三開的「進階數學及科學」，教平面向量、極限、微分、積分一直教到狹義相對論。選課的四位學生正在用程式去寫圖形計算機，去表達sine、cosine的圖形，如果要了解週期性現象（像是波），最常用sine、cosine去描寫，而這些選課的學生都已經學過了PHP和SVG的程式撰寫了。國三有另外五位同學修Inkscape向量繪圖。此外，網頁程式撰寫課程，還有新莊社大為了維護自己新莊社大的平台，因此派人來修課。

丁丁用大歷史的概念建構史地課。地理先講通論地理，歐亞大陸、非洲大陸、美洲大陸怎麼來的。先學板塊運動、古氣候，後來進入百品，就進入了各別時期。大約十個重要國家的簡史，作為歷史經線，同時期的歷史在不同地區的故事構成歷史緯線，如公元前後的羅馬帝國、漢帝國、安息帝國、貴霜帝國和三次全球大交流。「百品」課讓國二的學生在經緯線內填充，幫國三的課程打底，到了高中的史地課，就進入做專題了。對社會領域有相當涉獵的丁丁強調，「我們不是教記憶和背誦，都是在教WHY？為什麼中東地下產石油？為什麼美洲產金銀？古印度河谷文明，為什麼把門開在小巷而不是大街？」

「學程」的農園課，「我們找新莊社大農園隊的專業老師來教學生怎麼種植」，丁丁建議社大和公立國中小的合作課程，原班級的老師要參與，要親師生共學。同樣的課如果要在公共教育中推廣，就需要縣市長能支持多出來的這些鐘點費。

未來台灣的校外學習，丁丁希望都是以使用大眾交通工具為前提。「台灣很多校外教學，喜歡包給旅行社，規劃的行程很可能就是旅遊行程，旅遊行程對學生的學習效果不好。讓學生自己去查，有什麼公車、有什麼火車，學生這種能力很快就會發展出來。」「學程」經過了多次期末分組的「行動學習」之後，整理出了經驗，到每個地方，第一優先考慮借宿，五天的校外行程每人花費約兩千多元。

二十五門選修課中，有些是「學程」自己老師開的，有些是靠家長的人脈開的，「有七門選修課，是學生透過OST（開放空間會議技巧）討論出來的，把他們的共同興趣，轉化為具體的社團及選修課。」「學程」的同一時段，就會有三到四門選修課程在進行。「學程」為了選修課的需要，逐步多租了三間教室，有特殊需求的教室像是空手道教室、音樂教室或操場、球場，就會向新埔國中借用，新埔國中許淑貞校長非常支持這樣的實驗教育，也唯有得到校長的大力支持，學程才有機會順利辦學。

主題備課——沒有範圍、沒有範例，由學生來授課

在「第一主題備課」裡，「學程」的每個學生都必須挑一個自己有興趣的主題，上台授課。學生透過網際網路練習蒐集資料，並藉上台授課，訓練自己的台風。國一的丁禾報告的題目是「人類的起源與遷徙」。她設定的課程目標是：

一，讓同學能明白所有現代智人皆來自於非洲。

二，讓同學能稍稍了解現代智人離開非洲，以及遷移到全世界的時間和路徑。

三，讓同學明白為何各地的現代智人會有如此明顯的膚色差異。

丁禾花了一個禮拜把一套八片ＢＢＣ的紀錄片《人類進化驚奇》（*The Incredible Human Journey*）看完，每一片都抄了十分詳盡的筆記。又利用《科學人》雜誌去比對資料，最後還為了畫出一張「人類遷徙世界路徑圖」去自學 inkscape 繪圖軟體。丁禾在「書籍出版」自我介紹中反觀自己，「我以前的個性十分憤世嫉俗，幾乎就是生人勿近的那種程度。所以我認為這個班應該會給我的個性有一點正面的影響。這個班有很多功課是採取合作任務式的，也就是說，如果不和

同學合作就無法達成，所以我必須去和別人相處和磨合我的個性，也因此我現在變得比以前更為開朗並且懂得包容別人。」

「爸媽都說成績剛剛好就好了，什麼事情都要多多去嘗試看看，找到自己的興趣，去發揮你的長處。」昀羲覺得她父母的想法很酷、很特別，她的主題備課是音樂劇：「什麼是音樂劇？什麼是歌劇、舞劇、話劇？」昀羲和又甄共同完成主題，「在接近上課日期的那幾天，我們總是一放學就討論，一討論就要到十一、二點，經過不斷的預演，不斷地修改。」在合作的過程中，昀羲注意到兩人關係的變化，「特別的是我們在備課過程中，完全沒有爭吵或意見不合，這對於經常鬥嘴的我們來說，是一件非常不容易的事情。我覺得這次和又甄的合作讓我非常

造窯課學生學習在搭土窯。圖片來源：六年制學程提供

愉快，總覺得自己好像認識了一個新朋友。」

在「第二主題備課」中，學生必須離開「學程」，到外面去學一門本事，再回來用四種形式之一呈現：教學、公開表演、組短期社團、專題報告。「我們一直鼓勵同學走出去，國三只要兩個人結伴，就可以離開校區，他們會利用自主學習的時間安排參觀，又有很多選修課，像是伊萬·伊立奇（Ivan Illich，奧地利的教育哲學家）講過的，」丁丁重視合作的培養，「越多生活實踐，越容易引發學生不假思索地去合作。」

「學程」一直在鍛鍊學生的策劃能力，能力是培養出來的，「不要當一個被動的人，開口跟大人要課，在OST裡面，有人喜歡電影啊、攝影啊，就倡議要組電影社、攝影社、魔術方塊社，這就很像伊立奇的構想。」主題課程的鍛鍊之下，「學程」的學生對於上台發表這樣的事情，已經習以為常了。「學程」成立的八個月後，學生報名國教院舉辦的均優論壇，其中有三個場次，主講人是「學程」的學生，發表「MINECRAFT不只是一款遊戲」、「樂高機器人的應用」和「顛覆對烹飪課的想法」。國一的學生首次上台，對著各界的聽眾侃侃而談，也毫無懼色。

國中三年每人要完成三個主題備課，「這些課程設計，其中有大量的過程技能訓練，參考書籍、影片，學會使用掃描器等等。連週期表中的重要元素，也讓同學每人認養一個元素，進行上台介紹。」每個週休二日，丁丁也經常性地陪伴學生準備上台資料及預演。

讓學生上課時「滑手機」

「到現在他們可以自己去策劃一個課程，他們變得這麼有能力，跟網際網路非常有關係。若是在三十年前，多數的國中生根本無法做到這些事情。」丁丁堅持學生必須學會駕馭網路，以及利用網路上的資源協助自己。「學程」的學生知道上網怎麼搜尋、行程怎麼安排、老師去哪裡找，網際網路提供他們非常多的學習資源，「如果沒有了網際網路，他們便沒有那麼大的 power 去實踐。」

二〇一二年開始辦學初期，讓學生在課堂上使用3C產品，必然會要面對家長、老師的諸多反彈與質疑。丁丁堅持走過一段艱難的過程，家長才逐漸看到教學成果。「我們很多的課程，都是使用任務驅動式的方法，反覆鍛鍊他們運用網路的能力；唯一完成任務的機會，就是從網路去取得大量的資源。」起初使用的平板很容易壞，所以後來學生用得最多的是手機和筆電，「學程」的規矩是，上課不能玩遊戲或臉書，下課才能玩；若違反，3C產品就管收，這是學生通過的自治章則。

學生惟智國一、國二時都自己在「學程」組隊參加「世界機器人奧林匹克」比賽，得過佳作獎，已經確認自己的方向，「我以後要走設計3D模型的路。」惟智加入「學程」以後如魚得水，「我在用電腦設計一些東西的時候，老師都不會管我，但是我在體制內學校，電腦連拿出來都不可能。」

「學程」的電腦教室是間舊舊的普通教室，幾張課桌上各放著一台老式映像管的笨重電腦螢幕，黑粗的電線在地上四處繞行，靠牆的桌邊，堆著幾架舊的電腦主機，「不知道能不能用，還沒測試。」丁丁大嘆一台二手電腦主機要花掉七、八千元，也不知道能用多久。四個選課的學生正在歪著腦袋學寫進階程式，旁邊有個學生忙著把三台壞掉的電腦主機拼裝成一台可用的主機。政府規定在國中課程中加入「程式教育」之前，「程式教育」在這間教室裡已經進行三年了。

實踐伊立奇非學校化教育

五十年前伊立奇認為公共教育已經走到盡頭，不是因為師資或教學法的問題，而是因為公共教育逐步走向儀式化、偏離真實生活、複製社會的支配關係，這是公共教育內建的問題，與教育當局是否腐敗無關。一九七一年伊立奇提出「非學校化教育」（deschooling），主張應該透過四個網路實施教育：

一、教育資源網（reference services to educational objects）：公開哪裡有教室，哪裡有圖書館、博物館等等；

二、技能交換網（skill exchanges）：公布我有哪些知識、技能想教別人？在哪間教室、哪個時段，想學的來學；

三、伙伴選配網（peer matching）：如果沒有人教，對某一個問題有興趣的同好者可以組一個研究的 club 去學習；

四、教育諮詢網（reference service to educators at large）：技術很好的人不一定很會教人，應該和規劃課程及教學的好手一起合作。

「這是教育界的基本夢想，但是一直很難實現，直到網際網路興起之後，一夜之間伊立奇的網絡學習模式，變成可行了！」丁丁依據伊立奇的教育理論，培養學生策劃的能力，以及自主學習的能力。

整合「資源共享平台」，提供辦實驗教育的資訊

丁丁企圖整合一個自主學習資源的共享平台，類似維基百科的共筆機制，大家把資料庫公開，

給所有要辦實驗教育的人做參考——要開哪種課程？哪裡有講師？哪裡有場地設施？哪裡有導覽團隊？丁丁認為做實驗教育的四個門檻是：課程、場地、經費、師資。「現在社會上是有足夠的學習資源，但是，大多數的人都不知道學習資源在哪裡？建一個平台，大家從網路上很容易搜尋到資源，辦實驗教育的第一個門檻就跨過去了。」課程門檻可以下降，大家日後想辦實驗教育，就比以前容易得多了。丁丁公開「六年制學程」實驗教育的課程規劃和設計，巨細靡遺地記錄在振鐸學會的網站（jendo.org/wiki1231）上，提供公共教育作為參考，讓更多的人民有得到實驗教育的可能。

至於辦學場地，丁丁建議跟政府租賃，公立學校教室符合D-3建築物使用組別，是高於實驗教育實施條例中，場地設施要求的。「學程」跟新埔國中租了六間教室，同時新埔國中又大方地分享各種特殊教室。

「學程」其中有些中低收入戶的學生，「學程」就會去募款補助就學，丁丁希望未來政府能補助中低收入家庭，參與實驗教育。國家辦的公共教育，一個國中生一年要花十四萬，而「六年制學程」每位國中生一年收費是十二萬，所以丁丁認為其實實驗教育並沒花更多的錢，不是昂貴的教育。

從體制內走到體制外——一個艱難的自我改造工程

各個實驗學校都缺老師，雖然有好幾萬名流浪教師，卻無法去實驗教育任教。丁丁認為原因是觀念問題，「他們最初在學校接受訓練的觀念，就是要一直教教教教教。」連續幾個教字，描繪了填鴨式一言堂的教育現場，「參與團隊之前，無論是什麼樣子，都要想辦法改變自己，否則無法善待學生；若無法真心善待學生，就無法取得學生支持；若無法取得學生支持，教學設計與課程構想都是白費。」許多老師被要求才做，不要求就不做；若是沒有熱情、沒有主動力的老師，很難在體制外的學校待得住。

「原來，我們所說的『學生是主體』，其實並沒有做到！」經過體制外三年實際教學之後，柑園國中的退休校長王秀雲深切自省。

參與「學程」的教學，秀雲老師歷經了最初八個月的奮戰之後，在均優論壇上的演講中，激動地敘述著「苦不堪言」的心路歷程。「我教學三十多年自認為自己很會教學，」秀雲老師帶著滿腔的熱情，滿心的想像與期盼，踏入體制外的教學現場，「我算是體制內很勇敢挑戰現有課綱的人，過去也一直在體制內做主題課程的實驗。」六十歲的資深教師面對體制外學生不同於體制國中生的回應，她必須重新思考教育的本質是什麼。

在「學程」三年後，秀雲老師回顧過去，「我還是預設立場，我今天要完成這個教學，就一定要完成！課堂上，我只是開放比較多的時間去讓學生參與而已，只是教學法與技術層面改變；只是控管時間，讓學生參與、學習與知識層面的增多，但是對於課程的內容與架構並沒有改變。」秀雲老師平靜而理性地自我檢視，「在這裡，我把腳步放慢，學生就逐漸自己慢慢地架構出了整體。」秀雲老師堅持自我管理，包括情緒，學著解放自己原來的東西，不斷地反省與自我改變。

「世界史地」課正講到古西亞和印度，下課後的午餐時間，學生跑到辦公室找秀雲老師，沒有座位就端著便當站著邊吃邊聊，「烏克蘭一直面臨這樣的命運，雖然現在已經是一個獨立的國家，但是一天到晚俄羅斯還是在肖想它，以前蘇聯很大的核電廠車諾比，就是在烏克蘭」。秀雲老師轉過頭來解釋著，「他剛才跟我說了烏克蘭在第一次大戰時獨立了一天的故事……他們現在提的問題，都比我想的還多，呵呵呵」……師生熱切地繼續聊著上課時還沒聊完的話題，淬冷的春寒早已被遺忘在窗外了。

剛柔並濟——專業的輔導機制

每週五下午，「學程」會輪流邀請每個家庭來對談，以家長為主，特別是新生家長。有時家長和學生一起，有時只有學生，有時也對老師。張天安提起當年在全人中學成立輔導組時，十位有八位都願意加入輔導組，「沒有輔導能力，就沒辦法帶領學生，所以希望每個老師都有輔導能力」。後來全人的輔導機制必須全部撤離學校，天安與崇建等老師也就相繼離開了。

「學程」對家長的態度是開放的，丁丁會去考慮家長的需要，天安則認為不管什麼想法，都可以開放討論。經過三年的辦學，丁丁得到一個經驗，「影響辦學成敗非常關鍵的問題，是在於辦學團隊的觀念和學生的觀念是否相投，以及辦學團隊的觀念和學生家庭的觀念是否相投。」丁丁覺得一般國中設計課程時，都沒有把家長設計進去，好像家長都是局外人，「我們課程把家長設計進去，或多或少會增加親師生互動的關係，也會改善學校跟家庭的關係」。

天安負責主持家長會，一學期三次，他認為與家長溝通並不難，「因為並沒有一定要改變家長，只是讓家長清楚，他們把孩子送過來，自己的願望是什麼？」他反對權威思想，又厭惡對人進行操控，「學校是不是真的符合他要的？若是符合，這些孩子有一些好的發展，可以看到願景，焦慮的不一定是真實的問題。而是由於長期在體制內長大，一定要什麼時候考大學，什麼時候做什麼，被那種思想控制了！」天安從談話中流露出真誠的特質，沒有壓迫感，無形間帶有一種親和力與可信任感，讓溝通對話更容易進行，「我們是幫他解開那種控制，像是高中畢業一定要念大學這種觀念。但是我們認為，畢業之後，讓他一年空白又怎麼樣？」總統蔡英文於二〇一六年二月提出教育新主張：十八歲先工作一年，再進修。

「我實際帶領『學程』八個月，發現真實的現場和我過去四年籌備期對學程的準備工作有很大的落差，」丁丁在二〇一三年國教院的均優論壇發表感言時坦言，「以前看各國的課程架構，看很多書，舉辦工作坊和伙伴們構思課程。實辦八個月之後，發現重心不是在課程的規劃設計，或教學備課。最大的 loading，是去體會這二十多個學生、二十多個家庭，他們的差別在哪裡？個別的學習需求有什麼不同？」

天安並不喜歡授課，比較喜歡針對個別處境中，解決正在面對的困難，「家長不是個問題，是要去面對和處理的部分。」天安不疾不徐的說話速度，穩定而溫和，「在交談中知道他們真的需要什麼，再告訴他們一些背景，解開他們過去的限制。」最終，家長要能了解，「這是一個價值觀的選擇，和一般的學校是兩個不同的價值觀」。

教育中的人人為我，我為人人

一九八四年丁志仁和許多友人共同創立振鐸學會，這是少數在解嚴前就成立的民間教育組織，三十多年來，丁丁致力於公共教育的改良。二〇一三年，丁丁在國教院一年一度的「均優學習論壇」中，談到振鐸學會的兩個目標：第一、希望台灣實驗教育的規模達到整體就學機會的百分之五，大約就是當時的四十倍；需要法律的更迭，和學習資源的彙整。第二、八年之後體制內的國中小，雖然有課綱限制，但起碼有一定的空間，可以有十分之一的校外課程，和五分之一的合作學習。身為國家課綱課發委員之一的丁丁，已經在三年後為第二項目標打開了空間。

丁丁積極參與修法，希望國家課委會每四年修一次課綱時，不要只是由學科專家壟斷國家課綱修訂的提案權，國家願意接受民間可以提出課綱的競爭性設計提案。民版課綱在起草時不必去考慮學科的既得利益，就可以讓課綱越來越回歸教育本質，並走向柔性課綱。

辦私塾只要教會學生，如何學習、整理、運用對他人生有益的各種資源。這時，丁丁認為學生學到的是「人人為我」。若是辦公共教育，除了「人人為我」之外，還要「我為人人」。這在教育時的整個思考是不同的，丁丁想讓學生明白，「今天許多的學習資源是別人無私的貢獻，學生自己即使有一點點綿薄之力的創作產出，也應該要回饋貢獻出來，讓別人使用。」

未來振鐸準備維運「自主學習資源交流網絡」，去支持更多自學團體；丁丁的目標是找出改良公共教育的 know-how，不是為了辦私塾。

台北市影視音實驗教育機構

——全國第一所由政府支持的實驗教育機構

「台北市影視音實驗教育機構」（Taipei Media School，簡稱TMS），是立法院二〇一四年十一月通過「實驗教育三法」之後，全國第一所由政府推動支持、也是台北市第一所學生人數限制在一百二十五人以下的「機構型」實驗教育。

這所以培養電影、電視、表演藝術、流行音樂等各產業的幕後人才為目標的實驗教育機構，是由台北市文化局出資推動，委託北市府旗下的文化基金會成立辦學部，以「非營利法人」向教育局申請立案。二〇一五年十一月文化局委託計畫主持人，政治大學教育系鄭同僚副教授、籌備處陳怡光主任，共同籌備、規劃、招聘和招生，由作家小野擔任校長。

TMS 位於山坡上，附近都是古老的建築。圖片來源：TMS 提供

ＴＭＳ採取四學季制度，學習進度不會因寒暑假太長而中斷，一學季十週，另外還有行動學習。老師不受課綱限制，鄭教授介紹課程時說：「世界是一體成形，可是現在的分科常常把學科切割，為了考試，讓學生去記下一些零碎的東西。我們是主題式教學、問題導向，在這個地方聽不到鈴聲，老師的教材都是自編的，能自由運用他們的總時數；不用評量、沒有考卷，並與業界有非常頻繁的聯繫。」

由於重視與國際互動，ＴＭＳ強調英文教學，聘請外籍老師全職教授英文；ＴＭＳ同時重視體能訓練，因此學生每天早上都需要先鍛鍊一個小時的體能，從寶藏巖的河濱跑步。鄭教授笑著說：「三年之後，英文好、體能好、心情好。」三年的實作技術課程之後，還有立即就業的能力，也可以透過三年的作品集在國內外升學，台灣已有多所大學和TMS簽訂合作。

學生徵選不採計學業成績，「學生在傳統教育裡，被成績、考試、比較，弄得很自卑，」校長小野說。「事實上，怎麼能夠把人做這麼簡單的比較跟分類呢？」TMS只看興趣、動機跟潛力，招生對象不設年齡上限，只要有國中畢業證書。教務主任陳怡光說：「混齡是非常正面的事，進入社會後也是要和不同年齡的人一起工作、一起學習。」

一年級每月一次業界體驗，二年級每季四週業界見習，三年級一整個學季在業界見習。三年課程往「一生一課表」方向發展（關於「一生一課表」請參考六年制學程一文），課程之間不再互相無關，而是與實際生活相扣。

第一年的四個學季的博雅課程如文學、社會、表演、英語和音樂將根據「我在寶藏巖」、「城市趴趴GO」、「摩登原始人」和「台灣是誰家」等四個主題來規劃。第二年將透過短期見習讓學生認識電視、電影、展演及新媒體產業。透過認識產業技術學習，業界參訪、見習、實作，讓學生提早接觸真實的現場。

同意接任校長後，小野曾騎著Ubike去寶藏巖看看學校，當時教室已經圍起來整修，所以校長找到學校後的第一件事，就是翻牆進去；他看見教室外有一大片草地，歡喜地想著以後可以在教室外上課了，便又再翻牆出去。

小野自己以及他一對子女的求學歷程，都受過台灣體制內教育的折磨——兒子小學換過三所學校，而女兒讀高一時決定要休學，她寫信給小野：「爸爸，我不想每天早上去學校，看著老師黑板上的粉筆灰一直一直掉下來，一直掉到日落，又背著書包回家……你可不可以讓我呼吸一口新鮮的空氣？」

小野認為，人在傳統教育中，會漸漸迷失自己，不知道自己是誰，怕跟別人不一樣，想跟別人一樣。但是比較理想的教育是，這些學生每個都不一樣，「教育有另外一種可能，會讓你很堅強，讓你很有想法，而不是在圍牆裡，聽到鐘聲響就一直上課，老師黑板一直寫。」

初期校址設在台北市公館後面的寶藏巖山城聚落，小野說：「寶藏巖不是傳統的教育環境，而是一個非常多變化的教育環境，正好把台灣的歷史，從清朝、到日治時代、到國民政府來台灣，全部濃縮在寶藏巖那個地方。」

一九九七年台北市政府公告寶藏巖為市定古蹟，好幾任的文化局局長花了很多經費去整修這個環境，二〇〇六年《紐約時報》將寶藏巖納入台北最具特色的景點之一，與台北一〇一齊名。

二〇一六年「寶藏巖國際藝術村」微型群聚計畫，有幾位國內外藝術家在那裡駐村。TMS由五間老房子整修成教室，與駐村藝術家比鄰，共享一條新店溪，開啟了台灣首都的第一個實驗教育機構，走向一個嶄新的明日教育。

在二〇一六年六月初的招生說明會中，鄭教授引用二〇一五年《親子天下》雜誌的調查報告，「有四成的家長願意將小孩送實驗教育」，招生說明會當天的國際會議廳擠滿了人，還有很多人聞訊從中南部趕來，鄭教授認為這些耐心排隊等待候補入場的人，「說明對不一樣的教育有很大的需求。」

二〇一六年九月開學的TMS，奠基在二十多年的體制外實驗教育經驗與成果上，並期待開創自己的新方向。在台灣實驗教育相對落後的台北市，這個實驗教育機構的成立是一個艱難的破冰之舉，未來也將面對多方的壓力與挑戰。

無論是文基會董事長或是校長，小野都是無給職的志工。前耶魯大學教授威廉·德雷西維茲（William Deresiewicz）在一本書中，曾稱這些傳統教育培養出來的菁英是「優秀的綿羊」；小野期待這所實驗教育機構培養出來的學生不要像綿羊，而像是傑克·倫敦（Jack London）《野性的呼喚》（*The Call of the Wild*）中，能靠自己尋找食物和走出自己的道路，能忍受惡劣艱困的環境無畏向前進，「在荒野中，自己知道方向，很有生存能力，勇敢的野狼！」

附錄：在英國夏山學校中的「愛」與「民主」之下誕生的森林小學與全人中學

英國的《夏山學校》（*Summerhill: A Radical Approach to Child Rearing*），在前西德三年賣出一百萬冊，美國從一九六〇到七〇的十年裡，賣了兩百萬冊，被六百所大學列為必讀作品。一九六八年創辦的美國瑟谷學校，比夏山更激進；日本人則送孩子去英國夏山就學，或在日本興辦新夏山學校，法國也翻譯幾本夏山學校的書。[1]這是一所前所未有的學校，對各國帶來如此巨大的影響。仍在戒嚴時期的志文出版社「新潮文庫」，大量出版國外翻譯書，其中一九六五年翻譯的國外暢銷書《愛的學校》，介紹英國夏山學校的另類教育，出版兩個月後出版社結束。直到二十年後的一九八四年，遠流重新納入「大眾心理學全集」書系，改名《夏山學校》，成為台灣早期教改人士的必讀經典。在解嚴之後，首先創辦另類教育的兩所學校：森林小學與全人中學，都是以英國夏山學校為仿效的對象。

夏山學校在英國屬於「另類學校」，從一九二一年尼爾（A. S. Neill）創立以來，就堅持學生有不上課的自由；以愛鼓勵學生在一個真正自由、民主的氣氛下學習，使他們不受「恐懼」與「仇恨」的摧毀。尼爾主張活著必須有自己的目的與理想，不是為了功成名就，並認為學校要去適應學生，而不是學生去適應學校。夏山的學生來自北歐、英國、德國、荷蘭、南非、日本及美國等，從六歲到十六歲。

由一九八四年陳清枝的宜蘭森林小學，轉變成一九九〇年史英的人本森林小學，其中的人事過往，在劉若凡的《成為他自己——全人，給未來世代的教育烏托邦》（衛城出版）中，有詳細的記載。全人中學三位創辦人：老鬍子程延平、劉興樑、徐敏璋，其中劉興樑也是現在宜蘭清水小校的召集人，他的女兒劉若凡在全人念了三年。後來念碩士時，以全人中學為碩士論文進行五年研究，之後將論文改寫為《成為他自己》出版，論文及書都有許多實驗學校創辦初期珍貴的歷史資料，是目前研究台灣實驗教育初期過程，最完整詳盡的著作。關於全人中學的介紹請參考該書，在此減省篇幅就不再贅言重複。而森小則較少與外界互動故請自行查詢。

在一九九〇年代，台灣體制外的民間教改，走過一段台灣史上最艱辛的教育革命道路。民間與政府對抗，政府對森小校長提起公訴，又對全人中學斷水斷電，這在同一時代的其他各民主政府，是絕無僅有的。然而早期教改人士堅持挺過這些對待，長年不斷地散發影響，也才有台灣今天的教育。

走過一世紀的夏山學校，在一九九九年接受關門的挑戰，「時序將入二十一世紀，後現代的眾聲喧嘩標示著多元主義的正當性。然而在這多元的洪流中，卻也有走向標準化、規格化的逆流。在英國的教育界，這兩種勢力終於激盪出夏山學校的關校危機」。[2]然而，這所在全世界擁有最高知名度的另類教育學校，終究維持了獨有的象徵意義。

註釋：

1《教育大辭書》盧美貴，二〇〇〇年十二月，國家教育研究院。

2〈夏山學校關校危機始末〉蘇永明、甘可欣，《新竹師院學校教育實驗回顧與展望國際研討會論文集》，頁一一一～一二四（二〇〇〇年十月五～七日）。

討論一：實驗教育學校、機構、自學團

在西方有文獻記載的教育改革，是距離今天兩千四百年前，教育觀察者色諾芬（Xenophon，約公元前四三〇—三五五年）比較波斯和希臘的教育。「波斯兒童進入學校的目的在於學習正義，而我們的兒童進入學校卻是為了學習讀寫。」他敦促他的祖國雅典進行教育改革。

二〇一六年三月，在芬蘭的赫爾辛基召開了一場國際教育學術大會，會議主題是：「教育中的社會正義、均等以及社會連帶」。自古至今，人類不斷地在思考探討著關於教育的真諦，而每個時代對教育真諦的不同詮釋，隨著時間的巨流，也恰如其分地詮釋了不同時代的人類價值觀念的演變。

台灣民間實驗教育的辦學成果

台灣民間實驗教育學校的教育主張各自不同，辦學成果的認定方式，自然也迥異。而由於實驗教育學校不一定完整記錄或追蹤畢業生的離校後情況，此外學校是否願意釋出資料，也因校而異，因此實驗教育學校的畢業生後續發展，不容易提出完整的報告。

概略地說，初期的另類教育學校，剛從傳統教育中解放出來，反對填鴨教育及考試，重視探究教育本質，因此在各校所重視與主張的理念上著力，教育出來的學生表現則明顯呈現各校的獨特風格。近年創辦的實驗教育學校團體，則逐漸開始在早期的理想教育與學科素養之間，尋求平衡；因此在理念教育的基準上，加強學科的能力，從近年實驗學校畢業生就讀國內大學的情況，可以看出這種方向的調整與改變。

當體制外實驗教育的學生，回流進入體制內的學校之後，常被關切的是體制適應與學業程度問題。在各校長年的觀察後發現，一般而言，孩子無論是升中學或是升大學，跟上學校的學業進度倒不成問題（是否追求菁英則各有想法），但要去適應體制內的各種統一管理方式會比較辛苦。而這些接受實驗教育的孩子進入大學後，正汲汲期待追求新的學習，卻普遍發現大學同儕正拋開學習開始享受玩樂，而玩樂的方式與內容卻又是實驗中學早就經驗過的初階玩法。他們甚至發現，大學並沒有如預期中所應具備滿足他們求知的豐富內涵，這兩點是目前實驗中學的學生進入一般大學之後，比較常聽見的聲音。而以畢業生進入社會的各不同行業來看，從菁英到普通表現，也和體制內學校的情況沒有太多的不同。若從職業和收入，可採主流價值的思維標準去做調查統計，但面對人生的態度，恐怕就很難進行量化分析了。

由於各校之間的個別差異很大，各校願意釋出的資料訊息量不足，因此不具整體性。但若是從學生在實驗學校接受教育之後的氣質變化，就比較容易觀察出一些普遍表現：展現自信、自在大方、侃侃而談、輕鬆愉悅、身心健康、思考及行動的獨立性強。這些氣質的呈現，在大多數的實驗學校現場顯而易見，而教育的功能在當下就呈現了。培育出這些素質的孩子，進入社會之後，無論在各行各業，大都不須擔憂他們怎麼去面對自己未來的人生。

沒有必然成功的實驗，即使體制內教育也未必做得到，所以各國教改如此積極；伍麗華校長說：「很多的事，並不是一定可以成功才值得去做。」另外，實驗教育成敗之間的論斷有時也難以界定，由於各自解讀方式不一，沒有全然的失敗，也沒有全然的成功，而是經常互相攙雜。然而，對願意付出心血在實驗教育的教育工作者而言，因為愛心與努力，所以必然在某方面產生相對應的成果，這點是顯而易見的。

民間實驗教育辦學的場地、經費、師資問題

尋找固定的辦校場地，是一件很辛苦的事，經常可能會要面對不斷遷校的痛苦。像是烏來山區辦校二十多年的種籽實小，風評口碑皆佳，但直至今日，都仍處在可能隨時被迫遷校的隱憂中。而若是租賃校地，學生學費還要再調高，家長又很難負擔得了。

台灣目前公立學校的廢校，以及一些廢棄的公家建築，有時閒置荒廢，若開放給實驗學校使用，也能展現政府支持實驗教育的行動力。各學校的空置教室越來越多，可以用來提供小型實驗教育自學團加以充分利用；但是使用傳統學校硬體設施的自學團，宜借鏡前人的經驗，以作為自己行事風格的警惕。

校地問題，政府若不提供支援，實驗教育是無法真正推動的。校地的穩定性與收費問題，可能會影響一個學校是否能繼續經營。

台灣實驗教育學校團體的經費不足是普遍現象。若撇開校地問題，學校最主要的開銷是人事成本，而實驗教育學校主張小班教學，師生比很低，必須以學生的學費去分攤老師的薪水，所以學校學生若是沒有達到可以平衡開支的人數（一般粗估是四、五十人或五、六十人不定），通常實驗學校就必須苦撐。而很常見的是實驗教育現場的老師，一人要做很吃重的工作，已經分身乏

術，無心力自我宣傳，大部分學校早期靠口耳相傳招收學生，近年有些學校開始辦招生說明會。一些實驗學校表示，實驗教育最適合的人數是在百人以下，才能用心照顧好每位孩子，因此實驗學校並不會無限擴大以求營利。辦好有品質的實驗教育，宜階段性設實驗班和實驗小校，而不是一所人數不斷暴增的學校。

社會大眾對實驗學校有很多誤解，由於個別學校的形象造成影響，社會大眾會誤以為參與實驗學校的家庭都是貴族。事實上，除了少數幾所實驗教育學校確實有貴族聚集的現象之外，大部分的實驗教育學校，是由中薪家庭組成。甚至學校有時必須為低薪家庭的孩子募款，這些家庭要分擔老師的薪水常常已經感到吃力，而且很少學校有貴族在後面支持。

實驗學校又因高收費而被貼上貴族標籤，社會企業很難理解這些高收費的實驗學校對台灣的貢獻，也就自然不會有什麼企業對實驗學校伸出援手。台灣民間的實驗教育一路走來，就始終是自己找草吃的馬兒，卻是對台灣教育有重大貢獻的一群駿馬。

台灣真正的貴族，不一定願意送孩子進實驗學校吃苦，回歸素樸簡實的自然生活是實驗教育的重要理念，面對挫折以鍛鍊心性，也是實驗教育的重要課程。台灣的貴族家庭，自然會聚集在一些通往出國之路的中轉私立學校，享受貴族式的物質生活，而且必須以大量招生來維持校內優越的物質條件，和台灣艱辛奮鬥的小型實驗教育學校，不可混淆。因此，一般實驗學校常使用「理念學校」或「另類教育」去區隔以營利為目的的台灣私立學校，就正是強調他們在辦教育的哲學與目的上與私立學校有所不同。

民間實驗教育想要真正開展，必須要有金援，否則就只能像過去二十多年來，全台灣不過十來間學校敢冒險嘗試。若無金源，就必須由家長分攤請老師的費用，中低薪的家庭就很難享有實驗教育。若能由各大企業界贊助民間興學，是目前台灣最快、最有希望的進行方式。

數位化教學時代來臨，線上教學已逐漸顛覆傳統一言堂的授課方式；但是科技是否真正能取代老師，就必須先定義老師的角色。若老師的角色只是在重複播放相同的教學內容，十年如一日，就會像是工廠裡的操作員，重複單調的機械式動作，這樣的工作自然很快就會被機器取代。當有教得更好的老師，透過科技數位在同一個課堂出現，原本老師的角色就被取代了。

這就是為何教師的行業，被列入即將消失的行業之中。然而，在主流觀念中的教師角色若是被錯誤定義，必然得出錯誤的結論。問題是，教師除了將自己定義為傳輸知識的人，或是播放數位影片的人之外，還具備何種意義，可能就必須再重新回到教育哲學中，認真探究教育的本質。

經過傳統培訓出來的教師，依照培訓課程，在固定課綱的每課每章每節，一致的教法、相同的評量製表，被培訓成一致的老師有著一致的命運，也負責教出一致的學生。實驗學校不容易找到適任的傳統教師，因為實驗學校除了不依照部編課綱、沒有教科書、沒有進度，老師還要能接受學生隨時提問的挑戰，不能再慣性使用權威壓迫學生。教師幾乎是要接受重新自我教育，從調整思想開始，而這並不是一件容易的事。

在傳統的教師培訓系統裡，並沒有探索過這些教育哲學理念；經過傳統師培的老師，若是進入實驗學校恐怕就無法勝任教職了。雖然近年體制內不少的老師，已經開始嘗試轉變，有些自主學習能力強的老師，可以由教學法的改變，進入更深的教育哲學思考，但這些相當用心的體制內老師，畢竟比例不高。

即使實驗教育有了校地及硬體設施，並且有了資金，然而若是沒有具備條件的教師，則實驗教育還是無法辦校。反之，有了具備條件的老師，場地和資金是可以解決的。教育首重師資，其他國家也都一樣，芬蘭以教育立國，芬蘭師資水平以優秀聞名；台灣民間的實驗教育學校，師資陣容堅強的學校，教育成果必然令人刮目相看。問題是，台灣還沒有一個具格的民間師培中心，凝聚所有體制內外的實驗教育經驗，共同為培訓新思想觀念的教師而一起努力；如果沒有民間教師培訓中心，教育法規再開放，都難以活絡民間實驗教育，所以問題的癥結就在於沒有具備條件的教師。

二十多年來的各民間實驗教育學校，如今正引領在谷底掙扎的台灣傳統教育向上攀爬。回首來時路，被人們忽略的歷史與遺忘的革命人物逐漸模糊；在實驗教育現場赤手空拳苦戰的工作者仍兢兢業業；面對未來恐怕真假難辨的一窩蜂現象，卻已經成為另一種新的憂慮。

「教育應以個人內在的發展，作為唯一的目的，而不能以這一代人的價值觀為標準，去複製下一代人的思想行為。」台大數學系黃武雄教授在他的著作《學校在窗外》（左岸出版）中表示，學校該做而且只做的兩件事是：「打開經驗世界，發展抽象能力」。針對傳統教育的最大缺失，確實是痛下針砭。

第二部

偏鄉、原住民、弱勢的實驗教育

台東的偏鄉原住民族國小
屏東縣泰武國小、地磨兒國小
雲林縣華南國小、樟湖生態中小學
台北市蘭州國中
品格英語學院
誠品文化藝術基金會深耕計畫
科學小菁英
「球學」

台東的偏鄉原住民族國小

——漢人殖民教育的省思與讓天賦發光

鄭漢文校長以第一名畢業於台東師院校長儲訓班後，堅持要在台東的偏鄉國小工作，「平地的教育人才濟濟，我想去需要我的地方。」[1]經過蘭嶼達悟族的朗島國小三年，台東排灣族的新興國小十二年，一直到台東布農族的桃源國小六年，鄭校長親身走過、見證、烙印著，漢人文化及教育進入原住民社會的過程中，原住民社會所發生的衝突與變化。同時，偏鄉小校的教育問題，站在第一線、擁有三十多年教育經驗的鄭校長，也摸索出了自己的教育理念與方法。

蘭嶼的傳統家屋，孩子放學要回家。圖片來源：鄭漢文校長提供

「我在蘭嶼被啟蒙」

「校長，你犯了什麼錯？為什麼會到這裡來？」二十年前的蘭嶼，都是一些在台灣犯了錯、不符合社會期待，而被下放到邊陲的漢人，包括警察、軍人、老師，或是手鐐腳銬的軍中犯人。研究民俗植物的鄭校長，出過《蘭嶼島雅美民族植物》和《排灣族民族植物》兩本書，當他在採集沒見過的植物做標本時，有人問：「校長你拿這個幹嘛？有人要買嗎？」原來，早期的老師、校長，要孩子去田裡抓青蛙、抓鰻魚，或請社區人去挖羅漢松、象牙樹、海芙蓉，都是要拿到外地去賣錢，教學反而變成副業。

「蘭嶼在腦海裡留下了深刻的印象」，

鄭漢文和太太在一九七八年第一次到蘭嶼旅遊，就結下深緣，「很清楚知道自己要來蘭嶼的意願」。[2]他後來就在椰油國小做過一年的老師，在朗島國小做了三年校長。雖然為了照顧家中老小而調回台東，但至今，每年仍然都會回去蘭嶼探望。

「記得第一個開學日，全校老師已經就緒，在校長帶領下，守候在門口期待孩子的到來，眼看時間已過，但小朋友一個都沒出現！」[3]二十年前的蘭嶼，漢人校長所代表的漢人文化，與當地達悟族的原住民族文化，互相衝撞，「帶著原來的知識背景到蘭嶼，並不管用。」鄭校長逐漸明白，「學校的教育跟蘭嶼孩子的生活經驗是背離的，對他們的文化是鄙視的。」鄭校長去蘭嶼的初期，曾經告誡原住民的孩子，不要像他們父母一樣愛喝酒，不然沒前途，「聽起來像是好意，其實是在嫌棄、否定、打壓他們的父母、踩在他們父母的肩上，凸顯自己的清高偉大……最後教育是把一批小孩教到厭惡自己的土地，自己的父母。」[4]鄭校長原本有著和其他漢人相似的優越心態，但深入了解原住民的世界之後，「不再單單以傳道、受業、解惑的教育者自居，開始以身為部落『鄰人』的角色去思考。」[5]他憑藉著覺察力與自省力，逐漸貼近、發現真相。具備承認錯誤的勇氣與堅定的行動力，在蘭嶼島上度過四年之後，這位漢人校長說：「我在蘭嶼被啟蒙。」[6]

「外來的文化在訴說著外面的世界」，教育的功能不只是在學校，我們的電視、收音機、3C更具有社會教育的功能。鄭校長提起早期的小孩會說：「老師，我們很可憐，都沒有零食可以吃！我們都只有吃龍蝦和九孔！」即使到了十年之後，小孩還是會去拿一隻很大的龍蝦，眼巴巴地去跟代課老師換一包「蝦味先」。

鄭校長說，站在講台上的人可能會用一種高姿態說：「你們以後長大，不要像你們父母那樣，那麼辛苦，要認真讀書。」因為老師擁有這個位置，所以老師會說：「你們要存錢喔，不然你們都沒有繳午餐費、制服費，要去校外教學，你們都沒有錢可以繳，你們要懂得儲蓄」。鄭校長經過反思，「因為這是我們自己的經濟模式嘛！其實在這過程當中，『我們這些都是為你好』的說法，是因為我們用我們的位置在說話，用我們的文化在思考。」

當地人慢慢認識到，想要過現代物質充沛的生活，要擁有錢。然而，「年紀越長，對於文化越有感受，越失去才會越發現原來想要擁有的，是過去生活的好。」高溫下打著赤腳的鄭校長認為要去定義自己生活的好，「這要自己拿捏，有的人賺到了錢，失去了家庭，失去了自在。」然而，在資本主義社會裡，「有的人必須要面對貨幣經濟下，金錢的催逼；孩子要繳學費、電話費，要追上當代的物質文明，就會想去從事一些不一樣的工作。」原住民從小就是由父母、祖父母帶著去山上種樹、田裡種地瓜樹芋、下海抓魚，「這種勞力的辛苦，新一代沒有從小去鍛鍊出來，等到高中之後，或是在台灣都市上了大學，這些生活技能完全喪失，最難的是刻苦耐勞，在海上活動或是山林辛苦的過程，就會變成很難回去。」

原住民族自己原本的教育，是代代相傳，父母就是老師，會帶小孩去工作，「原住民族的文化裡面有高度的智慧在，這些智慧不是在主流社會裡面考試用得到的，」鄭校長說，當地的飛魚文化，可以將飛魚分類到八種，但是漢人連什麼是飛魚都分不出來；原住民族以口傳教育方式分辨植物，並且學習如何處理並善待植物，「他們用自己的生命經驗，作為集體智慧的延伸，發展出豐厚的知識體系，我們並沒有向當地人學習，反而要教對當地一點也沒用的知識給他們，然後說他們考試考得不好、學習有落差，之後說需要補救，之後說他們是弱勢。其實是我們在一連串的措施上，沒有好好去反省檢討。」[7]

台東新興國小的綠巨人

老鷹終於出現了！「當牠在，這個社區是健康的。」[8]鄭校長初到新興國小，「大門口有鐵將軍（紅色鐵門）把關，地上是空心磚步道，一進校門有銅像，還用鐵鍊圍住，牆上是中華民國大地圖。」[9]於是鄭校長推倒圍牆，拆掉大門，調整心態，回復生態。最先做的就是種樹，但樹長不好，就挖生態溝引水，遇到了不少挫折，「不花錢的生態池，剛開始時像場噩夢，大自然要求人類付出耐性」。慢慢地，從孑孓、紅蟲、福壽螺、吃蟲的蝌蚪、小青蛙、吃老鼠的蛇，最後終於看見「扮演一種文化關鍵物種的角色」——老鷹。[10]

新興國小被選為「永續校園」的示範校，教育部補助兩百萬，於是鄭校長「在屋頂上裝置太陽能板，並架設風車，將產生的太陽能和風力轉換成電力，供應全校用電，每月電費省一半。而雨水回收系統搜集的雨水，供應廁所沖水用，新興國小廁所幾乎不須用到自來水。在炎熱的台東，夏日氣溫或高達攝氏四十度，校內沒有裝設冷氣，卻沁涼消暑，因為樹就是最天然最健康的冷氣」。[11]

「永續校園」的示範，重視綠化的新興國小運用風力與太陽能發電。圖片來源：鄭漢文校長提供

但是鄭校長認為，「不要把災民永遠都災民化」。他舉例，以前「美麗宮廷」整理了一批淘汰的腳踏車，後來「伊甸基金會」也給了一批捷安特的車子，所以他們就把美麗宮廷那批拿去拍賣，賣了三千八百五十元，他們還回捐

給伊甸，「這樣大家才不會一直覺得我們是災民，永遠都不夠……當他開始有能力去回應，他才會開始珍惜。」[12]

為原住民族的爸爸媽媽找一條謀生的路

大自然回來了，接著，鄭漢文要孩子的爸爸媽媽也回來。[13]新興國小九十多位學童，百分之九十是排灣族，全校只有二十位學生的家長有固定工作，孩子的家庭問題，直接影響孩子的學習情緒。鄭校長在學校圖書館成立了「原愛布工坊」，讓原住民媽媽們學手藝，刺繡縫製各式布包，從工作中得到自我肯定；接著又成立「原愛木工坊」，教原住民爸爸用漂流木，做成各種實用家具，找到安身立命的方式。鄭校長相信非洲諺語，「教育孩子，需要全村人的力量。」

對於政府十年四百億的東發基金應該如何運用，鄭校長說：「工坊模式中的很多環節，都需要政府資金的扶助，讓錢不只是救濟，更用來發揮在地潛能，將人才培養起來，讓人可以留在部落，讓部落有經費可以運轉。」部落裡非常欠缺工作機會，於是父母只好離開孩子去外地工作，「很多人不是不想留在部落，只是沒有機會，明明部落需要這麼多人留下來，進行老人照顧、教養、社區知識調查、傳統智慧傳承、社區產業推廣等工作，卻因為沒有工作機會，部落越來越衰弱，是很可惜的。」[14]鄭校長以學校為中心，從照顧學生，進而照顧家庭、社區，他表示：「我們要的不是金錢的捐助，我們不希望依賴，因為只有錢而沒有工作，並不會造成整個家庭奮發起來，不勞而獲的錢也可能來得快去得也快，但辛苦工作賺來的錢卻不只改善物質環境，也對工作者的精神價值有幫助。」[15]

鄭校長為原住民找了一條謀生之路，「我們做的布工坊和木工坊是不得不啊，其實學校也不需要去做到這一塊。」這個不得不由學校扛起來的彌補工作，「如果他仍然能進到山裡，他仍然可以用自己的方式謀生，就不用進工廠，不用在布工坊和木工坊賺這種小額的經濟收入！」漢人沒來之前，原住民族在他們的傳統生活裡過得很富庶，他們的衣著、手工藝、家居的美感、歌謠，是在富庶的生活下才會衍生出來的藝術呈現，「原本沒有貨幣，打獵之後與大家分享獵物，以禮物經濟的方式進行」，有自己的王國、領土、子民，有自己的社會結構，頭目不是只享有供奉，而是作為鰥寡孤獨廢疾者的照養者。

多元文化是從己身文化認識起

「我們現在談多元文化，但是課本裡面呈現的是廟宇，廟宇的建築、榫接、結構、象徵；對原住民而言，它是異文化，但是對主流文化而言它是文化的一環。」鄭校長跳脫了殖民思想之後，重新定義對多元文化的尊重，「若談多元文化，其實是從己身文化認識起，才會產生文化差異，如果連自己都不認識自己，在學習過程中都只是給學生一些片段的訊息，那他去看電視就可以了」。同時鄭校長也說：「部落本身不要過度膨脹或過度壓縮其他非族群身分的人進來，同質性文化中，異質性文化的引入是促進創新很重要的，我們不是要毀去文化，而是要讓文化再生，因此不要把文化框架縮小到所謂的血統框架。」[16] 鄭校長幾十年與原住民共同生活之後，認為「文化、語言都有差異，要合在一起的時候，原先『部落教育』不是以一個部落為主的部落教育，而是該怎麼發展為跨部落的原住民族教育」。鄭校長並說：「如果為了融合，反而用中文作為中介，又回到漢民族教育，那就不好了。」[17]

在新興國小，因為要考基本學測，鄭校長跟老師說，「按照你原來的教法去教，我們來拿進步獎就好。」鄭校長認為，真的要拿獎，就不停地給孩子考試嘛，第一次考最不好沒關係，第二次來拿進步獎。可是沒想到考出來的國語數學成績，拿全縣第三名第四名，「我不會以這個為榮，如果每次都要考全縣第三，只是為了要拚成績，會給老師很大的壓力。」鄭校長覺得不需要這樣，只要很自在地教，孩子就會吸收進去，「就算你現在成績很好，以後大了覺得好辛苦，不要再學這個了，那我們的教育不過是在抹殺孩子的樂趣嘛，」然而，「最後大人很有成就，你看我們教得那麼好，教育部也說很有成就——但孩子的樂趣哪裡去了？我們國內孩子的學習，是被逼著的、被架上台的。為了大人的光環，忘記其實我們是要引導出他們對學習的樂趣。」所以不要一直強調成績，否則結果就是——「那我們就逼出他們成績嘛，就一直考試，我不相信他考不會！」

鄭校長講到大江健三郎的《為什麼孩子要上學》裡，作者的智障孩子「光」成為作曲家的過程。「如果我們把他的時間都拿來寫國語，你國語為什麼都沒寫完？你的數學怎麼都沒通過？最後，其實扼殺了孩子的才藝。」鄭校長繼續說，在天賦發光的過程中，教育的可能性是要被開啟的；不是把芬蘭的教育或其他教育的標準化測驗照樣沿用下來，只要我們達到了第幾名，好像我們教育部長的肌肉就增強了，你看我們教育成功了，「不是，是我們的孩子會因為所謂的標準化測驗，讓很多人喪失了能力！」正確的做法是：「我們的社會越來越多元時，不是只有會國語和數學的才有貢獻。我們在強調的是，如何開放出更多的社團？讓更多的孩子在自由跑班跑課的過程當中，老師也因為你不同的技能、不同的綱法，帶出孩子有更多學習的機會。」

鄭校長講到了學習的「遷移性」，「因為喜歡學習，他會遷移過去，他會覺得學數學也有趣，學音樂跟數學也有關；學音樂也跟國語有關，為了作曲、寫樂譜時，四分之一、四分之三的數學符號也會帶出來。這時候是可以帶出他將來能用到的知識，和他將來技能發展很有關係；而不是跟他說，國語這幾個單字、語詞，將來會考這個，就要背這個。」

「在教學現場，不是我知道什麼，就要學生跟我學什麼，而是應該退一步想，孩子他知道什麼？這時候，我們可以從孩子的經驗跟他聊，當孩子願意跟你聊的時候其實就是在互動，然後帶入學習，就變成順著孩子的學習而走，而不是我硬要把課本按照進度、按照章節，老師沒有把課本內容轉化。」鄭校長認為，如果孩子不想進教室，不用強迫把他拉進去。學生情緒不穩，當孩子失神了，不是他不想專心，也許是他家裡發生事故意外了，「當孩子覺得安全、自在、氛圍和諧，學習就變成一種可能。」當他塞不進去時，如果責備、規訓的語言不停出現，孩子也許就會選擇不說他當時的處境與當下遇到的事情。「這個沒有族群上的問題，race is making，其實種族是被製造出來的，但是倒是要去認識文化差異，認識他的生活情境。」

網路教學讓天賦發光

二〇一五年四月行政院長毛治國說：「我們讓它在台東發生！」他曾到台東的偏鄉桃源國小，視察偏鄉網路環境改善的狀況時說：「我們從邊緣做起，來翻轉整個系統。」「因為邊緣小，小就可以用各種各樣非典型的做法來做……教材、教學方法、師資，都需要有不同於傳統正規教育的做法，才能真的把偏鄉教育做好，」使用網路教學的桃源國小，「網路數位化，又是一個重要的工具……網路平台變得非常順暢，數位化教材做得非常到位的話，技術面改變的本身，對教育這件事，也就會發生革命性的影響。」毛院長在桃源國小看見對的工具、在對的地方、有對的人，希望學生也朝對的方向發展，「偏鄉做出成績，然後把它變成翻轉正規教育的奇蹟！」[18]

桃源國小平板教學帶給偏鄉學生一種新的學習機會。圖片來源：鄭漢文校長提供

「這就是我要找的！」鄭校長在長年的苦思後，終於遇見網路教學，「它是一個結構化的知識體系，從數數字到微積分都有。如果是五年級的還在數數，沒關係就從他的能力出發；如果是三年級，但是已經會五年級的部頒課程，也可以自己去學，跟年齡沒有關係。」「可以在這種自學裡面找到一種可能的方式，知識本來就沒有年級，也不需要分年級，是根據你的能力。這個解決了班級統一教學上的困難。」這個困難是老師要決定一個「眾數」——一個班級最多人數的學習速度，學習能力快的和能力慢的都成為教室裡的客人。「城市孩子吃飽飯沒事就應該去讀書……很多都會的孩子都是父母或補習班教會的。」鄭校長解釋城鄉生活的不同面貌，鄉下孩子的生活必須要洗碗、照顧小孩或工作，「用平

板就可以解決問題，願意花五分鐘做一個題目也沒關係，電腦會幫你記錄，不用等志工大學生教我，可以看提示，還可以看教學影片」，因此，在網路上的自主學習，可以解決班上學習速度不一，以及課後的輔導問題。

「為什麼會教學無效，是因為時間分配不合理」，鄭校長解釋在教學現場，老師去教一位學習緩慢的孩子時，其餘的學生就只能等。每個孩子都有不同的差異，但是我們都要按照所謂相同的進度，所以一堂課四十分鐘實際分配下來一個人不到十分鐘，發個作業簿，講講話，學校規定要做什麼，等老師教完了讓他們實際去做，不到兩分鐘。「當這些新的學習工具出現後，就能讓小孩子主動去讀。像是數學課，很多老師在旁邊，孩子只要問問題，任何一位老師都可以隨時去支援，不是站在講台上一直教而已，孩子可學習的機會被分配得更多。」

「如何有效地運用工具，進到教學的現場，是一個讓天賦發光的重要方式。」鄭校長強調教學工具的重要性，同時也強調與同儕及老師互動的重要性，「這工具不能完全取代老師、跟老師的對話或同儕的互動。」鄭校長認為一年級的孩子查字典比上網好，這裡的孩子都很會查字典，一年級以後就可以上網了，以後發展出來的工具更多，能夠上網查詢這件事情很重要。」

「學習有效是很重要的事情，孩子才不會被綁架。工具會跟方法在一起，方法用對了，才會有效，方法用錯了，事半而功倍，最後就回到傳統嘛，用口傳的文化。」在和現代接軌的過程當中，鄭校長認為教育有效就有更多時間和家人相處，這裡的孩子只有在學校才有網路，家裡也沒有ipad。文化可以透過工具讓它更深化，「我們知道給小朋友用平板，有工具的危險性，他會上網查鬼故事，看色情網站。事實上，教育就是要發現孩子的問題，但是過幾年，他的好奇轉向，覺得那也沒有什麼，知道這工具是要拿來做學習的」。鄭校長擔心工具不足，資訊就不足；技能就不足，將來的就業就會變成問題。

自主學習——網路教學彌補偏鄉師資問題

「為什麼不讓孩子主動學呢？」鄭校長主張自主學習，「課本有例題、有習作，看懂的人、會做的人，為什麼不讓他做？一定要教？」或是網路平台上也有類似相關的題目，孩子可以選擇適合自己能力的，一步一步，也不用自己檢查錯或對，網路裡頭的電腦系統就幫忙改。孩子自己會思考對錯，隨時進入學習，學習的有效性就是在於主動及把時間做合理的分配。

「新型的工具，讓我更有信心進行教學」，鄭校長強調不是看成績，而是看能力。新的網路系統，可以讓孩子的「能力」一直一直過關，從練習到精熟，「工具會改變一個人的思維，擁有工具的人，他的方便性高了。如果鄉下地區給出的工具是夠用、夠好的，他不是在追後面的尾巴，是可以改變他的思維。」但是鄉下地區缺少基地台，只有幾個用戶，幹嘛設基地台？「以資本主義的角度去思考，或為政治服務，就會先選擇服務『大的』。」鄭校長了解，除了硬體設備獲得捐贈之外，還得面對設置基地台的問題。

關於偏鄉的師資問題，「好的老師大部分都集中在都會」，鄭校長認為不是偏鄉的老師資質不好，而是在教學現場，如果是在都市教英語，老師教到第十八班，「同樣的課、同樣的話語，講十八遍」，磨練一個學期，老師的能力自然會變強。校長說若是到桃源國中，一位英語老師只有六節課，配課不足，還要教地理、地球科學、物理，又兼行政、負責午餐，訓導、輔導；網路平台要建構，有了電腦不是就讓行政工作減量，反而產生很多需要使用電腦來填報表的工作。所以，不是鄉下的老師教不好，而是他們缺乏長期不停磨練教學經驗的機會。

網路彌補了偏鄉的師資問題，「如果網路裡頭有這樣的好老師，願意分享他的教學經驗，用簡單的畫面就教會了那個概念，在這樣技術、網路環境，提供了許多可能。」比如忘了開根號怎麼做，不用回去學校找老師，就上網找，網路像字典一樣。校長還說這些網路上的老師不會教第一遍就生氣，第二遍不高興的表情就出來，依然不懂問第三遍會罵人，「創造安全學習環境，每一個人的能力在不同的點被開啟，老師也因此可以照顧到更多的孩子。」能力高的自己就在學習所以不用擔心，能力低的一群還在互相討論，需要教的越來越少，只需要在旁邊陪伴提供他一點訊息，他就可以自己學下去。

「教的本身是把他愚笨化了，『你不會，你要聽』」，可是每次老師在講的時候，可能會有很多陌生的概念、語詞，造成學生思考上的停頓。可是當他自己利用網路資料去讀、寫、做答案，做錯了都沒有關係，「電腦不會出現不好的表情，作業簿上也不會給你打叉，他一次一次完成自學經驗，在教室裡我看到了許多轉變。」有的孩子不想上網路了，有的孩子去寫他的國語了，有的去寫英語，有的去寫數學習作，「老師不在，學生還會拿數學出來寫的時候，我說這個成功了！」因為他知道自己手邊有工具，不會的時候就像查字典一般上網去搜尋，不必等老師的指令。

還有很多老師不願意放棄，因為老師沒有教完會不安，沒有跟上進度會不安。鄭校長說：「如果我們再把孩子當作標準化測驗，孩子都要學到相同能力的時候，這種一致性是我們的盲點。是我們沒有看到孩子的差異，這種差異的本質高度的出現在同一個教室裡，因為他們的生活經驗完全不同。」日常生活中量土地的幾分幾甲，賣菜的幾斤幾兩，課本不會出現。課本教的是公斤公克，「鄉下孩子要做很大的適應，然後我們把他們說成是低成就學生，不對！是我們有問題，『原住民數學很差，原住民是弱勢，他們需要補救』，其實是我們用合法的方式綁架了孩子。」鄭校長認為，綁架了原來他們可以好好地跟家人相處、跟家人出去玩的時間，「他們的童年都一直被我們綁架著，我們的理由都很冠冕堂皇，因為他數學沒通過、國語沒通過，因此需要補救。就算他數學真的不好，不會微積分又如何？你就要綁架他了嗎？」

混齡教學——偏鄉小校免於裁併之路

鄭校長的下一個計畫，是找一個四、五十人以下的偏鄉小校，進行打破年齡限制的混齡教學。

「學校在一個小社區、小部落裡，它會活化地方。」在偏鄉部落裡，一所學校的存在意義不僅是一個學習的地方而已。「一條鞭法的小校合併制度，恐將忽視每個學校在社區擔任的特別意義。山區小學除了發展教育，其實肩負對於山區原住民文化保留的重要任務。」19

「真正的學習不是在老師，孩子從彼此的對話、互動、討論中，學得更多。」小校的特性，就是班級學生數少，「一個老師面對一個學生時真的太可憐了，想想如果今天老師或學生表情不好看……」鄭校長認為需要檢討，一個學校可能只有十幾個學生，還要那麼多老師嗎？如果還是以班級為考量的方式，一班編制一點五個，六班就有九個老師。可是如果只有十幾個學生，還要是一個對一個、一個對兩個，這只是讓原來的體制把孩子可能的互動切割了，切割到所謂上課就是回到自己的「牢房」，去面對一個可能是規訓的人員在對你講話，「連同儕之間相互傾訴，相互打罵，甚至相互摔角的機會都失去了，混齡這件事情就變得很重要了！混齡讓社會的常態出現了，領導能力也會出現，讓不同的年齡層之間孩子的相互尊重也會出現，不同年齡孩子的不同能力也會出現。」孩子心裡可能會想：怎麼有的同學一年級就這麼會講故事？那我要更努力；怎麼哥哥在這個部分可以幫我那麼多忙？——在還沒有走到減少編制之前，教育的可能應該是這樣。

一百多人的學校，十幾位老師用混齡教學會太龐雜，鄭校長認為分組教學是可以進行的。在教室裡可以看見這桌的學生在使用 iPad，那桌可能是在閱讀，另一桌可能老師在指導，「小校的這種可能性高——from sage on the stage to guide on the side（老師下了舞台了，離開聖者的舞台，到旁邊引導學生學習）——回到真正主動學習的精神。」但是如果體育課只有二十幾個學生，還分成六個班，「違背了孩子互動的精神。藝術人文中，若是畫樹，由不同年齡的孩子畫出來的不一樣才更有意思。這些領域本來就可以跨年齡，可以相互跨界的，跟有沒有混齡沒有關係，為什麼要把學習階段化？」

童話故事裡堅毅的綠巨人，曾經黑髮濃眉，多少悲憤不平都化成平緩沉靜的追述。故事從「同化」一路說到了「混齡」，如今灰髮蒼蒼的老巨人，依然雲淡風輕，卓爾獨行。在台灣最偏遠的角落，一位資深教育工作者，用自己的生命刻畫成教材，從一條人煙罕至的小徑，走向另一條崎嶇難行的路。在對的時間，去對的地方，繼續做對的事情。

註釋：

1 〈有笑有淚有溫情——新興國小與原愛工坊〉張靜文（二〇〇八），《源雜誌》第七十期，頁五八～六八（www.tri.org.tw/per/70/58-67.PDF）。

2 鄭漢文校長經營朗小三年有成。林公正。一九九七年八月二十四日，《蘭嶼雙週刊》：二三八期，典藏台灣（catalog.digitalarchives.tw/item/00/11/aa/7f.html）。

3 同上。

4 〈老鷹回來了〉黃維玲，台灣《壹週刊》第三六九期（kids-jf.myweb.hinet.net/twnext_369_web/30664566.html）。

5 同註1。

6 同註4。

7 「二〇一二花東願景 公民論壇」人物專訪〈實踐一個部落與學校同步成長的原鄉夢〉（二〇一二年九月）夏黎明、郭靜雯採訪報導。

8 〈不一樣的校長——台東新興國小鄭漢文校長〉，影子學校（shadow-school.blogspot.tw/2009/06/blog-post.html）。

9 同註4。

10 同註8。

11 〈新興國小——山中的教育理想國〉，走讀台灣。

12 〈都是為了孩子——訪台東縣延平鄉桃源國小鄭漢文校長〉。夢想一個山林小學：回家的路，山林我們來守護。（二〇一〇年十月十七日）（forestschool-of-ours.blogspot.tw/2010/10/blog-post_4966.html）。

13 同註4。

14 同註1。

15 〈台東新興國小與鄭漢文校長的故事〉韓良露，「南村落」（www.southvillage.com.tw/about_0006_0010.html）。

16 同註12。

17 同註12。

18 行政院長毛治國視察偏遠學校寬頻改善情形（www.youtube.com/watch?t=167&v=4WfkGokXZY）。

19 同註1。

屏東縣泰武國小、地磨兒國小

——原住民族學校的民族教育先鋒

國道三號穿越過連片如幻的竹林，繼續往南，公路兩旁慵懶的椰子樹逐漸現出身影，開始宣說著浪漫的南台灣風情。從屏東的「麟洛」下交流道，經過內埔，往萬金方向，「吾拉魯茲部落」就坐落在綠蔭大道上。泰武國小位於部落的中心，和整個部落一同呼吸與脈動。

走進這所學校，就像走進了一本書

學校入口處，豎立著「屏東縣泰武國民小學」的舊石牌，兩年經過四次遷校，石牌始終陪著學校一起流浪，見證了學校的移轉變化。

泰武國小重建校園。圖片來源：伍麗華校長提供

學校沒有校門，入口處橫列一排色彩繽紛的矮圓柱，畫上排灣族琉璃珠的圖樣；通往校舍的空地上，畫著一大片狹長的屏東縣地圖，標註著原住民的部落分布。左手邊是「祖靈柱」，排灣族立柱是土地歸屬的象徵，祖靈柱的後方，有排灣族婚禮儀式中表達祝福的鞦韆架。左邊最後一棟是排灣族的傳統石板屋——「會呼吸的房子」，是藝文中心，也是活化社區的起點、孩子麥哲倫計畫中心、部落產業「泰武咖啡」的推廣銷售平台、學校的遊學中心以及孩子們的工藝品展售中心。

校舍外牆兩層樓高的馬賽克貼畫，是最搶眼的美麗圖騰，敘述著排灣族起源的神話故事，「太陽神在陶壺裡卜了兩顆蛋，請百步蛇在一旁守護，當太陽的光芒照在陶壺中，誕生了排灣族一男一女的祖先。」排灣族的神話裡，陶壺是生命的起源之地，非常神聖。

因此，泰武國小的校舍建築設計成圓弧形，環抱著陶壺狀的中庭廣場，校舍外牆中間圍繞著一條百步蛇側紋和腹紋彩繪，象徵百步蛇正守護著學校。經過八八風災之後的異地重建過程，伍校長在重建文集裡寫著：「最令人感佩之處，就是郭旭原建築團隊始終尊重部落與學校意見，讓排灣族的百步蛇、陶壺等意象，透過校園建築在平地展現。」

在排灣族文化中，象徵高貴的「家徽」，環繞在校舍內圈的白牆上，頭目贈送學校酒紅色的頭目家徽飾帶，有著很特殊的意義；表示頭目已經釋出這個權力給學校，除了肯定學校的地位崇高，也賦予了學校很大的期待。

校園處處懸掛著琉璃珠，擺設著木雕作品，有一片學生木雕作品的組合牆，和四處舉目可見的彩繪藝術。用傳統工法堆砌石頭而成的「友愛司令台」，繪上整片綠色森林，還有水鹿一家三口徜徉其中，「蛇開口請求梅花鹿將斑斕的花紋送給他，於是百步蛇擁有了花紋，而褪去花紋的梅花鹿，則化身為水鹿。」是一則美麗而友善的神話故事。

走上二樓的樓梯牆壁上，畫著一長串飛舞的蝴蝶，在排灣族的古老傳說中，「黃鳳蝶代表『古勒勒』和『摩蓋蓋』兩隻蝴蝶變化為人，結為夫妻的愛情故事」。女廁所畫上排灣族的手紋圖案。手紋是快要消失的文化，只有少數八十歲的貴族耆老還擁有手紋；男廁頂上，畫著排灣族重要慶典「五年祭」的刺球活動。校園還有三色編的祈福牆、烤芋棚、穀倉等。原住民族的文化傳承，在這些口耳相傳的神話故事中，賦予了哲理、精神與教育意義。

泰武國小的建築設計，也肩負著傳遞民族文化的功能；生動的彩繪木雕藝術作品，涵養著民族教育。整個校園的規劃布置，用心仔細，並不會因繽紛而雜亂突兀。伍麗華校長把學校和部落當作戶外教學的場域，在她的計畫裡，「學校社區化，社區學校化」，「我們的民族教育，不需要走到外面去，因為我們把民族文化都放進校園裡了！」

除了傳統文化之外，校舍的屋頂全部都鋪滿了太陽能板，是屏東縣第一座BIVP光電學校。援建單位「明基友達」提供了太陽能電池模組，每年降低二氧化碳的排放量，等於種上五千兩百棵大樹，成為環保教育的活教材。南台灣熱情的陽光，使得電力自給自足，還可以賣給電力公司。

同時，泰武國小成為屏東縣第一所全校導入TEAM Model智慧教室的原住民學校，「網奕資訊」並提供全面的義務教學服務。全新的智慧教室教學，也吸引了許多外校學生甚至漢人子弟轉來入學。原本四十人的學校，風災發生的二〇〇九年以八十三位學生開學，二〇一一年以九十七人開學，二〇一三年已有一百四十二人（包括五十多人的幼稚園）就讀，一半以上都是從外村來的孩子。伍校長希望能有更多的孩子來分享這樣的學校，「這是一所光電的校園、環保的校園、科技的校園、排灣文化的校園、國際教育化的校園。」

受苦的人，沒有悲觀的權利

二〇〇九年八月八號，莫拉克颱風送來了一份重禮。

泰武國小，原本位於排灣族的聖山——北大武山——的登山口，是最貼近北大武山的一所小學，海拔近八百米。考試成績第一名的伍麗華，將這裡填作第一志願。才剛當了七天校長，還來不及把美夢打開，莫拉克颱風的強風豪雨侵襲南台灣，泰武國小一夕間崩裂瓦解！站在地面裂開的破口上，無語問天。泰武國小的這位新校長，要面對的第一場戰役是——生存之戰。

二〇〇九年莫拉克颱風重創大武山，居民被迫遷村、遷校。然而，泰武國小並不是媒體關注的明星災區，所以外界沒有人來關懷。「師生在狹小的教室及校區內，彷彿在進行困獸之鬥」，擔心大家支撐不久的伍校長從災後第二個月開始主動聯繫外界。桃竹苗三五〇〇地區扶輪社伸出援手，在山上佳興村的佳興分校，整建「希望小學」中繼校區。

然而，多數人反對再搬遷上山，兩部落之間攻訐不斷，排山倒海的壓力與反對聲浪接踵而來，學校再度陷入危機。伍校長妥協讓步、堅持、關懷、說明，最後終於度過了第三度遷校時，發生了家長聯合罷課三天的風波。[1]

「原住民族的教育，的的確確是另類教育。」伍校長認為八八風災，並沒有很悲情。在戶外搭起了塑膠棚下的木桌開會，大家不斷埋頭討論的，是未來的原住民教育，該怎麼走？「放下那些要流浪到哪裡？我們的災民每天抗議，學校有沒有補助？我都不理會，把心安靜下來，一直在思考學校未來的願景是什麼？課程方向、內容是什麼？我們原住民族的教育哲學觀念是什麼？」[2] 伍校長在簡陋的棚架下，在兵荒馬亂中，排除一切干擾橫難，堅持往未來的理想大步前進。

一場天災，映照出台灣民間的熱情，各地無論遠近、不分身分地位，出錢出力，全面呵護照顧受難者。從顯貴名流的關懷、光泉鮮奶長期的免費供應，一直到送甜甜圈的不知名攤販阿伯——校長細數每一個恩典，將說不盡的感激，所有的協助單位與個人名單，記錄在《站在破口中：泰武國小八八風災重建文集》，讓大家看見泰武國小曾經走過的坎坷，也要一代一代的孩子們不要忘記這些恩情。

莫拉克颱風一手摧毀了泰武國小，但卻有另一隻手，始終在守護疼惜著泰武國小。《站在破口中》的序言裡寫著，「八八風災為學校帶來了破口，若不防堵與醫治，瓦解的是信心。所幸我們一直都知道：要歡喜站在破口之中，因為這裡是最接近上帝與祝福的地方。」[3]

從根救起——自己的孩子自己救

「為什麼要推原住民族學校？當一個原住民的孩子，來到他自己生長部落的學校讀書，一樣在學數學的時候，學到自己的文化；在學國語自然的知識時，也一樣知道自己的文化是什麼。任何學科活動或遊戲的過程中，他都應該學習到他自己的文化。」伍校長有感於原住民孩子來到學校，反而是去把自己的文化給磨滅掉，學不到自己文化的傳承。「在任內給學校留下一種精神、一種文化、一套制度、一批好老師，是我當校長以來的出發點和目標。」伍校長對於自己工作的努力方向，有清楚的想法，「若能做到，我認為是做校長最大的成功，也是給學校及教育工作最好的回報。」

暑期全族語學校（二〇一〇年七月開始）

「操場上，報信的狼煙裊裊升起，小朋友一一過火淨身，並且約定，在排灣學校上課的十天之內，禁止說華語。」二〇一〇年七月，風災後的第十一個月，暑假民族學校就開辦了！之後，每年七月回到山上的佳興校區，辦理一年中的第三個學期：「全族語假日學校」。用母語向耆老們學習編織、種地瓜小米、釀酒、找食物、設陷阱、搭獵寮、砌石埠、砍柴的技能與妙用、每天去田裡耕作，「讓小朋友能接觸屬於原住民的山林知識、文學、科學，找回排灣族的靈魂。」

二〇一〇年七月在中繼校區，排灣族耆老及族語老師，大家全天候的住在一起，九點孩子睡了以後，就開始備課到凌晨兩點；一早就起來上山備料，為孩子帶來不一樣的學校生活。學校專任老師從旁協助耆老備課，錄影、拍照、寫觀察紀錄、寫教案。「教學影像以後會做成電子書，照片用來轉為課本教材。」伍校長的規劃中，泰武國小擁有自己研發的課本和教師手冊，這些課程都經過兩年的試行與修正，「出版教材只是為了確保換了校長、換了老師，孩子還是可以上到這樣的課程」。

至於評量的方式，校長說，「評量對孩子太簡單了……老人家都不會罵你笨，就一直重複教你做，做到會了，就說：喔你會了！所以打成績都是一百分。」

老師的工作，是將傳統文化和現代知識做連結：例如傳統渡河的教學，「耆老帶著孩子到河邊渡河，你們要選寬的地方？還是窄的地方過河？」幾乎百分之九十的孩子都選擇窄的地方渡河，耆老要孩子走一遍，孩子發現水流很急，應該要從河面寬的地方過。

晚上老師備課，就發現耆老其實要教流速的概念，於是轉換成課本教材。耆老揹孩子、揹石頭、拿拐杖、大家手拉手，屬於渡河技巧。老師知道那樣做是為了要增加重量以減少河水的沖力等等，老師利用專業，做課程的活化。這樣的課程回到了教室，老師就設計人偶，一隻很容易倒，很多隻就很穩來說明流速的概念。

「過去的智慧，加上現代的元素，成為面對未來的能力，」伍校長說：「看著孩子在第三天終於開口說母語，聽著他們在結業式說『很想再玩』，我知道我們跨出了成功的第一步。」

沉浸式排灣族語幼兒園（二〇一二年八月開始）

二〇一二年八月一日，在永久校區開辦了一個二至六歲沉浸式排灣族語幼兒園，「小朋友都很會講族語，從小學認國字符號又學羅馬拼音，能力反而是加成的。」伍校長的辦學經驗是，「實踐民族教育，從幼兒園開始最好，一點阻力都沒有，而且效果好得不得了！」課程教十七種植物，一年到頭都是開心農場。像是如何種樹薯，如何照顧長大，如何挖出來，如何洗、去皮、削片、曬乾、磨粉，做成傳統食物——包肉的湯圓；孩子把樹薯拿來做上色紙黏土，除了從老人家那裡獲取傳統文化知識，老人也獲得了現代的知識。

課程設計希望透過老幼共學，讓老人家的加入，能撐住一個排灣語的環境，「只有老人家才有這樣的能力，很多老人家進來，我們就被迫要用排灣語交談，孩子也有了學習的環境。」在地本位的民族教育，尤其在幼兒園推行農耕生活，作經驗傳承。原住民語沒有文字，所以使用羅馬拼音去記錄語言，幼兒園的教室布置或教材，都是國字和羅馬拼音的排灣語並用。由於沒有文字，所以符號變得很重要，孩子接受很多的符號訓練，進入一年級時，對符號的感受力就會比較強。

在一段影片裡，一個小女孩一面採著花，一面自然地用排灣族語回話，「一個念了八個月的排灣族小女孩，已經可以自若地用排灣族語回答老師的問題」，這孩子的父母和祖父母都是不說排灣族語的。

課程革新：民族教育+國際教育（二〇一四年八月開始）

「屏東縣原住民族課程發展中心」於二〇一四年八月啟動了。由於曹啟鴻縣長的政治承諾，在九年任期內不裁併任何學校，學生人數很少的泰武國小，才得以生存至今。原住民族會議，鍾佳濱副縣長是主席，對原住民非常友善，在原住民族教育上有很大的貢獻，伍校長感謝地說：「幼兒園可以有很多原住民進來，就是因為鍾副縣長開大門。」

「民族教育」校本課程包括：

文學課程——傳說故事；

社會課程——親屬關係、階級制度、祭典儀式、經濟產業、生命禮俗、部落歷史、社會規範、族群關係；

自然課程——部落昆蟲、部落植物、部落動物、傳統食物的保存、石板屋、耕種知識、部落地形、科學智慧、狩獵知識；

藝術課程——舞蹈、圖騰紋樣、紋手、服飾串珠、編織、陶壺、植物染布、琉璃珠頭飾、草編、木雕、刺繡；

傳統體育課程——跑步、打陀螺、童玩、丟石頭比賽、負重、角力、搗米、刺球、登山、射箭、製作捕獸器、渡河、手紋、漁撈；

傳統美食課程——小芋頭、地瓜點心、南瓜點心、烤山豬肉、奇拿富（cemavu）、阿歪（emavay）。

「一位支援班的孩子，送鑑輔會鑑定智商只有七十，數學完全不會，國字十個有九個錯字，其中一個是顛倒字，」一伍校長講起這位原住民的孩子，流露出滿意的神情，「可是在校本課程裡，他找到了學習的樂趣和學習的方法，所以在學習遷移的時候，英文學得特別好；母語是他的強項，在國語數學裡無法找到成就感，但他在校本課程裡，則建立了自己的自信。」

「國際教育」包括：

歌謠──原住民歌謠、恆春歌謠、閩南客家童謠、日本演歌、太鼓、歐洲土風舞、古典樂、非洲鼓、爵士鼓、美洲百老匯；

光電──泰武國小光電板、光電城市高雄、台灣的光電設備、太陽能動力車、風扇、馬達、綠色能源總類、台灣的綠色能源應用、太陽能應用科學、校園溼度溫度照度的設計、丹麥德國綠生活、台灣的核能發電、車諾比福島核災；

雕刻──原住民木雕、台灣三義木雕、朱銘石雕、東南亞雕刻、歐洲皮雕、魁北克冰雕、美洲石雕；

咖啡──大武山泰武咖啡、台灣古坑咖啡、美洲牙買加藍山、東南亞印尼曼特寧、非洲肯亞咖啡、磨製咖啡豆、行銷咖啡、一日咖啡店長、有機農業、公平交易；

登山──排灣族聖山、台灣五岳、日本富士山、尼泊爾喜馬拉雅山、歐洲阿爾卑斯山、非洲吉力馬札羅山、台灣的國家公園、美國的國家森林、無痕森林、生物多樣性、野外求生、傳統領域議題、旅行規劃。

泰武國小每年春天要去攀登排灣族的聖山——北大武山。老師及家長帶著所有的畢業生登頂，五年級則停留在檜谷區，登頂要留到六年級時再好好體會。孩子站在三〇九二公尺的山頂看世界，唱歌給山神聽，請祖靈保佑部落平安；男生也會跳勇士舞，告訴祖靈他們的腿還健壯，會認得這一條回家的路。「很多人很愛我們，要送我們五、六千元的雨衣、防風衣、羽絨衣、高級的登山鞋……我都婉拒了，不要送到最後，我們都不會爬山了。」伍校長笑呵呵地說。孩子們穿著雨鞋、膠鞋，有的還打赤腳，用最原始最自然的方式去登山。

客家人廖賢德說：「帶把佩刀、一個背簍、火柴、米……他們穿著雨鞋，還有一個老人家打赤腳……我們這些登山者，揹著很重裝備，好像很強的樣子，其實錯了，簡單就好。」當年他在奇萊山迷路被原住民獵人救出，從此成為文史工作者，四十餘年都留在山中蒐集部落的部落史。[4]下學期一開學，學校就會進行一系列的山野訓練課程；不僅如此，泰武國小每個班級都有一個北大武山的名字，Tepuk（山頂）、Tjurumkamukav（山中央）、Tjumarupaljing（山腰）等，「象徵著我們有如北大武山的堅毅及強壯」。

國際教育在泰武國小的定義是：一，把自己的文化推到國際舞台；二，從自己的文化為出發點，去和國際文化做連結。像是歌謠在民族課程裡，一年級有一年級要去認識的歌謠，六年級有結婚的歌謠等等。橫向連結到國際教育時，就是從排灣族的歌謠，連結到其他族群的歌謠、世界的歌謠。

校園裡除了傳統文化元素之外，也打造了「英語村」環境，讓孩子練習外語、學習國際禮儀與文化、培養公民素養，「不是為了要出國，而是當孩子有機會與外國人接觸時，能夠自然大方地介紹自己的文化」。駐校外國友人 Alex 時常為學校舉辦國際交流，常常在自己的臉書上寫下泰武國小的各種活動，與外國朋友分享，並且邀請維也納合唱團到校演唱交流，還請到法國鋼琴家穆勒（Muller）、英國國王歌手合唱團來校，「讓泰武的孩子，張開眼睛看見世界的美。」Alex 的到來，完成伍校長心裡的一個夢想。

第一所自己編課本的學校（二〇一四年二月開始）

泰武國小是全台灣的實驗學校中，唯一整體規劃、自己動手編正式課本的學校。「我們必須想辦法研發出適合原住民族學生的課程和教材，讓他們用最熟悉、最親近自身文化背景的方式來學習。」很多來參訪的原民學校，都喊說回去要做實驗學校，但是伍校長問，「如果你的課本教材都和一般學校用的是一樣時，請問你是什麼實驗學校？」伍校長認為可以一邊做實驗教學的同時，一邊開發出教材，但是普遍學校都沒有這個觀念。當大家還缺乏想像、裹足不前的時候，伍校長卻已經毫不遲疑地穿梭在風雨中，編出了自己的民族課本。

用半年時間完成四冊一、二年級數學課本和教師手冊，現在正在進行國語課本的編寫。他們在跟時間競賽，計畫以五年、四個人力配置，去完成國、英、數、自四科的教科書。連教育部國教院來參訪，都覺得不可思議，光憑一間學校就可以做國家在做的事情。「在人力配置上，因為沒有人要來編，所以只好調用學校的三位老師進來。實在招不到人，就只好二招、三招、四招，全都是大專畢業學生，只好招進來畫圖，就這麼一點點人力。」

在別人看來不可能的條件下，伍校長看見了可能性，並且劍及履及。這套教材，將以屏東縣政府名義出版，提供給排灣族的學校，作為實驗學校的教材依據。

「原住民的文化，不用特別去上民族教育課，在上國語數學的時候，就已經很自然的浸潤在裡面了」。一年級的數學課本第一單元「認識零」，活動三是要畫著一隻山豬盤子裡有三根香蕉，旁邊有隻猴子。當猴子拿走一根，剩下兩根，山豬笑了，當猴子全部拿走，剩下零根的時候，山豬眼睛都笑瞇了，嘴也笑開了，「這就是原住民，我們喜歡給。」

伍校長認為不需要弄一個民族教育課，她認為教育不是這個樣子的，「教育是涵養的，像是學數學的過程中，老師都不需要去跟孩子說教，看到圖那樣畫，就耳濡目染知道，原來把東西分給別人，是多麼開心的一件事情。」校長希望孩子透過這樣的方式去學習。

「從自身族群的傳統文化脈絡來生產現代知識，這樣的課本會真正貼近部落孩子們的生活和文化。」伍校長認為原住民的孩子，用他們陌生的文化去學習現代知識，會不利於學習成效，「我們希望當孩子帶著課本回家時，也能夠讓爸媽和 vuvu（祖父母）一起共同參與孩子學習的過程，讓家長 vuvu 們也能帶給孩子更多文化上的連結和學習。」伍校長認為，學校應該成為真正服務該地區、該族群、該社區孩子的一個教育中心。

另外，推動原住民教育很重要的師資問題，伍校長認為，「原住民族教育的推動，師資為先；從現今制度辦法來看，教育主管單位，若是未能針對任教於原住民族學校的教師另訂考用辦法，則民族教育的落實將遙遙無期。」

兼顧主流社會對學生成績的要求

風災後的第八個月，泰武國小就已經開始走民族教育校本課程，伍校長說：「監控追蹤學生的學習進步情形，非常重要！因為學生成績會成為社區家長、外界社會大眾對我們最大的質疑！」在面對大環境不理解與質疑的時候，「明明知道很多東西要慢慢來，很辛苦的是，我們不斷地帶著孩子把根扎深、把夢做大，也不斷地要回應社會對我們的期待。」

不像體制外學校可以拋開社會主流價值的檢視，身為體制內學校校長的伍麗華，必須辛苦地符應主流社會的價值衡量方式，同時不放棄對於理想教育的追尋，「要高喊理想哲學，也要顧及柴米油鹽，因為這是減少阻力最好的辦法，我們知道這不是目的，但是會一直監控學生的學習。」例如，閱讀識字量、閱讀理解力、國英數、教育部測驗系統的成績，「九十九學年度到現在，沒有一年是往後倒退的，每一年都在上升。」

伍校長選擇市場佔有率最高的康軒教材，教學單元教學目標跟著康軒走，為了確保在月考時，能跟他校用同一本考試卷進行評量。但是，教學內容則改成排灣族自己的方式去編。伍校長想要嘗試，「原住民的孩子透過文化，透過他生活經驗熟知的東西去學習數學的時候，能不能比他原來用外面的文化去學數學的成效來得好？」一、二年級教材一編完，就同步使用，不再買數學課本。

從九十九學年度起，過去在縣內語文競賽總是敬陪末座的泰武國小，連續每年囊括各項的第一名：連續三年蟬聯屏東縣英語讀者劇場第一名，其他如鵝媽媽說故事戲劇競賽全縣第二名、《天下雜誌》圖文創作比賽評審特別推薦獎，寫作競賽全縣第二名；相聲比賽全縣第一名、創意積木全縣第三、兩岸四地科技大賽銅牌⋯⋯「到校的孩子們，一個個進入圖書館，熟悉地從架上拿書，找到自己習慣的位置，或坐或躺，安靜、適意的沉浸在書海。」伍校長在個人臉書上描述著，每個學生到學校的第一個習慣，就是先進入圖書館開始閱讀。

伍校長說：「長期以來，國家課程犯了一個很大的錯誤，沒有讓我們原住民文化的知識內容，進入我們的課程裡，害得我們住在台灣的人，都不認識我們這群同胞。所以，十二年課綱，要想辦法盡量把原住民的內容放進去。」

泰武國小得到教育部閱讀磐石獎、國小及幼兒園獲得兩個教學卓越金質獎，「這樣的肯定，讓我們更加確認，我們是有能力，讓我們的台灣，呈現一個不一樣的學校教育，讓世界看到，台灣的原住民教育，有他的教育哲學，有他的教育內容，有他的教育方法」。

把根扎深，把夢做大

「作為原住民族小學，泰武國小是部落發展的命脈，正因我們銜著重大使命，在基礎課程之外，『民族教育』是泰武國小最重要的工作。還記得兩年前，我帶著發展民族課程的美夢，踏上泰武的土地，經過風災的洗禮，這個夢想沒有改變，反而更加堅定，也尋找到更多可能性。」伍校長在重建文集裡寫著。原來，兩年的流離失所，使伍校長得以重新思索，並且試驗各種可能，「經過兩年的摸索，泰武國小永久校區的規劃和目標，才能如此明確。」

伍校長曾經是「原住民族基本法」的推動委員，「雖然法律位階是高的，但卻沒有人把它當一回事；同樣的，原住民族教育法，也沒有人把它當一回事。」原住民族教育法中，提到要做一個原住民族教育體系，但沒有人做，伍校長就自己出來當火車頭，一直朝這個方向前進。泰武國小的民族教育以及全母語幼兒園的成功經驗，帶動了全國各地的推展；同時，教育部也非常肯定，開始投入推動各縣市原住民教育發展中心。

六個年頭過去，泰武國小如今已經在新校區穩定茁壯四年了。伍校長如今又有了新的構想，她想帶著泰武國小的成功經驗，到其他學校去實現，證明不是只有泰武國小得天獨厚。這套教材開發出來，是為了排灣族的學校都可以使用，大家都可以成功，也需要大家一起推動展開。二〇一五年八月一日，伍校長調到了三地門的地磨兒國小，並且在五二〇的總統就職典禮上，由地磨兒的小朋友獻唱國歌。第一次，台灣人民聽到了展現多元聲音的國歌。

伍校長笑笑說，讀完碩士將近二十年，一直覺得夠用。如今為了讓原住民族教育走得更清楚

地磨兒國小的學生穿上原住民族的傳統服飾。圖片來源：伍麗華校長提供

穩健，不得已必須再去讀書，希望把原住民知識體系建立起來，「退休前最後一步，我去博士班要完成的是，提出原住民族的教育哲學、方法、內容，到底是什麼。」她準備再沉潛幾年，把自己裝備得更堅實。

伍校長的心裡有一個願望，「我希望每個孩子都能夠透過教育完整自己，我希望每個孩子都能擁有屬於他的課程，我希望每個孩子在課程中找到自己。我們的教育，沒有提供給原住民孩子這樣的機會。」一〇四學年度，屏東縣的原住民學校將採用原住民族課程中心的課本——排灣族本位數學教材，並將陸續推及國語、自然、英文等等。伍校長走在圓夢的路上，「很多的事，並不是一定可以成功才值得去做。」

有原住民族政策的國家經常來訪，美、加、紐、澳、日、馬，日本人讚賞之餘還想挖角校長；中國大陸的來訪最多最頻繁，國內參訪團體也絡繹不絕。沒有多餘的人力，校長必須一一親自接待，只有在下班之後的晚上，校長才有時間坐在自己的辦公桌，開始工作。

「一個原住民部落的學校，我們對孩子來學校的想像應該是：這一間部落的學校，他的老師站在台上，能用他們的語言，或者隨時用國語、英語、自己的族語，自由自在的上課，這樣的一個台灣，才是最美的一種畫面！」沒有時間細數走過的坎坷，沒有空間留給怨艾憂煩，伍校長的目光，始終堅定地遙望遠方的北大武山；築夢的腳步，不曾停下。風災後第一年登北大武山時，伍校長寫下大家曾許過的願望：「即使到平地求學，我們還會再回來，不會忘記自己長大的土地。」

來自北大武山堅毅強壯的力量，源源不斷地支撐著伍校長。於是，一抹微笑，永遠掛在伍校長的臉上，因為心裡有一個夢。

註釋：

1 屏東縣泰武國民小學官網：web.twps.ptc.edu.tw。
2 同上。
3 《站在破口中：泰武國小八八風災重建文集》屏東縣泰武國民小學（二〇一一）。
4 〈一位客家文史工作者如何變成「泰雅之子」的故事〉烏鴉撰文。影片：泰雅文化的保存—廖賢德 @TEDxTaipei 2009（tedxtaipei.com/articles/tayal_culture_depositary_liaosian-de）。

參考資料：

1 〈西班牙人的「母狗」是如何變成原住民的「錢」？從族語看見台灣古貿易世界！〉Aitu Awan（二〇一五），「MATA TAIWAN 遇見真正的福爾摩沙」（www.pure-taiwan.info/2015/05/monetary-silver-in-indigenous-languages）。
2 臉書：「什麼，你也愛台灣原住民？！We Love Taiwanese Aboriginesh」（www.facebook.com/Pure.Taiwan）。
3 臉書：「原住民族青年陣線」（www.facebook.com/IndigenousYouthFront）。
4 臉書：顏校賢 Talum Ispalidav Takistaulanh（www.facebook.com/corton.joney?fref=nf）。
5 《泰武國小排灣族與繪本系列2：會唱歌的百步蛇》屏東縣泰武國民小學（二〇一三）。
6 'Canada "cultural genocide" against First Nation', 3 June 2015，BBC新聞（www.bbc.com/news/world-us-canada-33000961）。
7 'Forced church schooling of Canada's First Nations was "cultural genocide"，半島電台新聞（america.aljazeera.com/articles/2015/6/2/canada-commission-releases-report-on-first-nations.html）。
8 〈方濟各就殖民時期教廷所為——向南美原住民道歉〉，立場新聞，二〇一五年七月十日（goo.gl/3gMDi1）。
9 〈殖民時代教會侵犯美洲原住民 教宗祈求赦免〉簡嘉宏，風傳媒，二〇一五年七月十日（www.storm.mg/article/56913）。
10 〈台灣原住民的集體人權與美澳紐加等國的比較〉施正鋒（mail.tku.edu.tw/cfshih/seminar/20050526/20050526.htm）。

雲林縣華南國小、樟湖生態中小學

——體制內的實驗教育，扭轉偏鄉的廢校命運

一行白鷺鷥低飛入綠谷，白雲攬著山腰，山上的樟湖生態中小學，正靜靜地凝視著廣闊的嘉南平原。午後的山區，經常雲霧繚繞，一縷山嵐溜進教室打個招呼，又漫步移向窗外樹梢叢林。濃霧裡的校舍若隱若現，迷濛的神祕感像是在睡夢中未醒。月夜下蛙叫蟲鳴，夜空的星星與萬家燈火遠遠互望。這所標高八百公尺的學校，被稱為台灣最美麗的森林學校。

二〇〇九年莫拉克颱風之後，樟湖國小的舊址，地基掏空，裂縫貫穿，而被列入危校，由張榮發基金會認養異地重建工程，斥資兩億的重建經費，漂亮的全新校舍位於茶園區的平台地。然而，只剩下三十名學生的樟湖國小，將由誰扛起這個偏遠山區學校的招生重任？

重建後的樟湖國中小。圖片來源：樟湖生態國民中小學提供

華南村華南國小校長陳清圳，幾年內將學生人數從二十多人翻成八、九十人；於是，擔子落到陳校長的肩上，他同時身兼兩校校長。

從瀕臨廢校，到帶動社區發展

距離樟湖國中小十幾公里車程的華南國小，當年學生人數二十三人，面臨廢校危機。「很難想像，台灣還有這樣一個地方，沒有公車、沒有自來水，更沒有診所；有的是，獨居老人與流浪狗。」這位放棄進入大校的校長，把華南國小填寫為唯一志願，堅持要改變偏鄉弱勢命運的陳清圳，於是展開了一場長年的艱辛奮鬥——不僅是進行教育改革，更帶動了整個社區經濟的活絡，進而守護這一片清淨的山川土地。

住在偏僻樹林裡的一家三代四口人，存款簿裡只剩五百元，陳校長感嘆：「學校要看得到，手要伸得夠長，否則孩子的學習會嚴重地受到家庭的拉扯和牽連。」原來，貧困的偏鄉，多數家庭生活無以為繼，「這是普遍家庭的樣貌，學校若不照顧，孩子會連上學都有困難。」要偏鄉的孩子能去上學，學校還必須要先照顧好學生家裡的基本生活，幫弱勢孩子申請助學金。陳清圳校長在進行家訪時發現，「課程必須要走入社區，走進孩子的家。」

校長陳清圳一路接學生上學，順道把各方捐助的米麵糧食，送到家長手裡，「學校除了教學，還要負起社區文化傳承，產業振興，以及弱勢關懷的義務。」校長曾用自己的講師費，貼補幫學校接送學生的媽媽當作薪水。校車司機說：「校長需要我幫忙的時候，我都會幫他，像是單車走讀或是採咖啡，需要陪騎或是載咖啡」，敘述起校長的一路幫助，三個孩子的單親媽媽壓抑著感激的情緒，眼眶裡打轉的淚水，最終還是落了下來。[1]

在這樣的偏鄉學校服務，無論是校長掏錢幫孩子買早餐，或是幫參加校際咖啡競賽的學生買幾條亮眼的頭巾打扮一下，總是不斷地有需要伸出手的時候。

罹癌負債的爸爸走進校長室，開口和校長借錢，校長動員學生跟村民去採收並義賣家長所種的橘子。南大附小王世杰老師率領學生前來協助，以及媒體披露後的各界支援，學校三年義賣了九萬多斤的橘子，處理了家長就醫費及部分債務，也讓小孩有了就學基金[2]。

被遺忘的華南村，沒有自來水，更不會有診所，獨居老人喝著地下滲出的水。生了病要走一、兩個小時下山搭公車，校長投書報紙，感嘆「政府是一道高不可攀的牆」。村民阿嬤對著前來探視的健保局官員說：「我們這裡生了病，就要忍，忍到鄰居三、四個都生病了，才一起叫一部六百元的計程車，下山去看醫生。」

設置醫療站被批准了，但學校只有一間廢棄十多年沒用的衛生室，政府沒有分文協助，校長必須拉下臉四處找錢。募到了二手流理台，還募來了地磚，由村民捲起袖子粉刷整修，重新開幕作為社區醫療站，再去把醫生護士請上山，還有人捐出二手車接送病患。義診醫生賴成宏，開車帶著藥劑師和護士，自己忍著西曬，汗流浹背，只有兩台電扇可用。他連過年都會去義診，賴醫生笑笑地指著校長說：「我是受他感召的！」醫療站成立後，隔鄉的病患都來看病，幾乎年年創下高就診率的紀錄。雖然來看病的鄉民，並不一定清楚為什麼這裡會有一個醫療站。

高就診率得到健保局的設置批准，但是縣政府無力負擔，醫療站請司機接送病患等等開銷一年約二十幾萬，卻都要靠學校去募款，長年來成為校長的一個額外負擔。

敞開學校大門，教育改革不能只在校內進行

「教育並非等同於學校教育，所以，教育改革不能只在學校內進行，必須超越學校校園，將家庭、學校、社會三者結合，而社區即為三者融合的基本單位。」陳清圳校長在《樟湖生態國中小設校計畫書》[3]中寫著。

校長認為要培養孩子健全人格，是要「對這塊土地，對這裡所有的人，有一種關照的心」，要把知識和自主能力做結合。秋天登百岳，冬天單車走讀、原鄉踏查；春天拍攝紀錄片，夏天溯溪、去駐點，展開對環境議題的探索，「心被開啟之後，能力慢慢被建構，再讓孩子專注在學習本身。」全面進行實驗教育，重新設計課程架構，陳校長說：「人跟人之間的互動，我從來不相信是靠課本讀來的。」

兩校聯合課程：小學生們自己規劃動手搭建竹子平台

剛擔任校長工作第三個月的陳清圳，從台南請來好友王世杰老師支援，帶動教室外的課程。

有六百多次校外教學經驗的南大附小王世杰老師，帶學生搭遊覽車到華南國小進行聯合教學。幾週的課程裡，從第一堂課的校園規劃開始，讓學生隨意找出在學校中感興趣的事，經過小組討論分析，找到問題，最後找出解決的方法。

華南與嘉大附小合作搭建檳榔平台，由兩校的小學生自己規劃、設計、搭建、合作完成。圖片來源：華南國小提供

南大附小的小學生已經熟悉這樣的自主課程，他們長期培養出來的觀察力，可以協助華南的孩子看到問題，並做延伸思考，同時還要準備簡報。過程中讓陳校長看見，「能力果然是被引導出來的」。簡報是場硬仗，要接受老師及同學們的提問，以強化學生的思考力，「老師所扮演的角色，除了真實經驗的擴張外，最重要的是培養抽象的邏輯思考能力，這也是學校必須扮演的功能。」

校長的新書《一雙手都不能放》，寫下城鄉兩校的孩子聯手搭建起平台的過程。綁竹竿並不容易，「因為平台搭在學校的斜坡道旁，我們的視覺往往受到坡道的影響，因此，怎麼放都不容易均勻受力。後來孩子討論後，決定拿水管來測試，才解決這個問題。」從規劃設計到預估經費，再到鋸竹子、綁繩索、測量水平、計算承載力。常常瞇起眼睛、露出兩排牙齒，開心安靜地笑著的陳校長，會瞬間收起笑容，凝神專注沉思，「看到孩子的操作，我才明白，學校所教的課本知識，充其量只是『令人眩惑的知識』。如果沒有在生活實踐，或從頭去解構，孩子是無法真實學習到抽象思考的能力。」最後，幾個相當有規模的竹子平台，在一群小學生的手上完成，幾十個孩子爬上平台合影，留下了小學時代合作完成的第一個建築作品紀錄。

以有經驗的學生帶領沒經驗的學生，跨校聯合課程，可以做有效的經驗傳遞學習。當陳校長幾年來發展出成熟的課程之後，也同樣地聯合幾所學校，繼續進行這樣的經驗分享與傳承。陳校長更進行短期交換學生，讓城鄉之間保持交流，豐富孩子的生命經驗。透過學生共學，以跨校課程發展委員會制度，彌補少子化的學習不利因素。

拍紀錄片課程：反觀自己的成長過程、用鏡頭說故事改造家鄉

挨著校長辦公桌的地上，放著一籃大小不一的有機木瓜；靠窗的會議桌，擠著幾位討論拍片

的孩子；旁邊角落有個安靜的男孩，正在專注地用電腦剪接片子；窗外的大片綠草地上，樟湖國中小的孩子在進行採訪錄影。學校請了好多導演、記者和攝影師，來教孩子拍紀錄片，讓孩子透過鏡頭近距離觀察社會。學校從計畫申請到募款，攝影機有的買、有的廠商贈送，校長看見孩子對於攝影這件事，「從起初的退縮，到後來展現自信」。

小學一年級的美玲面對課業壓力，曾經恐懼上學，小二時轉入華南國小，開啟了一條不一樣的學習之路。

美玲的第一堂登山課，想家、哭泣、一路不斷地打電話回家。然而，登山是華南每學期必修的課程。四年級開始進入原鄉踏查的紀錄片課程之後，美玲將自己在華南三年的過程拍成紀錄片，重新檢視自己，「有一回，當美玲母親深夜回家，她驚訝地發現美玲已經將家裡打掃乾淨、晾好衣服，並哄兩個弟弟就寢了。」校長始終關注著美玲的成長變化。

「現代孩子的問題，不管家境優渥或清苦，大人總是捨不得讓孩子吃一點點苦，總是要他們『好好念書』，其他事情就由大人完成。孩子理所當然地認為，除了讀書以外的事情，他都可以不用管。」華南的課程設計，除了強化孩子的自主性外，更重要的是透過磨練，強化孩子的挫折忍受度。

美玲拍攝的紀錄片，後來獲得公共電視的公民新聞獎，校長對於小四的小學生得到這份殊榮，有不同的感想，「我帶著孩子北上領獎，窗外豆大的雨滴無情的打下來，孩子，已經習慣大雨的你們，我倒是不擔心，反而較放心不下的是，會不會因為得獎，而讓你們失去謙虛的心。」之後，美玲又規劃準備兒童影展「用我的鏡頭看世界」的主持工作，在斗六展出六部紀錄片，並吸引了二百多人參加。

紀錄片獲獎的孩子，還有李俊勳、賴奕書、賴鼎元所拍攝的《當黑碰上黃》，記錄農民賣不出去的咖啡和柳丁，獲得二〇一〇年SONY「童心看台灣」數位攝影機組首獎。另一位同學曉晴拍的紀錄片《幸福車站》，是關於社區居民合建候車站，讓老人家不再日曬雨淋的故事，也獲得神腦基金會原鄉踏查紀錄片競賽的國小組獎項。

校長讓孩子去做田野調查，去訪談、去記錄。當偏鄉社區的鏡頭中，不再只剩老人和狗，蹦跳的小學生也開始穿梭其中，校長寫下他的心情，「孩子，謝謝你們，當我看到你們拿著攝影機，去記錄家鄉的每一件事，我心裡無比高興。高興社區有你們的身影，高興你們用喜悅的心去敘說故事。」

社區產業文化課程：偏鄉學校與社區不應是各自為政，而應是互相依存

曾經紅過一時的古坑咖啡，沒落之後，咖啡小農們的處境困難。華南村的四種農作物，柑、橘、鳳梨都有合作會組織，唯獨咖啡小農卻不善於行銷。

華南國小的學生到咖啡園拜訪農民，學習咖啡的栽種、烘焙、販賣，認識家鄉的咖啡文化。接著拜訪華山咖啡達人，學習種植、烘焙、沖泡的理論。他們還收購滯銷的咖啡豆，學生自己烘焙、包裝，在綠色隧道進行義賣；當日義賣所得，全數捐助日本賑災。他們為在地的小農尋找出路，「南勝阿公種的咖啡，品質很好，但是沒有人知道。學生買來義賣，大家發現咖啡的品質很好，現在他的咖啡還沒採收，就已經訂好了。」耀仁補充著，「還沒曬乾就訂走了，一曬乾就全拿走了。」

華南國小的孩子，對家鄉種植的咖啡具備很深的專業知識與操作經驗。從栽種到銷售，從咖啡豆的知識、到動手烘焙，最後專注沉穩地煮出一杯高水準的咖啡，都難不倒他們。不但可以獨當一面地登台解說示範教學，還可以參加「小小咖啡師」比賽得獎。陳校長應邀去印尼拜訪，甚至計畫帶學生出國服務與交流，「未來如果可以的話，學生可以協助當地咖啡農銷售咖啡，並將所得回饋給當地孩子就學之用。」

「學校在社區中，是彼此不可分的生命共同體，」陳清圳同時身兼兩校校長與社區發展協會總幹事的身分，很快就改變兩者各自為政的現象，「因為學校是社區中的正式組織，學校教育可促進社區發展；而社區是學校的外在環境，社區的結構，無論是人口或經濟結構，都會影響學校教育措施。」在華南村的華南國小，對於「學校社區化，社區學校化」，已經做出足為楷模的亮眼成績。

華南國小的咖啡課程，更延伸出「走讀台灣──找尋台灣咖啡地圖」的單車活動計畫。五年級的導師葉柏吟說，用咖啡這個素材，「讓孩子練習怎麼去蒐集資料，怎麼去做統整，怎麼去分工合作，回來之後，要做一篇報告出來。」更重要的是，過程中的體驗與學習。

孩子從宜蘭開始出發，拜會台灣第一家罐裝咖啡廠，然後到花蓮長濱，越過海岸山脈到玉里農場咖啡園。接著騎到台東鹿野，越過阿塱壹古道時下到海邊，親近一片淨海；再到屏東林試所、佳佐國小，最後沿著高雄、台南東山回到古坑。

「我看到孩子的淚水在眼眶中徘徊。我轉過頭去，避開了孩子的視線」，校長在書中記錄孩子們在騎單車的路途，遇到颱風下雨的種種挫折。為了孩子的成長，忍心看著孩子吃苦而不伸手，必須要有足夠厚度的愛作為支撐，「孩子，當我們踏上這一步時，我們早已被告知，此行的痛楚

溪流課程，從保育溪流開始到訓練孩子熟悉溪流特性。圖片來源：華南國小提供

必須獨自面對，我能做的，只有在背後默默地為你加油打氣。因為生命的價值，不能有任何的依附，而是透過自己的實踐去創造出來。」

公民參與：了解一個議題，深入了解後並拍攝、撰文呈現

華山村中的蝌角溪，是一段無污染的優質原始溪流，「急流、大石、瀑布以及蓊鬱的峽谷地形」，[4]乾淨清涼的溪裡有魚、螃蟹、還有各種化石遺跡，保存了豐富的自然資源，以及純樸的山林溪美麗風貌。然而，卻面臨可能會破壞環境的水泥整治工程，正值此時，校長發展出環境教育課程：「搶救蝌角溪」。

「我也知道有人不認同我的做法，他們希望

孩子在學校，只要專心在課本上，其他都不用管。」從學生時代，陳清圳就積極參與社會運動，「社會不是要培養一位只會讀書的人，然後冷漠面對一切，甚至追求自己的利益遠勝於一切。」然而，台灣社會還是停留在「唯有讀書高」的主流價值裡，陳校長孤獨地選擇了一條難行的荊棘路。

陳清圳校長是生態保育專家，看到村民朋友的嵙角溪照片之後，先從帶孩子去溪中玩水開始，再規劃出環境教育課程。課程中，學生去尋找水源的各種用途，以及各種污染水源的源頭，學生自己攝影做成紀錄片《溪望》。二〇〇九年公視【我們的島】也前來製作一個專輯「守護嵙角溪」。[5]

校長最後再跟學生講解保育課程，從自然資源污染，講到採取保護行動。從初步調查，進入科學調查；四到六年級的學生分成水生生物調查組和污染物調查組。他們發現那裡的水質雖然乾淨，但居民把溪流當成垃圾場。在學生熱烈的討論之後，孩子們最後決定召開公聽會！

公聽會上，一臉真誠的孩子生澀地演說，像是一條素樸美麗的嵙角溪，靜謐地流過會議中每位大人的心頭。小學生用自己探究後的簡報去說服大人，捍衛一條家鄉的溪流，這樣動人的場景，讓校長的眼眶泛紅，「多麼棒的孩子！他們關心起自己生活裡的事物，而且做了大人無法做到的事，這讓我多麼引以為傲！」

這些小學生做了大人無法做到的事，經過簡報並通過大人們的反覆質詢；隔年，社區居民組成「護溪巡守隊」。

「我們要求孩子不要冷漠、要有成熟的公民素養，但素養不是讀書讀來的，是要在真實情境中具體實踐出來。口號、教條、校規是無法培養一個真正關心土地、具有成熟公民素養的國民。」陳校長釐清一個重要觀念，「朝向『以生命為中心』的全人教育，不能簡化為『以兒童為中心』，因為『以生命為中心』包括孩子個體生命、他人生命及自然環境之間的圓滿完整。」過度膨脹的個人自由主義，進而忽視他人以及整體環境，最後的代價，還是要回到個人身上。

全新課程的規劃與設計才是核心，也最具挑戰性

這樣一所窮鄉僻壤逐日沒落的學校，「已經沒有存在的條件了」，校長陳清圳思考著，「如果課程沒有吸引力，就無法讓附近其他的孩子也過來，課程必須抱持很強的強度，讓家長看到這課程太棒了，寧可把孩子千里迢迢地送來。」危機就是轉機，當政府已經放手，就正好是實驗教育最佳的開展機會。

校長首先要叫醒老師一起打拚，「如果你不想過這種生活的，你可以先離開。」於是，有些

老師離開了，大部分留下來。「教育只是做知識的傳授嗎？那補習班就可以做了，為什麼要學校呢？」要進行教育改革，首先，就必須集合有共同理念的老師。校長積極進行老師的培訓，「如果老師不會、也不擅長掌握相關議題，當然就不可能培養出成熟的未來公民。」

學校每週三早上，定期召開課程討論會，針對未來實施之課程，妥善規劃，「不要忘記當下我們該扮演的角色，這角色只有自己真正知道。千萬不要只看見自己的需求，而是看見孩子每一雙伸出的手，需要你緊握的時候，你就要緊握。」

「台灣的教育界，有著猶如宗教狂熱的信仰，信仰那只要不斷地面對黑板與試卷，終究有一天會出人頭地。」決心衝撞這種文化慣性的陳校長，在學校努力地打拚每一天，「華南設計了很多的高峰課程，除了強化孩子的自主性外，更重要的是透過磨練，強化孩子的挫折容忍度，進而自我探索，並建立好的人際關係，這也是現代社會亟需的一種能力。」

新課程的設計目標，不是國、英、數、自、社，考了幾個一百分，誰拿到縣長獎；而是在小學畢業之前，孩子需要具備以下的能力：主題研究的自主經營、簡報製作的表達、物種調查的技巧、組裝與修車的操作、製作風力發電機的創意、攝影與剪輯的製作、訪談技巧與記錄、百岳攀爬的體能與意志力、規劃與自主服務、小組合作與互助、設計與面對問題創新、強化產業解說與生態關懷、送餐與老人醫療落實社區關懷、熟練環境觀察、落實行動環保。

課程設計分為幾個層次：第一、知識性的。讓學生去訪查、調查、蒐集、研讀資料，讓他們理解社區的狀況，才能認同這個社區、這塊土地；第二、探索性的。一步一腳印去追尋問題的根源、事情的本質，學校課程有個活動「家鄉小天使」，要孩子們發揮創意，幫社區解決問題。像是念故事給老人聽、老人餵食……還有放電影給老人看，「培養學生的獨立思考力，就從關心自己的家鄉做起。」

課程的核心，是以問題解決能力為主體的學習方式。無農藥柳丁長相不好，賣不出去，小學六年級的賴奕書說，「我先蒐集資料，幫黃爺爺架設網站，再打電話給記者阿姨。」隔天報紙刊登〈小學生架網頁，促銷有機柳丁〉，一萬斤的柳丁，一天就賣完了。此後，家長聞風，紛紛要把孩子送來這偏鄉僻壤的小學校就學。[6]

陳校長對於教育部推行的海洋教育，停留在看看錄影帶、畫畫圖，感到非常失望，「台灣四百年根深柢固的畏山懼海思維，長輩交代山不能去，海不要靠進，溪不能游」，華南有一位踩進海水會害怕發抖的小女生，在教練的引導下，看見了美麗的珊瑚礁熱帶魚之後，眉開眼笑不捨得離開海。「台灣四面環海、五分之三是山地，如果這些地方不能去，那我們還有哪些地方可以接近？因此我們要的是適應環境的能力。」

走出教室的課程，卻沒有想像中的輕鬆，因為挑戰了台灣保守的傳統思想，「長期以來，受到家長的『擔憂』與社會壓力，導致老師不敢放手，但是越擔憂，只會越不敢走出去，也導致部分老師在教學上面臨自廢武功的窘境。」[7]漠視傳統教育界的批評，校長堅持要「找回教育的本質和樣貌」。

陳清圳校長大刀闊斧，以五年時間逐年編修目前的領域課程，以達成課程垂直整合的目標。對於體制外學校的辦學模式有深入了解的陳清圳校長，在體制內的偏鄉學校，施展拳腳，進行實驗教學，打破體制內的傳統局限。在六、七年的實作經驗中，架構出整套完整的校訂課程，每個主題都依據年齡能力，細分出不同年級的課程達成目標。像是「原鄉踏查」，一年級是看照片說故事，到高年級就是敘說紀錄片的故事。

去摘最遙遠的星星——從環保鬥士，到拯救台灣教育

長年參與自然資源保護與環境保護組織的陳清圳，在雲林縣野鳥學會擔任理事長時，曾因

擋人財路而被威脅會遭射殺；當時的他，為了整個學會士氣，堅持不為所動，「曾經有人問我，不怕嗎？當然怕，怕死了，每天生活在恐懼中。但我相信，只要無私為公，上天會疼我的。」陳校長體悟到，想要拯救台灣到處被破壞的土地，「必須先拯救瀕臨絕種的指標物種：自然中的孩子。」

「中小學是人格特質定型的階段，這麼重要的時期，我們卻有意無意的忽略它，以至於影響國家重要的文化涵養，在中小學階段沒有真正地去實踐；面臨重大紛爭時，國家當然無法呈現文化的深度。」沒有足夠的文化素養，理性思考討論的能力不足，在意見分歧時的表達方式，最常見的就是非理性的謾罵對立。

「他並沒有什麼偉大，只是做了把威權的身分努力拿掉這件事而已，不是對我，而是對待他學校的學生們。」導演鄭文堂念國中時，因為自習課在睡覺，就被人生第一次接觸的校長對著臉一拳揍到流血。他在陳清圳校長的新書推薦序上，寫著他眼裡的陳校長，「他會跟四年級的學生辯論咖啡豆烘焙的好壞，他可以跟三年級的學生一起修補腳踏車輪胎，有時他會耍脾氣對學生說：『你那麼厲害，就讓你自己弄。』偶爾他也會認輸，因為學生對咖啡豆，真的比他懂。」

「外界想像藍天白雲、青山綠水，走進去卻是苦不堪言，很難想像十年期間飽受流言干擾、調查局調查、縣長留言版攻擊」，選擇了一條難行道路，也就同時選擇了苦難的承擔，「是的，我挺過來了。只憑著滿腔熱血和孩子的笑容，撐過生命中不值得一哂的牽絆。」[8]

童年時，那個腰上繫著繩子、插著木劍、吆喝著玩伴一起四處行俠仗義的陳清圳，如今清瘦高癯，多了一副眼鏡，依舊戴上鐵盔、騎著老馬、執起長戟，堅定地朝向風車大怪物筆直挺進……

註釋：

1 「希望工程師——陳清圳」【小人物大英雄】。大愛電台，二〇一四年二月二十四日（www.youtube.com/watch?v=eHkKLOOoCHg）。

2 「偏鄉小村熱血校長」【一步一腳印發現新台灣】。TVBS新聞台，二〇一二年九月二十二日（www.youtube.com/watch?v=rYxBc-6tC4k）。

3 《樟湖生態國中小設校計畫書》陳清圳。

4 《一雙手都不能放》陳清圳（寶瓶）。

5 「守護斜角溪」【我們的島】，公視，二〇〇九年九月二十一日（www.youtube.com/watch?v=Kzk6u9eehQ）。

6 「上學的路」【紀錄台灣】，中天新聞，二〇一一年三月五日（www.youtube.com/watch?v=t6nWNlZwjMo）。

7 同註4。

8 陳清圳臉書，二〇一六年三月二十一日。

台北市蘭州國中

——一所讓弱勢家庭得到依怙的國中

大龍峒是台北市最老的社區聚落之一，晚於艋舺而早於大稻埕。二、三十年前，仍是來台北討生活的外地人，殺豬業以及菸、賭、毒的聚集地。因此，位於台北市大同區大龍峒的蘭州國中，也曾是台北出名的流氓太保學校。學校目前約有兩百名學生，其中八成的學生來自低收、單親、失親、隔代教養家庭，雙重弱勢或清寒家庭的比例，在全台灣中學裡名列前茅。

校長陳澤民為了募款四處奔波求助，這份額外的工作，需要承受各方異樣的眼光。陳校長要為大約一百個孩子，募出餐費；為無錢念書的孩子，發放獎學金資助念書。雖然台灣善款經常匯出到各國救濟貧困，但是，台灣首善之都的台北市，卻有因生活困難而失學的孩子，長年接受一

學生夜間留校讀書。圖片來源： 陳澤民校長提供

所學校的支援，維繫著年輕的生命對於未來人生的些許憧憬。

主動與社區溝通互動，並進行鄉里服務

「有一個家庭的門牌號碼，我們繞來繞去，幾次都無法找到，」陳校長和導師們親訪每一個家庭，確實了解每個孩子的家庭狀況，「最後，原來真的就是那個資源回收場！」紅著眼眶的老師說著，「可是那孩子每天都穿得乾乾淨淨，看起來快快樂樂的上學，完全沒想到。」

生活在今日的台灣城市，已經不容易想像，「家長說家裡沒有書桌，不適合讀書，我心想沒書桌總有床吧」，後來老師到了學生家裡一看，「一個五、六坪大的房間，擠著一家四口，使用公共浴廁，所謂的

床，上面也堆滿了雜物，連睡覺都只能在角落裡蜷縮著。」

為了替學生爭取讀書機會，不願意學生失學，校長親自跑到學生家，站在家門外，向無法供應四個孩子讀書的父親，大聲讚揚孩子在學校的表現如何又如何優秀，好讓左鄰右舍也都能聽見。在繁華喧囂的台北市區，有人在默默地為貧困失學邊緣的青少年拚搏，「拉拔一個孩子就是扶持一個家庭，」陳校長說，「我們的信念從未改變。」

陳校長上任的第一年，對外帶著主任們和家長會跑遍學區十個里和四所國小；對內又和家長、學生及導師至少各有一場溝通座談。校長把學校對學生指導照顧的努力，以及學校辦學的理念方針，讓社區家長知道，也努力澄清以往社區對學校的誤解。態度誠懇，提出實證，並且結合十二年國教的轉型，這些溝通逐漸獲得社區正面的肯定與回響。

「社區對學校的成見仍然存在，但已經逐漸淡化」，陳校長感到安慰，「上次畢業典禮，幾位里長還送了花圈來，足感盛情。我們也接收到不少家長對學校的肯定溢美之詞，著實令人振奮。」不僅如此，有些里長更開始提供各種資助，陳校長成功地開啟了學校與社區的良性互動。

學校在節慶時辦感恩活動，定期帶領孩子走入社區公共服務，或認養公園花圃、打掃環境，或藝文展演、探訪銀髮族等等，養成孩子感恩與回饋、願為他人奉獻付出的態度。「孩子得之於人者太多，我們常教孩子要惜福感恩」，校長不斷地建立起孩子回饋的觀念，「已經有孩子跟我承諾，將來願意擔任助人的志工，回饋給曾經幫助過他的人，讓我好生感動。」

蘭州國中每位教師平均照顧七位學生，一般國中則為十五位。學校的老師對於學生的輔導，分成生活照顧及學習進路。照顧弱勢學生，主要分成生活輔導、學習輔導、進路輔導、生涯輔導四個面向；進路指升學、生涯指職涯。蘭州國中的老師，就是學生在學校的父母，生病了帶去就醫，錢繳不出來就先代繳。學習方面，學校關照每個孩子，奠定品格基礎，以基本學力為經，以技職教育為緯。

豐富的「多元能力開發教育」課程規劃

蘭州國中的「多元能力開發教育」，不同於其他傳統學校。各體制內學校，雖然同樣向教育局提出「多元能力開發專案」申請，但為了盡量不影響正常課程的上課時間，通常一週都只有排一兩節多元課程。蘭州真正落實了「多元能力開發教育」，一〇一年度下學期的「多元能力開發教育」課表上，每天從第二節到第七節課，密密麻麻地排滿了各類活潑多樣性的課程，打破一般傳統學校以升學考試為主，無餘力或意願安排多元課程。

「我們有個學生，平時上課就睡覺」，曾寫過關於「多元能力開發教育」的論文，全心守護學生的輔導組長陳韻琇老師細數著孩子，「後來發現他在舞蹈的表現優異，上起舞蹈課來精神抖擻，判若二人。」蘭州國中的「多元能力開發教育」行之有年，雖然僅是提供更寬廣的學習機會，但確實已經為僵化的課程注入新的活力。

學校社團除了管樂團之外，還有日語、空手道、拳擊、跆拳、童軍、吉他、非洲鼓等；課程有外籍教師英語資優班、全民英檢班、作文班、全美語夏令營、魔術營、籃球營等；多元能力班有烹飪、樂器、舞蹈、美容美髮、民俗技藝。多元評量的方式，是教孩子分工完成心得寫作、簡報、短片、短劇或相聲，上台發表或表演。蘭州國中努力發掘孩子的興趣和專長，讓孩子學習組織分工與協調合作、良好的人際溝通互動、條理清晰的口語表達等能力。同時，參加國中技藝教育學程、實用技能班，表現優異者可免試直接入學。

放學後沒有去補習班的學生，學校希望孩子能盡量留校自習，不要在外遊蕩。學校做全校普查，校長期待「盡量說服家長，同意學生留在學校晚自習，不要因為家庭無法輔導，而讓孩子四處遊蕩。」晚上六點到八點半，校長留校，行政人員受精神感召，陪班沒有加班費，不是為了拚升學，而是為了照料孩子，輔導孩子完成作業；或者參加夜間讀書會，閱讀些課外書籍。日前進行狀況良好，大約有三分之一的學生晚上留校。

不一樣的蘭州傳統：畢業生的回饋

每天晚上，都有正就讀各大學或研究所的畢業校友，在學校陪學弟妹讀書，「不記得有多少夜晚，看到各位的身影，或是坐在學弟妹身旁，為他解答課業難題，或是巡走於座位間，關心他們的學習狀況。我也常看到憨厚的小學妹，捧著習題，蹦跳地跑去找你們求助，類似這種情景，深深印在我的腦海中，讓我覺得溫暖安全、放心安慰。」

陳校長在一封給各大學校友志工的感謝信裡寫著，「你們下課沒有急著趕去打工賺錢，沒有去夜店跑趴，反而急著趕到學校照顧這群學弟妹。各位！我感到好榮耀！與各位共事真是幸福的事。」幾乎沒有聽過有哪一所國中，每天至少會有五位就讀大學的畢業校友，主動排班輪值回國中母校，陪學弟妹夜間讀書，「人間若有溫暖，窮苦孩子若能長進翻身，老舊社區若能向上提升，其中顯然就有各位的奉獻。」

學校的夜間讀書會，邀集就讀台大、政大、台北大學、中山、景美及北市商畢業校友幫助在校生養成閱讀習慣。「我每天晚上巡堂，就會看到學長姐坐在學弟妹旁邊教他們，」校長對於這樣的蘭州傳統，既驕傲又感嘆，「而我卻連個晚餐或交通津貼都沒辦法給人家，只能期末請他們吃個飯。」

回饋，是陳校長堅持的教育理念，也讓蘭州國中的學生從畢業校友的身教中學習。一位回來學校夜間陪讀的校友表示，會讓他想回來當志工的動力是：「永遠記得當初我在學校就讀時，老師一直陪在身邊支持我、鼓勵我，有問題、有困難，隨時都可以找到老師傾訴，得到協助，老師從來沒有否定我。」一位校友曾經受到了照顧和感動，所以願意來學校回饋給學弟妹。

蘭州國中與師大、東吳或畢業校友合作進行補救教學，採二至四人的小班制，共開設十三個班，免費加強落後課業。另外，與中華基金會的合作專案，由中華基金會天使家族的七、八位天使志工，進行課業輔導，並建立網路社區熱烈交流，紓解學生的心情；又舉辦各種活動，互動頻繁。這些志工將陪伴孩子，到高中畢業，甚至大學畢業。

另外，由蘭州國中的畢業校友，包括清華動機系、政大數研所、教育大學心理系、東南科大室內設計系的學生，組成的大專青年返鄉服務工作隊，每週六回蘭州國中開設單車社、手工藝、數學營等等課程，提供學生及社區人士，全程免費參加。

蘭州國中的管樂團與田中高中進行管樂交流。圖片來源：陳澤民校長提供

星期六的上午學英文，下午學管樂。學校想辦法解決處理樂器及聘師等問題，還拜託孩子學管樂，「這裡的孩子，普遍害羞、內向、缺乏自信，學音樂，可以為孩子找到一個情緒的出口。」

目前全校有五十幾名學生參加管樂團，管樂團每年至少會公演兩次，其中每年七月固定舉辦一場感恩音樂晚會，以感謝各位校友、社區鄉親，以及各界公益團體對學校孩子的贊助與鼓勵，「曾經有一次在圓山飯店的演出經驗，讓孩子都感到非常振奮，他們都是第一次進圓山飯店」，校長高興地說。校長甚至希望有朝一日，大同區不是文化貧瘠的藝文沙漠，而是禮樂文化之區。像這樣頗有規模的管樂團，在一般傳統學校是稀少的，而它卻在一個弱勢學校中漂亮地茁壯。

學校又為拳擊隊爭取經費，隊員共有三十八位，七成是低收家庭，其中有四位國手。拳擊隊員未來有機會保送公立高中，甚至大學。校長經常對拳擊手說，「運動員最重要的就是品格，如果品行被質疑，運動生涯就結束了。」

國三的學生未來升學的問題，學校動員導師、教務主任、輔導主任、輔導組長、註冊組長、其他教師，拿著孩子的性向興趣測驗資料，採取一對一的和家長懇談方式，談到晚上十點多。讓家長充分了解自己孩子的性向、興趣與表現，以及可以有些什麼樣的升學選擇機會。

扭轉「流氓學校」成為「品格教育深耕示範學校」

募款雖然不是一位校長的工作，但是校長煩惱著如何為低收、中低收入戶及家庭困難的孩子，供應免費午餐。陳校長甘願彎下腰、看人臉色，讓參與社區生活營及夜光天使計畫的孩子，有早晚兩餐可以吃。「我們希望能結合四個扶輪社，每個一年提供二十萬，就有八十萬，可以供一百個孩子吃一年。」陳校長細數每一筆募款，可以解決些什麼問題，宛如一家之長，張羅著全家人的溫飽。

蘭州國中提供的獎助學金高達三十五種，如台北富邦、中華基金會每月提供獎助學金等等。「我們的獎學金，不只是發給成績最好的，也發給進步最多的，學習態度最好的。」校長四處募來的錢，有些就直接幫助家庭，「進入我們蘭州國中，就是我們自己的家人」，有些獎學金，甚至會一直提供到大學畢業。蘭州國中從一〇〇年度開始頒發學生各種獎助學金，達兩百多萬元，「我們希望捐款的對象，是能建立長期的合作關係，不會因為換校長而停止。所以希望他們能先前來學校進行了解，知道學校在做什麼。」對於學校所有的規劃與制度建立，陳校長總是從長計議，在法令規定的校長任期內，為蘭州國中打造出最穩固的金援系統。

前任校長施台珠經過六年的努力，全力扭轉蘭州國中，接棒的陳澤民校長，再接再厲；今日的蘭州國中峰迴路轉，成為一所「沒有流氓的學校」。不僅如此，一〇一學年度，教育局核定蘭州國中為大同區第一所額滿國中，百分之六十的學生進入公立高中。同時，一〇一學年度高中職免試入學的錄取率百分之百，高居全國第一！並連續三年蟬聯「全國品格教育深耕示範學校」。

回到教育的本質

「我們鼓勵孩子念社區高中」，幾乎沒有哪個學校的校長，不是希望自己學校能考上建中、北一女的學生越多越好。顯然，陳校長並沒有隨波逐流，始終堅持以學生為本位的良心教育，「念社區高中，不需要像明星高中一樣全力拚功課，就可以有一些時間發展自己的興趣，參加一些活動，而且，還有機會做一些回饋服務的事。」

作為一位真正獻身教育的人，並不願意看見自己教育出來的學生，只是朝著建中、台大、美利堅，成為自私冷漠，效忠他國的人。然而，在台灣，這種堅持非主流價值的教育工作者，卻不易被大眾接受。

「我是弱勢家庭出身，雙親不在身邊，借學費借到高中。」陳校長笑著說：「像我這種比較笨的人，就只會讀書」，最後就讀了師大。「我人生一路上都遇到好老師，國中老師還陪我們讀書讀到晚上十一點。」陳校長受老師的影響很大，還在士林國中任教時，接到國中老師的一通電話，希望他到北投國中幫忙，他就去北投國中了。後來，應蘭州國中努力了六年的前任校長施台珠的邀請，也想來為這裡的孩子做點事。陳校長印象最深刻的，是前麗山高中鄭顯三校長的話：「視他人子弟，若自己兒孫。」

走進蘭州國中的校長辦公室，似乎回到台灣三、四十年前的時空。除了陳舊堪用的簡單木頭桌椅之外，四壁再沒有什麼亮眼的擺設了。堅毅而內斂的陳校長，攤開手上的資料，細心關注著兩百多名孩子：每個人能申請到什麼樣的補助款項，還有誰的家庭需要更多的照顧……

一位沒沒無聞的校長，沒有任何獎章的光環，甚至沒有人想去了解，他為何要選擇這樣一所

那些在青春網的日子

最保守形象的廣播媒體，推出最前衛的西洋音樂頻道！
「中廣青春網」她從青春出發，劃出一段無法被取代的集體音樂記憶。

中國廣播公司董事長**趙少康** / 作家、媒體工作者**蔡詩萍** / 廣播人**馬世芳** 專文推薦

中廣青春網，不只是當時中國廣播公司的變革，也更新了那一代的耳朵，搭起年輕人與熱門音樂的橋梁。

當時由陶曉清小姐出任總監負責整個媒體的規劃和營運，讓青春網成為台灣廣播有史以來，第一個長達12小時連續播出熱門音樂的頻道。

中廣青春網的DJ也都是一時之選，如周華健、哈林、黃舒駿、黃韻玲、鄭華娟、鄭開來、蘇來、朱衛茵、袁永興……這個實驗性質十足的頻道，還找來一群創意十足的企製人員，首度引進「call in」直播，玩出許多創意。

這些DJ和特別的企畫小組，一新節目型態，讓聽衆覺得新鮮，在沒有串流音樂的年代，廣播電台就是音樂最即時的發聲舞台，而透過青春網播放的R&B、Jazz、New Age、Adult Contemporary……更是不少人的音樂啓蒙，音樂的選擇不再貧瘠。

這樣的青春網無法複製，她帶給那一代人搜尋另一種聲音的新選項，與類比時代最有趣的音樂體驗。

作者 陶曉清

1965年進入中國廣播公司，次年開始主持熱門音樂節目，推廣校園民歌，成立「民風樂府」。1995年和許多音樂工作者成立「中華音樂人交流協會」，擔任第一、二屆理事長。2000年獲金曲獎「特殊貢獻獎」的肯定。2008年七月自電台工作退休，投入帶領讀書會與成長課程。目前是中華音樂人交流協會的常務理事，並帶領各地心理諮商課程。

定價380元

的世界

，凶殺案、私酒橫行、密謀炸毀堤防的耳語在河畔小鎮騷動。
話的末日書寫，重現1927年密西西比水患的時代故事。

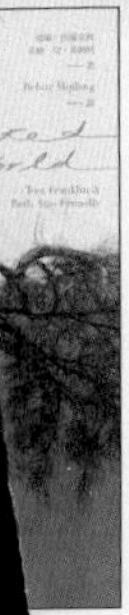

淫雨連綿，密西西比河暴漲，即將潰堤，吞沒洪流行經的一切——城鄉、糧食、生命，包括兩名聯邦探員，罕和英格索。他們化身爲工程師來到哈醣泊，調查另外兩名探員失蹤案、追緝私酒，與監控堤防的動靜。

他們在途中意外闖入一處犯罪現場，發現一名棄嬰。探員英格索本身便是孤兒，由修女養大，他決心爲棄嬰找合宜的家，從而遇到荻克希——美麗、強悍的女子，年紀輕輕便嫁給一名登徒子。荻克希親生的幼兒死於暴病，因此熱切撫育眼前可愛的嬰兒。愛情在世界末日般的艱困環境下滋長，但英格索不知道荻克希竟是哈醣泊最傑出的私酒釀造師；
格索溫柔正直，但她深夜匿身酒寮蒸煮私釀時，卻總提醒
不能信任的敵人……

的詩意，並訴諸高密度的意識流手法，呼應威廉·福克納
的風格，但又經營出自己獨特的節奏和韻律。女人荻克
跋涉，行經密西西比州慘遭洪水摧毀的鄉鎮時，作者的
寫，較諸戈馬克·麥卡錫（Cormac McCarthy）最好的

（Tom Franklin）
狄金生市。1997年取得阿肯色大學創作碩士學位。他的
oachers》獲得1999年艾倫坡獎，並獲選《君子雜誌》的
11年以小說《Crooked Letter, Crooked Letter》獲得英國
洛杉磯時報最佳驚悚小說獎。目前任教於密西西比大

th Ann Fennelly）
州大學藝術學程碩士班，並獲選爲年度文科傑出教師；
作」，出版過三本詩集。

鬼計

毫無犯案證據的高智商嫌犯VS.邏輯嚴密的通靈警探
如果現世的正義混沌不清，是不是有另一個世界的正義可以追求？

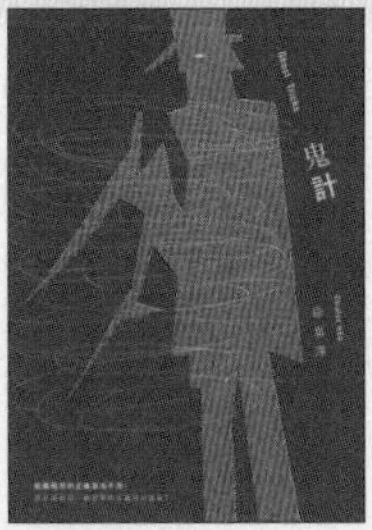

知名金控公司總裁的太太倒斃在家，由家裡的攝影機錄影顯示，死者是受到不可見的外力扯離床鋪後，頭部受重擊而身故，其住處的社區謠傳得沸沸揚揚講述各種見鬼的傳聞。

負責偵辦該案的小馬是個富有邏輯推理能力的警察，他不相信這是鬼殺人事件，決心細密地偵辦到底。但是小馬之所以不認爲這是鬼殺人，並非因爲他只相信科學辦案，而是他認爲若眞是鬼殺人，不會如此大費周章，而且這些設計處處在設法使人脫罪。但嫌疑最大的人，偏偏什麼線索都連不到他身上，沒有任何確切證據可以指控他，小馬感覺到兇手的挑戰意味。更何況，小馬沒跟其他人說的祕密是，他眞的看得到鬼，而且死者的亡靈也來找他了……

作者 徐嘉澤
小說家，高雄人。他得過不少文學獎，但同時也寫類型小說。出版過：《下一個天亮》、《秘河》、《詐騙家族》、等多部小說，作品也正改編成電影中。
定價300元

最後的安慰（即將出版）

獨立音樂人以橫空出世之姿創作首部小說作品，
架構出人類經歷末世並重新創世如寓言、如神話般的不凡歷程。

林俊宏　攝影

《最後安慰》故事中呈現兩個世界，一個是邁向毀滅的世界，一個是自毀滅中重生的世界。毀滅的世界科技登峰造極，但自然已然衰亡；新生的世界循著舊世界的發展成長，漸漸再次走向抉擇的岔路口。邱比的清新筆調如詩、如寓言、如神話，書寫人心的神性與魔性，觀照當下，預想將來，架構出人類經歷末世重新創世的輪迴歷程。

作者 邱比
1991年生於台北的獨立音樂人，自2013年起已發表13張網路概念專輯與兩張實體專輯。邱比主要以平板電腦爲音樂創作工具，音樂前衛具實驗性，有著空靈、內省的靜謐風格，打破常人對於電子音樂的想像。本書爲作者創作的第一部小說。

好康大放送

因為5本全數到齊了，同事們努力一起發想贈品…
是要做筆記本？還是？

→ 可代表：

1. Brainstorming
(腦力激盪)

2. 看稿看到眼花
(一切都是假的)

3. 漣漪：一圈圈
擴散出去的平靜
和快樂、淡淡的

就用樸素又可愛的限量小提袋，
把5本《怎麼X》一次提回家吧！

***神秘消失的筆記本
在此，請大家享用或
依個人需求、隨意改
編～

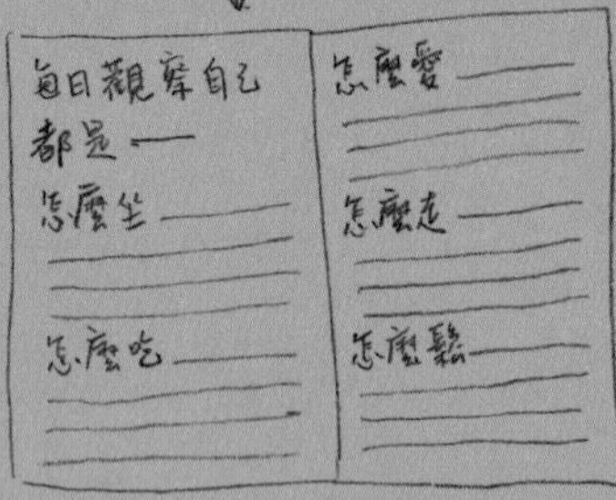

大塊文化新書推

綠島家書

在火燒島上，在孤獨之中，
楊逵在簡陋的筆記本一字一句印刻他與

作家楊逵1949年因
多字卻換來十二年
就他在綠島服刑
說。我們看到的
尺，在獄中的
書是他繫獄綠
個子女）卻未
絮叨叨地流
家變的家人
家四散，
境和沉重
少時就失
的精神，攜手扶助走過這一段悲苦的

在綠島的思想管訓中度過漫長的
讀、思考、寫作。這些獄中家書
楊逵過世一年後，才由有心人
稿，沉埋二十年的楊逵心事，

作者 楊逵

本名楊貴，1906年生於台南新
受噍吧哖事件的影響，民族
思及無政府主義影響甚深，
選東京《文學評論》，爲台
新文學》。七七事變爆發
灣社會重建與文學參與，
遭國民黨政府判刑12年。

一生爲人權奮鬥，不畏
後人譽爲「壓不扁的玫
品曾被收錄於國中國文

定價300元

■大塊文化保留所有出版訊息更動之權

醉倒的

水患蔓延
以宛如童

狄克希雖然覺得英
自己，英格索是絕

作者筆下蘊藉豐富
（William Faulkner）
希和男人英格索駕舟
文字是傑出的末日書
文字，毫不遜色。

作者 湯姆·法蘭克林

生長於美國阿拉巴馬州
第一本書短篇小說集《P
「最佳小說新人獎」。20
犯罪作家協會金匕首獎、
學的創作碩士學程。

貝絲·安·菲納利（Be

詩人，曾任教於密西西比
作品三度入選「美國最佳詩

定價320元

禪師過日常】

由知名插畫家王春子所繪，
驗日常各面向的單純與美好。

往忘記日常生活中行、住、坐、臥是什麼滋味。本系列用不
的簡短段落，讓人在紛擾的世界中，隨時隨地，念念清明。
非常直觀，從聆聽、感受下手，講的是一般人都能體會、
其是被忙碌生活節奏拉著走的都市人，更能在一切回歸簡單
自己，碰觸生命的肌理，實實在在感受生活的喜悅。全套5
體會一行禪師的日常禪法。

Thich Nhat Hanh）

十六歲在慈孝寺出家，爲臨濟禪宗第四十二代、越南了觀禪
960年赴美普林斯頓大學研讀比較宗教學，並於哥倫比亞大
學。持續推動反戰運動。1967年，美國黑人民權領袖馬丁・
角逐諾貝爾和平獎。1973年越南政府取消他的護照，自此離
。目前住在法國南部的禪修中心「梅村」（1982年創立），
世界各地帶領禪修活動，宣揚正念生活的藝術。他是目前世
之一，教導正念禪修長達七十餘年，暢銷作品包括《幸福》
給地球的情書》（Love Letter to the Earth）。

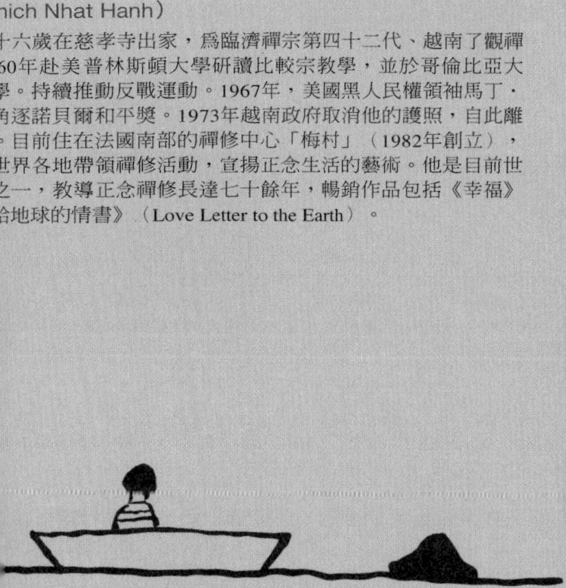

【跟一行禪師過日常】系列就要出齊了！

時光荏苒……
從去年初識這套5本的小書，買下版權後邀請知名繪者
春子小姐繪製插畫，先出《怎麼坐》《怎麼吃》2本，
已悠悠過了一年。

這一年也不是就這麼過去啦。
剛開始，心裡不禁想，哇！難得手上有字數這麼少的書啊！
但其實，和譯者、繪者們溝通等前置作業，來來回回花了
不少時間呀。

加上送審譯文、送審內頁圖文完稿，內部
討論封面、送審封面 → ×5本
（不過去年已完成2本，今年3本的運作自然順暢許多、
謝謝幾位合作伙伴及同事的鼎力相助。

→ 甲骨文。
因為不會畫，
有點像貓？

但願每位讀者在展讀時，
順著禪師的文字觀察自己
的身心反應，在線條沉靜
自在留白的圖畫裡，棲息一下～～

只要幾本小書在手，就能跟著禪師的腳步，簡單品味
每一刻的美好，實在太幸福了！

（以上純屬編輯碎碎念、手拙塗鴨無涉書中插畫作品！）

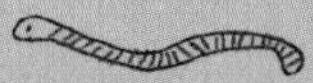

台灣教育的另一片天空

台灣民間實驗教育二十年的里程碑

系統性導覽二十多個不同形態的實驗教育辦學機構、團體

台灣的民間實驗教育一路走來孤獨無援、艱辛困頓，卻始終堅定不變。各實驗學校一、二十年的實驗成果，始終是體制內教育的重要領航。從最初政府的反對阻止，到現今政府的向民間求教，不但撼動了台灣百年的傳統教育，連東亞各國也為之驚艷。本書側重值得與外界分享的各校實作經驗，而不在詳述辦校過程與全貌；書中各學校團體之間，各自秉持的教育理念與實作方式，有同有異，由於有差異懸殊的背景，本書希望自然呈現一個社會結構的多元面貌，在不同層面下的不同思考與不同需求。

作者 果哲

果哲在海外生活十多年後，由於考量孩子的教育問題，於2000年返台定居，然而，十多年來，兩個孩子的教育環境不斷地調整，體制內、自學、體制外、國外交換學生，果哲隨著孩子變化的腳步而對教育持續觀察。出書之前的工作，是照顧自家的孩子；出書之後，希望能開始關心別人家的孩子。

定價350元

破繭重生的美麗

任何狀態或情況，都實現自己的美麗。

這是一部意義非凡的攝影集，由宣導臉部平權的陳美麗和彩妝造型師馬家駒共同策劃。十位顏損傷友分享了他們動人的生命故事，將身體上的疤痕、心靈的創傷攤開在陽光底下，癒合的傷口印證了他們如何重新融入社會，堅強、勇敢的一面。彩妝造型師透過每位傷友的經歷與傷疤圖案進行彩繪設計，轉化成獨一無二的藝術創作；透過攝影師的鏡頭把他們或莊嚴神聖或搖滾龐克等形象捕捉下來，藉由一幅幅的攝影作品，散播希望與珍愛生命的訊息。

策劃人 陳美麗 曾獲頒身心障礙金鷹獎、國家總統教育獎、生命奮鬥獎、全球熱愛生命獎章等的肯定。

馬家駒 業界知名婚紗公司與藝術寫眞造型公司的特約指定造型師。

定價280元

政治工作在幹嘛

從街頭到體制，從抗爭到參與

15個年輕人的政治告白，新世代

他們平均年齡
族群認同經驗
已歷經無數的
年輕世代進入
以跨越黨派的
實與想像的落
並非一時的
見得長得像
除了參加社
關心政治的人

我只是希望
得更快樂、更自在、更平等。然而，這個

想要改變社會的人，必定要承擔別人不
得一件事：我們要樂觀，我們要對未來有
一點點。——范綱皓

對我這樣一個懷抱著讓台灣更公平正義
言，尋找可以讓自己實踐理想的位置，

我們或許認識了個別的社運議題，但那
入地說服大眾，做出改變，靠的不是課
什麼華麗的詞藻，而是更細緻地調查和
——陳爲廷

我相信人人心中都有一個一百分的世界
個對理想的想像。如果目前的現況是零
圖像，大聲疾呼。——曾柏瑜

作者 呂欣潔 ／吳沛憶／吳哲希／吳
／陳為廷／許韋婷／曾柏瑜 ／張慧
Savungaz Valincinan撒丰安．瓦林

定價380元

【跟一行

繁體中文版插圖
陪伴讀者重新體

忙碌的現代人往
囉唆卻發人深省
一行禪師的方法
理解的方法。九
的過程中，找到
冊，完整收集，

作者 一行禪師

1926年生於越南
師第八代傳人。
學、康乃爾大學
路德．金恩提名
開越南，流亡法
由僧俗弟子協助
界上最著名的禪
（Happiness）和

多苦難的學校。然而，一個人內心燃燒著不止息的火炬般熱情，能將一間簡陋的辦公室，照耀得金碧輝煌，莊嚴而溫煦。

品格英語學院

——台灣企業家投身教育事業

台灣行銷全世界的HTC手機，是由創辦人卓火土帶領宏達電，躍登國際舞台。但是鮮少人知道，HTC就是卓火土的英文名字，在業界人稱HT的卓火土，曾經是科技界的佼佼者，卻於二〇〇五年八月就早早退休了。「他離開HTC，說走就走，毫不留戀，曾引起台灣科技界一陣譁然」。[1]卓火土一轉身立即投入台灣教育界，默默地辦起了教育事業。

在荒漠中建起水庫

注意到品格惡化的問題，宏達基金會董事長卓火土一直覺得，應該有人會去做點什麼事；但

2011 年 3 月，嘉義縣品格英語學院蒜南分院加入行列。圖片來源：《自由時報》提供　蔡宗勳攝

是品格教育在台灣的學校中已經被遺忘，因為考試不考，不用浪費時間，大家一致深信無疑的目標，就是如何把考試分數提高，拚到睡眠都不足了，其餘更不重要。很少有人去注意學校裡差不多都退場的品格教育，更鮮少有人關心天天為了一、兩分而強化競爭的教育，將為社會培養出什麼特質的公民。最後淪落到，只有少數宗教團體在辦夏令營時，教教品德課程。

而台灣社會對品格教育採取行動的非宗教人物中，大概只剩下這位等了很久等不到人、就自己跳下去一肩扛起的卓火土了。

卓火土親自走訪台灣超過二百五十

所學校，又赴美國訪查，最後有了一個美麗的願景，「人人有好品格，彼此尊重與扶持，讓地球可愛起來。」宏達基金會底下的宏達社福慈善基金會，開始在教育體制外，建立起培養品格、學習英語的園地——「品格英語學院」。而學院的落腳點，都是在台灣各個最困難的縣市：

二〇〇八年四月在花蓮創立全國第一所「品格英語學院」，位於國立花蓮啟智學校美崙校區，服務花蓮十三個鄉鎮。

二〇一〇年八月在雲林國小成立「品格英語學院」，服務雲林沿海及山線，共十五個鄉鎮。

二〇一一年三月在嘉義六腳鄉蒜南國小閒置校區成立「嘉義縣品格英語學院——蒜南分院」。

二〇一三年六月在台東市仁愛國民小學校區，簽訂三十年的合作契約，台東的「品格英語學院」於焉成立。

二〇一六年夏天在南投水里國小玉峰分校，開始第五所「品格英語學院」。[2]

「品格英語學院」與當地縣市政府的教育處合作，由教育處發出通知，邀請各校小學四年級的學生參加，有些學校已經會固定送小四的學生去參加課程。每一梯次五天四夜，學院請客運巴士去學校接送學生，所有的吃住等等一切完全免費。「品格英語學院」一整年的每個梯次，都安排得滿滿的，必須提早一個學期開始報名。花蓮、雲林兩所學校每年都分別接待逾七千名學童，普受好評。五所學院，每所每年都各得投入至少上億元的經費。

五天四夜三十個小時沉浸式的密集學習、班級經營、師生相處、住宿生活，都以品格教育為主軸。採用「六E」教學策略，以「強調、要求、讚美及糾正」的方式進行，讓孩子充分感受好品格的重要，並承諾做眾人的好榜樣。生活照顧上，有營養師調配的三餐，基本生活所需一應俱全，孩子要自己練習洗衣服，每天晚上八時十分至九時二十分打公用電話回家報平安。

「品格課程」以中文授課，內容包括：

五個重要品格——專注、尊重、負責、誠信、感恩。

兩個重要態度——正面思考、自信。

一個處理情緒的重要技巧——品格一二三。

一個實作練習——小記者。

品格一二三是：一，「停」。在做任何回應之前，先穩定自己的情緒；二，「想」。皆以好品格及正面思考為判斷準則；三，「做」。做出最合適的選擇。孩子們學著比三個手勢，技巧地加深「停、想、做」的印象。若孩子能從小培養起好的習慣，未來的台灣就有希望改善現今社會上情緒式的各種非理性衝突對立。

十二堂由外籍老師上課的「英語課程」，內容涵蓋多樣化的生活主題。透過生活常用對話、歌曲教唱、電影欣賞、分組遊戲、短劇演示等型態進行，「讓小朋友喜歡英文，確實讓每個小朋友大方熟練開口，是我們最基本的目標」，讓孩子們上台說話，是課程中一個重要的練習。

在教學策略上，採用美國波士頓大學教育學家瑞安（Kevin Ryan）品格教育的六E策略（"The Six E's of Character Education", Ryan, 2006），榜樣（Example）、解釋（Explanation）、勸勉（Exhortation）、環境（Ethical environment）、體驗（Experience）、期待（Expectations of excellence）；在教學原則上，以培基文教基金會的「強調」、「要求」、「讚美」和「糾正」，來幫助孩子品格養成；在教學過程中，以卡內基的模式來引導小朋友自信、大方的表達；同時參考體驗教育的精神，讓孩子在活動的過程中，有更多的自我體驗，使認知的概念能具體化、生活化。[3]

孩子們在網站上的留言，表達了對老師的感謝，還有自己的心情，「我最喜歡上英文課，因為老師會陪我們玩遊戲，還一邊教我們英文單字和句子，使我每天都抱著喜悅的心情上課。」「從原本的害羞到一天比一天更有自信，也勇敢的挑戰上台報告，我真是太高興了。」「您下課會陪我們玩桌遊，上課時會指導我，在宿舍會陪我們聊天，吃飯時會幫我們盛飯，所以我要謝謝老師。」

阿德勒心理學（Adlerian Psychology）強調童年生活經驗對人格發展具有重要影響，由於該學派具正向積極的人性觀及處遇作為，可謂最早的正向心理學。自二〇一一年起，宏達基金會每年都邀請美國密蘇里大學聖路易分校，教育學院品格教育講座教授馬文・柏克維茲（Marvin Berkowitz）來台帶領品格教育工作坊，柏克維茲提出品格教育黃金定律 PRIME 原則，作為學校推動高效能品格教育的關鍵依據。「阿德勒與馬文皆強調教育者應發展孩子的內在動機去活出好品格，而非採取外控手段去增強孩子的好表現，常見的外控手段包含物質獎勵、懲罰等。」[4]

從學院離開的孩子們留下了許多美好的回憶：

「真希望可以一直待在那裡。」

「老師，我好想要再參加一次品格營，好想好想再參加一次。」

「我好想把時間倒轉喔！！！」

「老師，我好想你們～～～～～」

「我好想回到那時候喔。」[5]

起而行的力量

卓火土說：「上課的感動是有時限的，一個品格教育的組織文化至少要十年以上才會改變，也才能深入的影響周圍的環境。」品格英語「學院」，而不是稱「學校」，帶來了想像空間。除了小學四年級的孩子，輪流進入學院進行「另類補救教學」之外，「品格英語學院」還有開設校長班、教師班和家庭營，「歡迎國內各級學校校長，號召品格教育領導團隊踴躍報名參加」，展現對於未來進行全面改革影響的壯志。學院並推出「磐石教育施行計畫」，「以贊助方式協助學校、家長及鄉鎮市推動品格及建立核心價值的文化。期望透過『磐石教育施行計畫』，陸續與全國各地有識之士，一起推動品格相關訓練與活動，培育及建立可行模式，為社會的穩固基礎與道德的提升共同努力。」

新竹市的竹光國中，以品格教育為立校之本，長期以來學校採取系統性的方式在推動品格。早期竹光經由親師生的投票，選出二十四個核心指標，成為品格方案的主要架構。竹光國中於二〇一五年八月，參與基金會舉辦的第四屆品格教育暑期學院（Summer Institute，簡稱ＳＩ），「品格教育需要全校施行才有顯著的成果。品格教育的施行須採取兩軌制，全校師長先學習品格，再由師長教導學生學習品格。全校師生一起學習品格，師長以身作則做最好的示範，最能影響及啟發學生學習好品格，教學一起學習成長，而品格教育也因此可以有顯著的成果。」

宏達基金會申請成立之後，財力與人力完全獨立於宏達電子集團之外。卓火土做公益之初，對台灣社會的問題診斷，最初是想投入生態環保，但是憑藉本身的研究性格，很快就摸索出問題根源還是在教育，同時立刻直指教育現場最嚴重的缺失——品格教育。於是，他全面發揮企業家的研究、規劃以及行動力，大刀闊斧地向前挺進。從「品格英語學院」的小四學生和暑假的親子營，到校長與教師培訓、到贊助學校、到鄉鎮推動，卓火土正滾動著一個「民營」的品格教育計畫，會不會再次登上國際舞台？

「隱士」卓火土

卓火土八年開辦了五所學院，「業務」正在蒸蒸日上。只是這次的「業務」做得越大，錢變得越少，對於停留在相信有形金錢的人，可能不一定相信無形財富的存在。曾經在業界紅透半邊天的卓火土，鬆動了一般人對於商界追逐名利的刻板印象，在台灣的很多角落裡，應該還有更多行善不欲人知，安安靜靜、默默付出奉獻的台灣企業家。

科技業界有人描述卓火土，「他不吹噓、很客氣，有時還會害羞」。[6]暱稱「阿土伯」的卓火土，是一位拙於言辭的人，衣食生活簡單樸素，不講究排場。除了行事穩健、不躁進之外，最為人稱道的就是行事作風極為低調。進入教育圈之後，十年來也只接受過一、兩家雜誌的採訪，即使記者隨行，他仍是一位幾乎沒有聲音的人。各國屢傳企業首富捐財產做公益或投資教育的消息，但是，像這樣徹底轉換跑道，棄商從教，以企業家的能量與特質成為教育工作者的，只有台灣的HTC。

從商界的殺戮戰場中毅然退出，卓火土的人生峰迴路轉、有捨有得。在「品格英語學院」裡，一張一張、一群一群孩子的笑臉上，卓火土看見未來的希望，也找回了自己人生中真正的快樂。

註釋：

1 〈「隱士」卓火土〉方儒，《中國企業家》二〇一三年第六期。

2 〈宏達基金會贊助 品格英語學校到水里〉《聯合報》，二〇一六年五月十七日。

3 「品格英語學院」官網（cei.ylc.edu.tw/ceiWEB/cei）。

4 〈運用阿德勒鼓勵原則於品格教育〉，「宏達基金會電子報」第一六〇三期B，二〇一六年三月二十八日。

5 宏達教育基金網站：www.htcfoundation.org.tw。

6 〈卓火土 不放過任何關鍵細節〉，《今周刊》第四三二期，二〇〇五年四月四日。

誠品文化藝術基金會深耕計畫

——灌溉閱讀的種籽在荒地上

一輛三噸半的書車，載滿了一千兩百多本精緻漂亮的兒少書籍，緩緩地穿梭在鄉間小徑。一年跑十八所學校，來到二〇一六年已是第五個年頭了。

米君儒第一次帶「立體書」到南部偏鄉的一所學校時，「我一打開書，學生就『哇……』，但孩子不敢摸，都遠遠地看。好一會才有一個小女生怯生生地說：『老師我可以摸嗎？』我說當然可以啊。」誠品文化藝術基金會副執行長米君儒在都會的經驗是孩子們會直接拿起來翻看，因為他們對立體書並不陌生。有的偏鄉老師不敢讓孩子帶新書回家，因為家長一看見書就問，「新書從哪裡來的？」「老師給的。」「這個要考嗎？」「不考。」「那你為什麼要讀？」

誠品書車在每個校園停留兩週。圖片來源：誠品文化藝術基金會提供

偏鄉不缺書，缺的是人、是方法

誠品書車的書籍不照圖書館類別排列，而是按照年齡擺放，幼兒書放最低，教師用書放最高，大家都拿得到。配合書車停留的期間，還有多元學習活動，孩子知道在一整年之中，書車來的這兩個禮拜，會有好多好玩的事情發生。像是邀請繪本作家來和孩子聊天，孩子開心地問作家，「這是、這是你畫的？真的假的……」有時也會帶藝術家去，車上有些相關的書讓孩子體驗文化；米君儒還想在新學期開光影課，請燈光設計來教光影變化。有的學校還會辦書香園遊會，書車停留期間，做一次大型的活動，結合社區和家長一起參加活動——讓閱讀自然進入生活。

台灣民眾很願意捐二手書到偏鄉，但是並不清楚二手書後來的命運。米君儒實地察訪，有些學校因為課業壓力或管理人力等各種理由，有時候把好書都鎖進櫃子裡了。她才明白，偏鄉缺的是人、是方法。於是，誠品基金會針對現場的各種現實狀況，逐一解決。目標鎖定在「選出適合帶讀的好書，幫老師備好課，讓老師沒有壓力的去執行」。從選書、購買足量的新書、幫老師增能，以及全年度的閱讀方式，全由基金會整合。

為了確保學校真的了解計畫，每一個參加計畫的學校，基金會一定有人親自到校訪視。和校長主任老師坐下來談，確定學校從校長、主任到操作的老師，都有心推動每週一小時的閱讀課，至少維持一整個學年。基金會希望讓師生都有更好的閱讀機會與模式，而不是老師覺得增加負擔，而學生沒有進展。

很多學校配合制度去帶閱讀，「使得閱讀成為一門學科，讀完一本書需要很快地歸結出心得報告、學習單，學生被訓練成看完書以後，必須要有後面相關的行為。」米君儒說：「可是我們自己看書並不是這樣」，希望孩子能重新享受閱讀的樂趣，孩子一學期可以讀到四本新書，一年共八本。

基金會希望給老師時間，重新去看待閱讀這件事情。所以幫老師節省他們的作業，選書、教案、增能、送書，全都包辦，老師只要發書下去，看完以後再來聊也可以；久了以後，老師可能會說我們來玩、來做不一樣的事情。帶閱讀課的老師，有最大的自由度用自己的風格培養學生進入閱讀，只需要參加一次示範教學的研習，寒假參加一次「分區研習」，暑假一次所有老師都參加的「大研習」。

培養在地力量，才是長遠之計

基金會一開始會先邀請一位有經驗的老師去示範操作，有時學校老師沒有信心，看了示範之後就覺得自己做得到。基金會還會去觀課一次，老師都會很緊張地說督學要來了，有一位老師操作完之後，問有什麼問題要跟他說，「沒有啊，你做得很好」「就這樣？」「要不然呢？」這位老師前一天晚上非常緊張，米君儒最不希望老師為了評量考核才去做，「要教什麼？」「有沒有固定的形式？」「不然不知道要寫什麼？」米君儒回答說沒有固定形式時，很多老師是很慌的，「那你到底要什麼？」米君儒認為若是有固定的形式，就容易變質，評量考核就會出來了，「老師不需要跟我們有太多的交代，是為孩子而不是為我們去做的。我們是站在支援者的角色，真的遇到大問題時，我們可不可以幫得上忙。」

「有的老師說閱讀不是我的事，你們誠品派人來做就好了。」一開始基金會就要求要老師做，「最好是級任導師做。」米君儒說因為偏鄉的孩子家庭失能的比例非常高，「這些級任導師就是他的爸爸媽媽」，從張開眼睛，肚子餓了就到學校去，吃早餐、吃午餐、打包，「這孩子能靠誰？級任導師不幫他誰幫他？」

「民間有很多很熱情的單位，很多故事志工團。」基金會去過一個部落，要去還要排時間。這週是某某企業志工團，下週是某大學志工團，每週都有人去。但是，只要有一天下大雨路不通，這個部落就不會有閱讀發生，「因為帶閱讀的人沒來就沒有閱讀啦！」米君儒認為不該是由外面的人去做，「我可以給你所有的能力，但是你要自己做。因為有一天，書車不來了，我們不再送書給你了，志工沒有去了，你還能不能夠繼續陪伴你的孩子？可以，因為你有能力！」對於偏鄉問題，在地力量的培養，才是長久之計。

很多級任導師對孩子的既定印象就是，這個孩子的學業成就很差，都不認真、都不用功，問他什麼都亂答，「可是透過這個課，不要求正確答案，然後他會發現，咦，這小孩很聰明欸。」每次都跟老師們說：「很多孩子學業成績差，不是他笨，而是他不適應這種制度，所以要給他機會。」有時老師抱怨孩子都沒照文本討論，米君儒說：「要問孩子為什麼這樣想？可能是老師沒跟上，可能孩子已經跳出去了，老師還陷在文本裡。」所以後來很多老師操作這個課程以後發現，「得重新看待班上的孩子」，米君儒表示：「這個才是我們希望要做的，我們希望老師透過閱讀，用心陪伴這些孩子，給這些孩子機會。」很多地方雖然是偏鄉，但物資不一定少，用心陪伴這件事是不能缺的，「若真正有心要讓偏鄉的孩子有不一樣的機會，我們的信念就是，讓他們身邊的這些大人真正用心去陪伴他們！這才是他唯一的機會。」

有一位一天到晚惹麻煩甚至上警局的孩子，居然有一天進教室的時候，是低著頭看著書走進去，把老師嚇了一跳。雖然遲到了也沒有罵他，因為這個不讀書成天鬧事的孩子，居然可以變成這樣，「太多老師心目中認定在課業上低成就的孩子，卻因閱讀課而大放光芒。」

一所南部偏鄉學校的老師說，南部有時會放颱風假等等的，所以經常需要補課。但老師一拿起數學課本，學生就很快跟他說：「老師，今天是閱讀課齁！」老師一聽很心虛，就又把數學課本放下來，然後進行閱讀課。米君儒相信，「真的把孩子的胃口養好了，他會追著你要，這就是為什麼三年後，他自己會有很多很多的方式去讀書，我們就會把資源放在新的學校。」

「我總覺得，我們很像台灣早期的農耕隊，帶著技術、能力、種籽到你那邊教你，可是我們會撤退。」駛入偏鄉學校的誠品書車，孩子們像是迎接一場嘉年華會，不是冰淇淋車、不是馬戲團班，而是閱讀的宴饗。用三年時間，培養好孩子們的閱讀習慣之後，書車又急急地趕赴另一個尚未開墾的荒漠，翻地、引水、播種，周而復始。

科學小菁英

——數學補教天王回饋社會的公益志業

台北街頭，公車廣告上斗大的「陳立數學」，不分嚴冬酷暑地穿梭在大街小巷，補教王國台灣排名第一的天王級數學名師陳立，在台灣六個縣市設點，學生人數每年幾萬人，是台灣規模最大的補教系統。

站在事業巔峰的陳立，猛一轉身，看見自己的使命，於是就一發不可收拾地，全力奔向他浪漫而理想的教育夢。這一次，他的目標是：顛覆傳統教育。

沒有城鄉差距的教學法

二〇一〇年，受台東縣長夫人陳怜燕的邀請，陳立去台東做了三場演講；第三場的聽眾是學生，講到一半，面對著孩子們目光透射出渴望學習的期待，陳立心裡明白，再多激昂的演講都是沒有意義、於事無補的。「我只有陪他們，他們才知道什麼叫作卓越，什麼叫敢做大夢。」他當場承諾，用兩年時間陪孩子們學數學，於是，他在台東創辦了「科學小菁英」。

由學生教學生的學習方式，經過培訓之後，學生已經具備講解能力。
圖片來源：陳立提供

只是沒想到，這個一說出口的承諾，竟然是要用餘生去完成。

「只要願意學習，我都教」，陳立不收學費，不看學生成績，「不是挑好學生，是讓學生變好，不然成績不好的學生沒機會變好。」但是陳立要求兩個條件：第一是孩子願意學，第二是父母至少要有一人陪同學習。「台東原生力量非常強，和台北並沒有差異。」陳立不同意偏鄉的定義，也反對把自己視為弱勢，失去自信心。「偏鄉自己要幫助偏鄉」，陳立的目的是要培養偏鄉的菁英，以後他們才能回到自己的家鄉幫忙。

在台東糖廠的廢棄倉庫裡，台東的志工家長們動起來，做木工的、做水電的、做空調的、做攝影的，原本互相不認識的家長，為了自己孩子的學習，用陳立提供的材料，協力製造一個長長的黑板。從此，坐在糖廠裡聽課的小學生、國中生，學的是高中生的思維方式，坐在後排的父母，更是認真抄著筆記學習。

一年後，陳立第一次帶著孩子們去台北參加奧林匹亞競賽之前，一位媽媽問：「老師，萬一我們孩子去比賽都沒得獎，你會不會……」陳立看著她說：「一年以前，你有沒有想過，一年以後你孩子會去報名參加比賽？」她的兒子這一年變得很喜歡數學，「得不得獎不是我的目的，重點是要參與。」家長陪著孩子浩浩蕩蕩地去台北參加比賽。離開考場時，大家臉上帶著滿足與自信的笑容，陳立說：「他們頭一次明確知道，原來擁有數學競爭力，能讓他們出人頭地，和台北大都會的學生平起平坐。」

縣長以為陳立來一兩次就不來了，會派其他老師過來，沒想到陳立每週六都準時報到。很多家長懷疑陳立是想去台東開補習班，還有各種流言詆毀，說陳立辦學是為了炒地皮等等。受盛名之累，陳立這條回饋社會的公益之路，竟然孤獨難行。後來，他收到一位家長的信，「陳老師，我觀察你一年，你終於真的是幫助我們孩子，不是來掠奪我們的資源。」

「二〇一四年亞太小學數學奧林匹亞邀請賽」（簡稱奧數）在新加坡舉行，共十四個國家參加。台灣五位得金牌的學生中，有兩位來自「科學小菁英」：一位是台北的曾俊皓，一位是台東的蔡嘉峻。陳立堅持「帶孩子去看世界，讓世界看到你們」。奧林匹亞數學國際競賽，是世界規模最大的中學生競賽，目前有一百零六國參加，得到奧林匹亞數學競賽金牌的孩子，台灣教育部會讓孩子選擇自己想就讀的第一志願學校。而台東在四年之內，就拿下一千兩百面奧數競賽的各種獎牌。一次在台灣參加奧數初賽的六百多名國小選手中，台東竟佔了五分之一，「陳立教育基金會」的執行長義工高莉玲，為了避免孩子南北奔波，甚至排除困難，爭取到奧數競賽在台東設立考場。

自稱是流浪狗命運的爸爸，不想世代複製厄運，年年都堅持陪伴四個孩子上數學課；有的家長從小就在家暴或各種不幸中成長，決心扭轉偏鄉的未來，紛紛跳出來加入志工團；數學零分的孩子，翻身得到奧數競賽的優等獎。奧數對於陳立，只是家常便飯，陳立想讓偏鄉「拿回教育的對話權，站起來幫助自己的家鄉」。偏鄉從獎牌中找到自信心，「上數學課」成了台東狂熱的社區運動，志工家長因此而出現前所未有的大團結。所謂弱勢偏鄉的台灣東海岸，看見翻身的可能性，在地力量自動凝聚齊發！

二〇一二年八月，向來重視教育的屏東縣長曹啟鴻，親自率領教育局長等縣府團隊，到陳立的台北總部，「來為屏東的孩子請命」。於是，台東志工家長團隊跨縣協助屏東志工家長，一起搭建大教室和數位館。五年裡，陳立的公益教學行動，在台北市、台東市、台東池上、台東萬安、新竹橫山、新竹關西、屏東市，同時展開。

在各地同時建立起的「數位館」，桌上型電腦是由華碩以二手資源做公益捐贈和維修；桌椅則是「陳立教育基金會」的二手公益捐贈，其餘設備及人力，則來自各方捐助及志工。雖然硬體設備簡單克難，卻擁有世界一流的軟體內容──補教界陣容最堅強的全台各科名師上課錄影，光是幫影片打上中文字幕就花費幾百萬，陳立授權給這些地區做公益使用。從此之後，已經有七位孩子申請自學，利用一些時間去學校，一些時間則留在「數位館」自學。

台東志工家長團第一任團長張小琪說：「我們早就跟孩子約法三章，未來他們考上台大、清華，不是要他們遠走高飛，而是要求他們畢業後也要回台東當醫生、老師。」

人類如何思考問題

「數學是想出來的，不是用題海戰術『做出來』的。」為什麼台灣學生普遍不喜歡數學？陳立說：「台灣的數學教育方式，從小學就做太多的評量考卷，有『多做練習會考高分』的錯誤觀念，恰好扼殺孩子的思考力。」台灣體制內把「思考的數學」教成了「用背的、用記憶」的數學，「只要是沒做過、沒看過、沒教過的題目，孩子就不會思考了。」這樣錯誤的教學方式，使得孩子越大越痛苦，越排斥數學。因此，他喜歡從小學生教起。

畢業於清華大學工業工程的陳立，認為教育要翻轉的是「教育心」，不是「教學方法」。陳立三十多年的數學教學法，當然獨樹一格，補教界自編講義的教學法一向是最有「成效」的，但他認為這是教師的本分事，「整個教育體制、教育政策、社會價值等，沒有一起翻轉，那這樣局部的翻轉教育又有何意義？」[1]對於課綱的制訂，陳立說數學的課綱注重「次序」，比如乘法教完才教除法，卻限制住孩子的發展天賦，這不是因材施教，而只是進行均化的基本教育，注重基本知識的獲得。

陳立自編教材《人類如何思考問題》自訂課綱，小三到小六混齡教學，「把小學六年必須具備的數學能力，用一年的時間教完」，除了奠基在三十多年的教學經驗，加上自己保持不斷地學習，陳立還要進行教育革命，顛覆傳統教育。

陳立最常被問到，怎麼讓孩子不怕數學？怎麼讓孩子對數學有興趣？「先讓孩子能愛上數學！而讓孩子愛上數學最有效的方法，就是結合有趣的數學故事，讓孩子能抓住最有趣和最有魅力的地方」，這是愛上數學的第一把鑰匙。「這些關於數學的趣味、來源和故事，就足夠深深埋在多數孩子的記憶裡，久久不會忘記。」[2]陳立說老師千萬不要很難的不想教，很簡單的也不教，應該要「把很難的觀念解釋得很簡單，很簡單的觀念詮釋得很有意義」。

「第一堂課很重要，要讓孩子喜歡數學課。」陳立的上課方式很特別，注重素養教育，有時放一段一分鐘以內的影片，像是看一段蜘蛛結網的過程，蜘蛛懂得計算網子間隙的大小；也有可愛的卡通動畫，有時又說說希臘拜火神的故事，還向學生提出很多問題鼓勵孩子思考。陳立花費很多的精力製作上課的PPT，他囁囁地說：「留下來給未來的子孫用」。人文涉獵很廣的陳立，一堂課裡的內容，從哲學、到史地、畫圖都融合在一起，不但小朋友喜歡，連大人都會被吸引，「我最大的改變，不是在教學理，而是把數學跟他的生活連結在一起。」陳立牽著孩子，一步一步地走，高三理組才教的尤拉公式，小學生就可以自己演算，陳立只花了五分鐘教小學生尤拉公式，「已經進行七年了，孩子非常喜歡，而且學得很好。」

陳立問孩子，人為什麼有十根指頭？孩子紛紛開始發揮想像力回答，陳立趁機介紹畢達哥拉斯的「三角數」中的十個點，「過去的學習方法是喜歡有答案的世界，喜歡標準答案」，而介紹「三角數」，就是「不要讓孩子把科學的答案都趨向唯一答案，而是用開放的心，讓孩子所有的探索都有意義」。從人的十根手指頭，又接著放出一張外星人ET的圖片，問問外星人只有八根手指頭，怎麼數到十呢？於是介紹八進位的算法，順便讓孩子重新用八進位法從一數到一百。一位留學歸國的博士校長說：「陳老師，你怎麼還不到一分鐘就把題目解開，孩子還都會了！」校長比照教育部發的補救教學寫了整整兩頁，可是教完以後學生全部都聽不懂，這其間有很大的差異。

打開數學學習的第二把關鍵鑰匙，陳立認為是家長與同學的陪伴學習。學生和家長數人分成一組，進行小組討論時，父母不能介入，而必須等到孩子請教父母時，才可以表達意見，這是為了保留孩子的探索樂趣，避免父母的權威和干涉。「每一週的功課是十題國際奧林匹亞的題目，」沒有兩題重複的題目，陳立規定孩子們找答案的順序是：一，自己想；二，小組討論；三，臉書社群分享；四，問爸媽；五，問志工老師；六，問陳立老師；七，看詳解冊。陳立笑著說：「詳解冊從來都用不到啦，通常都在第三條以前就解決問題了。」

最後一把鑰匙，就是接軌世界的雲端數位學習。

台灣K—12未來學校

「學校是工業革命之後最錯誤的設計，」陳立說：「我們不是在做教學，我們是在做非常不一樣的教育革命！」

十五年前，陳立曾有一個機會跟劍橋大學合作辦一所中學，計畫在台灣設分校。當時的課程規劃由英國負責教英文、領導力、創造力三門課程；物理、化學、數學東方比較強，則由台灣負責。

但當時沒有實驗教育法，受限於法令規定而作罷。

十五年後，陳立理想中的「台灣K－12未來學校」規劃，從小學六年到中學六年，每年級只收一個班三十人。

陳立把教育分成「知識、能力、特質」三部分，上午學知識三小時，每天教一個主科，一週五個主科。陳立的PLR（Prestudy-Learning-Review 預習、學習、複習）其中的互聯網教育，是實體教學和虛擬教學的混合搭配：在家看錄影教學自主學習，內容是由全台灣各科最優秀的Top 1名師授課。孩子必須先有雲端的預習，然後到了學校由老師引導學生，做同儕共學培養解決問題的能力。孩子分成幾組實施小組討論，學生用PPT做報告，老師最後再做重點統整。

學校老師由原本的teacher，升級變成tutor／coach／mentor（指導），是綜合體的概念，不再是knowledge transfer（傳遞知識）的角色。

下午以後，發展能力教育，有小組討論，有清華大學供應的maker（創客）教室，和矽谷合作的coding（程式編寫）與STEM（Science、Technology、Engineering、Math，美國國家科學標準）課程；從哲學思維，到電影欣賞、文章賞析、中英文寫作。此外，還有社團活動、烹飪課等等。陳立認為各科專職老師只要請一位，其餘的老師就請業界的業師，讓學校老師帶領孩子活動，讓業師將專業引入校園。

美國目前有些先進的未來學校開放校園場域，讓所有硬體的實驗廠家進入學校做實驗，最後看研究的結果。若是對孩子有價值、真正好用的學校才會採用；同時廠家可以宣稱是在這些名校作的實驗，所以從天花板、桌椅、文具到粉筆板擦，都有人去做實驗。陳立想引入美國 school in school（校中校），「讓全世界最好的實驗教育，都可以在我們學校的教室，有它的實驗機會，像是哈佛、約翰霍普金斯的專注力課程，就給他們一個教室，當成實驗基地。」另外，陳立也與美國幾位教育家共同合作，申請參與由 Google 前高級主管馬克斯・文迪拉（Max Ventilla）創立的學校 AltSchool，以及賈伯斯的教育改革計畫「XQ: The Super School Project」，共同展開世界的教育新趨勢。

在二〇一六年，成立「陳立雲學院」用 App 與大數據來幫孩子找出問題，「我將我一生最重要的數學觀點，透過數位雲端化，讓全球華人孩子能好好學習數學。」此外，學生在雲端數位教室裡，還可以透過網路和各大師互動學習。

至於行動學習，「科展是最好的教育場域，科展有生物組、物理組、化學組等等。科展也是最值得學習的機會，孩子整個禮拜都去科展現場研究他們是怎麼想出方法去驗證的。」陳立帶著台東的孩子，去參觀台大的博物館，「博物館是去看實體的東西，台大有好幾個博物館，都很歡迎孩子去學習。」

「陳立數學」的台北總部，位於台北火車站的正對面、補習班林立的南陽街一級戰場。走進十五樓的總部，並沒有預期中金碧輝煌的懾人炫光，倒像是走進藝文廳，黑色系讓人在洶湧的人潮中沉靜下來。容納兩百人的大教室牆壁，貼滿黑白為主調的新潮視覺設計圖，廊間牆壁上，處處留著幾行潔淨的文字：

帶著孩子們念一段撼動人心的字句，
他們不需要記得台上是陳立老師，
卻不可以不抓住這份感動，
引導他們未來的方向……

會議室的玻璃牆上，環繞著當代藝文名人的剪影和名言。陳立大學時玩樂團，會吹口風琴、彈吉他，有時下課後就拉把吉他唱起民歌；他還喜歡作詩、寫書法。束著馬尾、留著灰白短鬍的陳立，滔滔不絕地解說著教育的新觀念，沉浸在理想教育的世界，專注而投入，對未來教育充滿憧憬與熱情。陳立教育事業總裁曾淑鈴是陳立的太太，畢業於台大外文系，「我們兩個最大的不同點就是，他看到的是機會，我看到的是風險」，太太為這位「喜歡做夢」的先生打理一切，「只要是他決定要做的事情，就會勇往直前，誰都拉不住他。」陳立笑稱是給自己的補教人生一個「悔改」的機會。

「教育是做出來的，不是談出來、講出來的。」陳立認為一場演講真的無法改變什麼，或許現場聽眾當下聽了會很興奮，但是不會真正改變偏鄉教育現況，因為大家不知道怎麼去做。教育不缺方法、理論、大師，缺的是實際去做的行動力，「凡是能讓孩子變好的，就是好的教育」，所以不要去分名家不名家，「要讓孩子改變，就不能只用一個模式」，不能說哪個方法是好的，「只要有創意、有方法，都要奉獻給這個社會，去給小孩子有完全不一樣的選擇，我只是其中的一個方法而已。」

每週六坐上普悠瑪，搖晃四個鐘頭到了台東，還要再搖晃四個鐘頭回台北——讓陳立持續六年的，就是對社會回饋的那份堅持。他明白「愛最多，埋怨最少」。堅持走教育實踐道路的陳立，仍保持著浪漫、熱情與理想，在繁華首都與後山偏鄉間穿梭；在藍天、大海、陽光下沉思，「我終於體會『慈善』與『公益』不是生命中的榮光，而是身為一個人，應該做的事。」

註釋：

1 《以愛翻轉生命的數學課》陳立、張甄薇（先覺）。
2 同上註。

「球學」

——從哈佛返台的體壇拓荒者

二〇一二年九月，當「哈佛小子」林書豪馳騁在籃球場上的身影，牽動著各國球迷的目光、心跳和呼吸，另一位「哈佛小子」何凱成（Cheng），正破釜沉舟，隻身回到台灣，準備展開結合運動和教育的夢想。

運動是培養領導人的重要方式

美國剛卸任的教育部長唐肯（Arne Duncan），曾是哈佛籃球隊隊長，被問到：「為什麼每一年都有這麼多優秀的領導人從美國培育出來？教育是怎麼做到的？」他回答說：「運動是培養

美國學校籃球隊獲得 2015 東南亞校聯賽（IASAS）冠軍。圖片來源：「球學」提供

領導人最重要的方式。」Cheng 說，《財星》（*Fortune*）雜誌調查全美排名前五百大公司的 CEO，其中百分之七十五在高中參加過校隊。

一般台灣人對運動的觀念，停留在練身，而 Cheng 對運動的態度，更重要的是練心。美式足球的訓練過程，讓他了解為什麼運動可以培養人的品格、團體感、合作性和自信心。何凱成十二歲時，在他和十四歲的姐姐被安排要送進天母孤兒院的時候，定居美國並有三個孩子的姑姑及時伸手，姐弟被接到美國喬治亞州。

「在考試的教育制度下，到底是要學習應付考試升學？還是有比考試更重要的，要去學習以應付人生的挫折？」Cheng 說挫折會不斷地在人生道路上發生，無法避免、無法掌控，這些是學校可以教的嗎？他認為自己的體驗中，最寶貴的就是品格訓練，「當你受到最大的壓力，承擔最大的責任，有各種誘惑時，你做什麼決定，就會展現出一個人的品格。品格最大的基準點就是勇氣；沒有勇氣的人會害怕去承擔，也就是一個人的品格逐漸敗壞時，就會開始撒謊、做錯的事。」Cheng 不認為這些是可以通過上課聽講或考試學得到的。

「教育要與運動結合，運動會讓人受到挫折，而每個挫折和傷害，都會讓人不斷地前進，所以，每個學生都應該要參與團隊的運動。」亞洲人登上國際舞台，可以拿個人冠軍，像是奧運金牌，但很難拿團體冠軍。Cheng 笑稱沒吵架就算幸運了，「這跟從小教育觀念有關，考試就是鼓勵個人競爭」。

後來申請上哈佛的何凱成，和林書豪是同寢室的好友。他在NFL（國家美式足球聯）盟工作時被調去北京，期間 Cheng 觀察到亞洲國家的父母一味地要求孩子拚考試，反對孩子打球，而從事運動專業的人，卻又沒有基本學力，他看到運動和教育的分裂，「如果運動員就只是打球、不讀書、找不到工作，如果家長不支持小孩運動，運動這件事是永遠永遠不會興盛起來的。」Cheng 深刻地領悟到，要改變這一切，必須從改變教育開始。然而這已經超過外商公司的利益考量，於是，結束兩年的工作合同之後，何凱成決定回到台灣。

出發，是為了回來

返台的第一個公司三個月就告吹，因為投資人急於利益回收，而創辦人想要重建價值。在Cheng準備暫時離開台灣之前，二〇一三年三月，一位陳牧師邀請Cheng到他的辦公室，整個下午，四面牆壁上的白板被Cheng寫滿了亞洲教育體系的問題、缺乏的資源、想做的事情，在陳牧師的支持下，當天下午，「球學」就誕生了。

「球學」的名詞是，打球是一種學習、品格訓練、團隊合作；動詞是，以後的教育體系，打球是可以升學的，課外才藝是可以得到認可，可以得到升學的機會。

朋友Sean給了Cheng一張辦公桌和一把鑰匙，他獨自在南港的辦公室過了好幾夜、還有颱風天。Cheng在把運動員的資料、影片，建成一個大的資料庫，成為專業的交流平台，把全部的運動員資料都放上平台。Cheng又親自跑遍各學校找教練和學生，想知道他們的處境、故事、需求、問題。

二〇一三年十二月，Cheng把二十八支球隊連上線，二〇一四年五月，第一位球員拿到了紐約的高中獎學金，二〇一五年又多了三位；每年台灣各大學的菁英學生都理所當然地出國留學，現在體壇終於也有機會可以出國留學了！錄製的影片，還可以同時做影片分析。二〇一五年一月，影片分析幫助台北美國學校籃球隊以及松山高中，二十多年來第一次獲得冠軍。二〇一五年九月，不懂直播技術的球學團隊，終於第一次成功地完成球賽直播。二〇一六年，還找到一群願意幫助發展台灣、香港、美國運動教育的投資者。

二〇一三年開始加入的志工，來自政大的楊鈞傑和張晉綱，以及來自國立中正大學的洪頎茗。還有二〇一五年從美國加州來的伙伴 Watson Chang，因為他在美國的工作有三個月休假，回台度假時無意間聯繫上「球學」，加入幫忙之後就放棄美國的工作了。

運動教育的拓荒者

「球學」正在做的事，是幫助球隊曝光並爭取資源，進而改變生態，「讓球隊成功，整個運動生態才會成功。」所以「球學」圍繞著怎麼讓球隊成功，怎麼讓運動跟教育結合。

「球學」的資源整合，從球賽直播開始。直播最大的收益是版權和廣告，過去台灣的轉播台為圖己便，集中在同一地點比賽，遠地學校球隊只能勞師動眾地去參加。進入網路時代，Cheng 看見了轉機。「球學」企圖建立亞洲體育教育的基礎架構，將資源重新整合分配；讓學校得到該得的資源，以要求學校提高學生的學業，並提升學校球場的硬體設備。Cheng 想要建立一套新的遊戲規則，是為了創造新的生態，可以鼓勵球隊經營、球迷參與，他認為國高中、大學、甚至職業球隊都可以做到。

目前「球學」想做轉播，像是收視率最低的台灣職業女籃，或是學生球賽。「我們創造一個平台，幫助聯盟、球隊、教育成功，家長支持、學校重視、國家重視。」組織比賽變簡單、觀看變簡單、購票變簡單，「在現在這個時間點，我們是個轉播台，隨著時間我們的方式會改變，但是讓教育和運動結合的目標和使命不會改變。」

Cheng 是哈佛橄欖球隊的「跑鋒」，就是要負責抱著橄欖球賣命地向前衝，對方所有的彪形大漢都會一擁而上，必須依賴隊友的掩護和協助。Cheng 個頭並不高大，一雙丹鳳眼卻射出懾人的無懼，在場上的 Cheng 目空一切，「只剩下我和球場」。

「我不是要培養球員，我是要培養人，好的人，有品格、有勇氣的人。運動是一個工具，可以培養正確的願景。通過運動可以鍛鍊品格，可以學習從挫折中往前，只要建立架構，可以改變教育、可以改變國家。」Cheng 的藝人好友黑人陳建州描述「跑鋒」的高度危險，「就像是傘兵，一落地就被包圍了！」當何凱成隻身返台在台灣體壇著陸，不是懷抱著橄欖球，而是懷抱著運動教育的未來；然而，誰是拓荒者何凱成的守護隊友？

討論二：偏鄉、原住民、弱勢的實驗教育

歐盟二〇〇五年公布「歐洲教育制度中的公平指標」，開啟了有關「教育正義」的論辯，是近年各國熱烈討論的教育議題。政治理論家艾莉斯．楊（Iris Marion Young）認為，社會的不公不義根源是在於「壓迫」與「宰制」，如果不從結構面與意識型態面解除，不論給予多大的額外補助，都無法導向實質的正義。

原住民族教育的特殊性

國際間原住民族的共同議題，集中在還地運動、自然資源的擁有權、人權、教育自主權、文化及社會、觀光商品消費化等等問題上。[1]而在有原住民的國家之中，台灣獨具一種混淆而尷尬的身分：一方面以文化帝國主義的受害者提出批判抗議，另一方面又同時是文化帝國主義對弱勢

民族的加害者。

二〇〇八年澳洲和加拿大總理先後公開向原住民道歉之外，教宗方濟各在二〇一五年向美洲原住民族公開道歉。在加拿大原住民族的努力之下，許多「原住民族政策」都源於加拿大，二〇一五年年底，加拿大總理杜魯道在公布調查報告後，除了向原民族道歉外，也誓言要和原民徹底和解。台灣新政府上任後，蔡英文總統也於二〇一六年八月向台灣原住民族公開道歉。

艾莉斯．楊在《正義與差異政治》（*Justice and the Politics of Difference*）第二章中，舉「文化的帝國主義」為例，對原住民族物質和文化的掠奪與壓抑，使原住民族賴以生存的物質與文化資源顯得匱乏，甚至於產生自我疏離的心態。

中原大學財經法律系助理教授林春元在一篇文章中指出，「太魯閣族的還我土地運動、司馬庫斯盜木爭議與慕谷慕魚的封路事件，都凸顯了原住民族對抗漢人『同化』的努力，也顯示出脫離『同化』後，原住民族社會與漢人社會逐漸深化的不信任與對立。如何處理族群間的不信任與對立，是台灣能否從單一文化宰制走向多元開放社會的關鍵。」[2]

要先給予真正的公平，才有可能消弭怨恨，就好比說，過去一直把對方囚在籠裡，現在若是表達了歉意，希望對方不計前仇，首先要把還拴著對方脖子上的那條鐵鍊解除掉，才能再談原諒的問題。「即便是反歧視運動、原住民還地運動或原住民文化運動等措施，如果流於歷史傷害的補償，仍不算實質的社會正義與公平。」師大比較教育學者楊深坑教授指出，「要達到實質正義，必須解除所謂同化政策的文化帝國主義，回歸到其獨特的『差異』文化意識，遠離疏離，才是真正公平的體現。」[3]

楊深坑教授於二〇〇八年發表的論文中說，從教育均等的角度來看，課程與教學，應該開啟多元的觀點，使自己族群被歷史過程、社會過程淹沒的聲音，重新在課程與教學中展現出來。也就是「在課程教學的規劃上，助長批判意識的喚醒，才能將弱勢根源的『差異』轉化為強化權力與能力的根源。」[4]

與台灣原住民族同屬於南島語族的毛利人，是各國原住民族中最有權利的。早期毛利人沒有文字，只有語言，文化的傳遞主要是以口耳相傳。先有一位英國傳教士編撰第一本毛利語文法及字典，後來才用拉丁字母拼寫的新創文字。在教育方面，有毛利人專屬學校，採雙語教學，除了教授毛利語外，要到小學四年級才開始教英語。

美國語言學家魯茲（Richard Ruiz）在一九八四年明確指出，影響語言規劃的三種取向（orientation）：一、把語言當作問題；二、把語言當作權利；三、把語言當作資源。蔡榮峰說明，「紐西蘭政府初期將毛利語當作是製造族群對立的問題根源刻意消滅；然後，過渡到消極應付的形式主義，公權力不反對毛利語的使用，卻也不給予正式肯定的法律地位，讓社會發展去決定要保留多少曖昧空間；最後才進展到，承認毛利語與英語具有同等官方語言的法律地位，並且將其視為紐西蘭拓展國際影響力、發展軟實力的國家寶貴資產，讓紐西蘭從本來『英語帝國的邊陲』蛻變成語言政策專家、原住民文化學者乃至世界各國政府眼中的『世界級母語與原住民政策模範國』。」[5]少數族群的語言問題，還有由客家青年發起的「還我母語運動」，一九八八年十二月二十八日並有「還我客家話」大遊行；而近年移民比例增高，也另有各國新移民的母語問題。

台灣的原住民族，則是到了二〇〇九年的原住民校長伍麗華，在泰武國小開始著手編輯教科書，將原住民族的文化特色編入教科書中，並從幼兒園開始，教授母語以及原住民族傳統課程，努力傳遞原住民族文化。從教育開始扎根，不但國內各教育團體參訪不斷，還吸引了世界各國的原住民族教育單位前來取經。伍校長說：「原住民不是台灣的邊陲」。伍校長調任地磨兒國小之後，仍繼續完成編製教材，並於二〇一六年的總統就職典禮上，帶領四十名原住民小學生登台獻唱國歌，吸引全民的目光。

台灣的原住民權利運動始於一九八〇年代，一九八三年台灣大學原住民青年發行《高山青》雜誌，倡議民族自覺，可說是台灣原運的起點，「一九八八年原住民族漸受重視，表現在原民台成立、教科書的介紹與政府盛大場合的不缺席」，原住民 Monsterjack 認為，「原運需要努力的方向，無疑是走出部落，或是帶領漢人進入部落，使原住民的文化內涵讓更多漢人了解，而非秉持著原住民身分的民族主義，與漢人切割。」[6]紐西蘭毛利人以「語言巢」教育下一代的成功模式，解決都會區原住民的教育問題，並吸引各國前往參訪。

除了努力在教育向下扎根之外，結合其他關心原住民的力量，甚至跨國的聯繫，像是全世界原住民族最大的人權論壇——聯合國原住民議題常設論壇（UNPFII），都可以互相交流與學習。

台灣政府遲至二〇一六年八月一日，才公開向原住民族道歉，英國BBC報導了這個新聞，而台灣媒體則冷淡處理。台大教授黃武雄在臉書上表示，「必須道歉的，是我們所有的漢人。即使沒有形式，也必須在心中帶著歉意，並由衷感激原住民的寬恕。」

然而，普遍台灣人民對於自己所居住的城市以外的世界並不清楚，包括台灣偏鄉以及偏鄉原住民族的現狀，更不清楚現狀背後的原因。台東的鄭漢文校長以一位漢人的長年觀察與反省，始終為原住民族發聲，讓台灣的漢人明白原住民族所受的不公不義，台灣漢人缺乏對歷史與現場的了解，而漢人的漢文校長則為台灣漢人補上了這重要的一課。

偏鄉教育的劣勢與優勢

少子化減少入學人數；都市集中化造成因工作而人口外移；認為學校人數少缺乏競爭力，許多家長也會遷戶口將孩子轉到人數多的學校；交通不便也是偏鄉學校的困難，這些因素造成偏鄉學校學生人數逐年遞減。除了學生不足，師資問題亦嚴重，連民間課輔團體都不容易伸手援助。

在這些種種不利的條件下，偏鄉小校不能再以傳統競爭方式做為其存在的價值，必須認清現狀，轉逆境為生機，發揮偏鄉學校不再受傳統思維捆縛的有利機會，將教育回歸到教育，重新出發，創造學校的新生命和價值。華南國小和樟湖國中小，都是把學校教育走回教育本質的成功典範。

政府推動偏鄉「特色課程」的發展，容易流於表面，缺少教育理念與課程設計的深度，也就無法呈現出教育的預期成果。課程設計中最重要的哲學性、思考性、合作性、表達能力、關懷力，唯有從教育哲學和根本理念做改變，才可能改變課程設計，顯現教育成果。從評比中解放出來的偏鄉小校，具備自由發揮的空間，最有機會回歸教育本質的優勢教育。

學校需要面對弱勢學生家庭功能不全，影響學生學習，所以，弱勢生的學校校長協助社區弱勢家庭的經濟，成了一份額外的工作。都市型的學校像是蘭州國中，陳澤民校長有時以獎助金的方式，發放給家庭；而偏鄉學校的鄭漢文校長，則協助學生父母處理工作問題；陳清圳校長，則帶學生去協助農民。校長兼顧學校與社會救濟工作，負擔吃重，政府跨部會的主動協助，是政府最基本的作為。

由政大鄭同僚教授所帶領的「偏鄉學校型態實驗教育」計畫，讓小校可以透過混齡的方式，一方面避免小校因人少被裁併的命運；另一方面數位時代可以讓偏鄉有了不一樣的學習模式。參加計畫的五所學校：苗栗南河、台中東汴、台中中坑、嘉義豐山以及高雄寶山，在一年多後，都已經從傳統分級分齡教學，走向全面混齡教學；從老師主導教學，轉變為教師協助學生自學；從教科書中心，轉變為在地文化中心；從分科教學，轉變為主題式教學；從老師各自奮鬥，轉變為教師團隊合作。

若是能轉劣勢成為優勢，偏鄉的孩子反而能跳脫傳統束縛，與新式教育直接接軌。

台灣各界投入教育工作

二〇一五年八月，中華隊在威廉波特世界少棒賽遭到淘汰，但是台灣小將在球場上的禮貌行止，卻引起注目。美國運動網站「SB Nation」於二十五日發表的文章：「小朋友在少年棒球聯盟世界大賽提醒了我們，何謂真正的運動家精神。」世界少棒聯盟的臉書官網貼出照片，並且以美國職棒名將李維拉（Mariano Rivera）的名言註解：「我不等著別人給我尊敬，我總是尊敬他人」。[7]

台灣選擇體育的孩子，在各校的體育班中是一個沒有聲音的弱勢團體，成為獨立於「正常教育」之外的另一種特殊生。何凱成走過運動員的這條路，具有敏銳度與同理心，他認為台灣有很多優秀的教練，有很正確的觀念。當何凱成確定人生目標，去幫助這個得不到關切的團體時，未來的改變就開始發生了。

偏鄉發生許多的故事，都是隱沒而不為人知的。行事一貫低調的卓火土，全心全力灌溉孩子們的品格教育，在自由主義大行其道的今日社會，品格教育聽起來像是一個古老的傳說，因為逐漸被遺忘，所以當各種社會問題真實上演時，人們才回頭質疑學校教育。除了品格學院之外，越來越多的實驗教育開始重視利他的教育，從各種機會中教育學生付出的重要性，並實際採取行動，讓學生從事公益活動。利他思想的培養，有助於少一些個人主義的自我本位，多一些對他人的同理體諒，對於未來社會的祥和，是很重要的素質養成。

隨著誠品書車在偏鄉巡訪的米君儒，六年來在教育現場觀察思考問題，除了擁有許多感人的故事之外，更看清楚了現場問題。從米君儒的視角看見的偏鄉閱讀問題，和都會孩子的閱讀問題有很大的差異，並非可以使用同一種思考模式與對應方法。而同樣在偏鄉跑了六年的陳立，不斷培訓各偏鄉的師資，陳立無所謂是在培訓家長或是教師。陳立、米君儒和王政忠同樣看見偏鄉的問題，必須要先培養出在地力量，才能根本解決偏鄉問題，靠外界支援無法長久；因為有他們率先深入偏鄉，花費多年採取實際行動，才可能在不同的天空下，提出相同的看法。大家更認為，培養出來的人才必須回流偏鄉，繼續奉獻教育，才能讓偏鄉逐漸興隆。

當補教界的能量，一旦導入正規教育現場後，確實可能產生無法預估的助力。特別是補教界各家所擁有的名師教學影片，若能像是「陳立雲學院」以及「一點通」釋出偏鄉公益版教學影片，補教界將可能對台灣偏鄉教育帶來很大的貢獻。台灣是補教王國，全國各地不分城鄉遍布補習班，只要有百分之一的補教界老師願意走進偏鄉或為都會弱勢服務，將是一股不容小覷的力量。

在班級中的弱勢生比例逐年增加的現象下，台灣必須要照顧好弱勢生的教育，孩子是台灣的未來。與其指責歷任政府，不如自己先出一分力氣，大家聚少成多，慢慢轉變。

註釋：

1〈現今世界原住民社會之重要議題〉陳佩周（www.lungteng.com.tw/lungtengnet/htmlmemberarea/materials/resource/senior/geography/teach/news/society05/13.htm）。

2〈從原住民獵槍的非常上訴到加拿大真相和解委員會報告〉林春元，天下「獨立評論@天下」，二〇一五年十二月二十七日。

3〈社會公義、差異政治與教育機會均等的新視野〉楊深坑，《當代教育研究》季刊，第十六卷第四期，二〇〇八年十二月。

4 同上註。

5〈島國之光——淺談紐西蘭母語政策給台澳啟示〉蔡榮峰，「島國連線 INA 部落格」，二〇一四年十一月五日（islandnationsalliance.blogspot.tw/2014/11/blog-post.html）。

6〈原住民的困境與展望〉Monsterjack，出自「上帝的部落——司馬庫斯（Smangus）」，二〇一二年四月五日（reader.roodo.com/monsterjack/archives/19264426.html）。

7〈威廉波特小將教會我們：何謂運動家精神〉中央社，二〇一五年八月二十七日，（https://goo.gl/QCQfql）。

參考資料：

1〈傳說解密了：毛利人的家鄉，是來自於台灣！〉我是小編，二〇一三年十二月七日（www.matataiwan.com/2013/12/07/maori-hawaiki-is-taiwan）。

2〈傲慢與偏見——關於美澳紐原住民〉陳佩周，大大樹音樂圖像（Trees Music & Art）（www.treesmusic.com/article/betel_02.htm）。

3〈皮埃爾·德·顧拜旦〉台灣 word（goo.gl/4aWIGF）。

第三部

體制內的實驗教學法

學習共同體

翻轉教室

學思達

MAPS

學習共同體

——教室裡的寧靜革命

二〇一二年四月，《親子天下》雜誌出版了日本佐藤學《學習的革命》的中文版後，在一年內，全台灣已有約一百所國高中及小學開始進行「學習共同體」。台北市、新北市、新竹市、台中市教育局紛紛支持，成為第一波台灣體制內學校自發性的教改行動。

「真正的教育，是所有的人一起學習」，佐藤學創辦「學習共同體」（簡稱學共），「回歸到教育的原點，不強調升學。」學共不依賴科技設備，教師不用麥克風、不唱獨腳戲；強調傾聽、提問、對話，教師「傾聽」學生的想法。「對話」是引導學生思考，佐藤學並主張「公開授課」；每個學生都參與學習，沒有局外人。小組「協同學習」安靜有秩序，教室寧靜無喧嘩，稱作「寧靜的革命」。

日本傳統教育的「授業研究」（lesson study），也就是像台灣早年的「觀摩教學」，重點放在老師的授課，佐藤學認為重點應該放在學生的上課反應。佐藤學在美國念書時，接受新教育改革者杜威（John Dewey）的「協同學習」，推動使孩子互相學習的教室改革。

「公開授課」與「教學觀摩」的不同

學共主張老師們在一起，共同備課，公開授課，授課後一起討論。備課包括學生的備課及教師的備課：教師的備課包括單元的基礎知識，以及進階發展的教學理論與方法。學生的備課是課堂學習成敗的重要關鍵，是完成學習單。學習單以問題的方式呈現，激發學生高層次思考能力的發展。老師該如何設計課程、如何出學習單，就由專業和有經驗的老師協助。老師在共同備課中互相討論，而寒暑假是老師備課最好的時段，這個時段沒有學生、沒有課業的壓力，老師可以專心投入學習情境，進行專業對話。

推動學習共同體最困難的，是讓教師打開教室大門「公開授課」，原因是教師怕被批評。日本的「授業研究」，強調聚焦在學生的學習，而不是教師的個人秀，可以降低教師的焦慮感和得失心。去觀課的老師分散坐在小組周圍，觀察記錄哪個孩子的發言內容比過去進步，能否尊重其他人的意見，能否跟隨老師的提示思考，為何有這樣的表現等等。「中小學教學的現況中，老師大都是孤鳥的奮鬥，無法進行彼此教學的分享和協助。」瑞芳高工林清南校長認為，「觀課則不同於教學觀摩或演示，往昔的教學觀摩由於如排練一般，被觀摩者耗盡力量準備教材，從海報、投影片、影帶等不一而足。隨著科技發達，真是五花八門，可惜只是表演，非其常態的教學方法，觀摩者在觀後無從仿效和反思，教學完後老師無所增長；更重要的是整個過程，全部在看老師的表演和優缺點，喪失教學對象的主體應是在學生。」[1]

新竹縣立南和國小，是一個全校只有三十七個學生的偏鄉小校。校長王映之說：「我們在二〇一三年八月加入淡江大學潘慧玲教授計畫的前一年，不斷透過對話研討增能，先讓老師具備課程意識。一〇二學年度開始推行時則先花了四個月的時間，和老師共同備課探究與解構教材，十二月才有第一場的公開觀課，「我們是伙伴關係，不是個人成敗」，做好前期準備之後，才開始進行觀課議課。

這個時候，公開觀課是共同備課的教學實踐，不再只是由授課老師承擔教學責任，而是教師伙伴同儕共同從學生的上課互動反應中，看出課程設計上還有哪些未周延之處，該如何幫助學生學習得更好？「觀課老師把孩子討論的話記下來，大家收集資料看看孩子學習的過程，在議課時提出來。學生的反應，是迷思概念或講不完整？學生有無卡住？透過議課讓老師省思，備課的教材與教學活動設計是否真的適合學生學習？」王校長改變過去「老師們單打獨鬥，只顧好自己的教學，在教室當國王，教完就走，其餘是學生的事。學習共同體的模式重新打開教學的連結，打破教室的藩籬，讓全校教師成為學習的伙伴，師生在課堂上也互相學習」。

然而，初期推行時也感到小校人力不足的困頓，老師對於行政工作量負荷的無奈，以及家長對於評量成績分數不理想的迷思，王校長這段過程走得辛苦而孤獨。所幸在一〇三學年度全縣國小三年級國語文學習成就測驗中，南和學生測驗結果為九十點五八，比全縣平均七十五分還高出十五分之多，證明改變課程教學與評量的模式更能優化學生的學習成效。

學習共同體成果展中，全台各校分別展示各自校內的推動成果。果哲攝

「協同學習」與一般「分組學習」的不同

四人為一小組的「協同學習」，是學習共同體主要的方式。此四人小組並不是小組競爭或組內分工，

而是每個人在同一起點，一起思考解決問題。佐藤學認為，「學習是要靠與他人的對話，才能產生。」佐藤學說學習共同體的學校改革所要推動的是「協同學習」（collaborative learning），而非「合作學習」（cooperative learning）。

大理高中高松景校長分析「協同學習」與「分組學習」的不同是：一，「分組學習」重視小組思考和意見的一致性，需要小組長的領導完成；而「協同學習」的主體是個人，每個人的思考與意見多元的相互碰撞，每位學生在平等的地位中參與學習。二，「分組學習」是六至八個人為一組，選好組長分派工作後，展開集體活動；但六個人對「協同學習」而言是太多，難以建構平等參與的學習關係，四個人為一組是最適切，且為避免聊天宜男女各半，小組內成員不必任務分工。

另外，「能力分組最大的錯誤，在於不了解『能力』的差異其實是教育的產物。」佐藤學去芬蘭參訪之後發現，「能力的不平等其實是教育不平等的結果。」歐克斯（Jeannie Oakes）是能力分組領域最知名的研究者，在她的調查研究顯示，能力分組對少數前段學生有效，對多數前段生及全部中段生無效，壓抑了中段及後段的學習，擴大了學力差距。歐克斯的調查也證實，採用複式學級或無學年制的混齡教學，效果較好。[2]

「有些課堂很熱鬧，但沒有幫助學生學習。」藍偉瑩老師描述學共，「課堂看起來很安靜，但是學生是可以做深度思考的」。

教師社群的學習共同體

為什麼要成立社群？「因為知道很多人想做，但是遇到困難，若不靠群體的方式去支撐每個人的改變，這件事是會非常難做下去的。」麗山高中的教務主任藍偉瑩，二〇一四年借調到台北市教育局負責學共，「我們期望品質要做好，而不是形式。」課程設計沒有想像中的容易，「老師其實很容易受傷，受傷一次的老師，可能以後永遠都不願意再改變。幫助老師、支持老師這件事是很重要的。」藍老師鼓勵老師共同備課，和伙伴一起努力，於是成立了很多社群，「老師最大的困難還是在提問，由提問讓孩子找到原理、原則是最花工夫的，應用反而是最簡單的。」

「做學共的老師都有一貫的特質，就是默默做事。我們有的老師教室做得非常好，但也不會很有名。」藍老師表示學共的課堂和課程設計比較在意的，就是真的幫助學生理解，「這種不是敲鑼打鼓的比較不容易被看見，但是比較長久，精神在就好了。每個人的教室還是會長得不同，這跟老師自己的調性有關、跟所接觸的孩子有關，所以我們沒有一個標準的模式。老師和孩子的默契，會營造出自己的一種學共教學。」

藍老師很認同學共的理念，「認同他的人道關懷精神，而我們有本土化的歷程，不需要把誰當神一樣去捍衛。」她認為只是自己比別人接觸得早，遇到的孩子配合得很好，有一群好伙伴而已，「做學共遇到的第一個困難是自己，而不是別人，因為會很衝突原來的自己；第二個就是修身養性，因為面對孩子某些狀況還要忍耐、等待。」

日本的文化屬性中，有很強烈的團體感，因此，整所學校全部進行學共是比較容易做到的。佐藤學向淡江陳麗華所長強調，他談的是「School as learning community」，而不是「Learning Community」。然而，台灣文化相對重視個人，台北市的學共發展，在國小有全校進行學共的小學，到了國中只有北政國中全校進行學共。而在台北市的高中，就只有教師個人選擇參與學共。因此，教師社群的彼此串聯，成了單兵作戰的學共老師重要的支撐。

學習共同體的哲學思維

學習共同體的三個哲學基礎：

一，公共性的哲學——學校是一個公共空間，為提升學習品質，每位教師至少一年一次要開放自己的教室，讓大家觀摩。

二，民主主義的哲學——校長、老師、學生都是學校一分子，都有發言權（過去成績不好沒發言權），教育要培養大家共同生活在一起的方式。

三，追求卓越的哲學——減少課程內容或降低教學目標並無法增進學生學習動機，而設定較高的教學目標，選最好的教材，才可激發學生學習。

佐藤學教授認為學習的成立需要有三個要件，也就是所謂的「學習三位一體」：

一，相互聆聽的關係，是相互學習關係，不是小老師關係。

二，伸展跳躍的學習，是一種創造性、挑戰性的學習。

三，真實性學習，是指符合學科本質的學習，是學習中最重要的，也是教師「返回」／「回歸」的教學行為。各學科的本質例如：數學課追求數學式的思考與學習、國文課追求文學性的思考與學習。

學習共同體的課堂教學三要素是：「活動」（活動性學習）、「協同學習」和「分享表達」（反思性學習）。「學習共同體」的學校改革主張構築教室的「協同學習」、教師間的「同僚性」（collegiality），和家長、地區居民的「參加學習」。

如果老師或校長只有將學習共同體當作教學的方法，那麼課堂教學就很容易出現天花板效應，「以韓國的實踐經驗，有些學校的老師做了一、兩年就沒有新鮮感，因為學習共同體變成一種新的教學格式，久了學生就沒有新鮮感。」[3]所以學共強調老師要掌握的是課程的哲學，而不是教學的方法。「學習共同體的推動，其成功的主要核心力量，來自於專業的密度，而不是強度。」秀山國小林文生校長認為，「所以經常性的相互觀摩與學習，是維持學習共同體專業熱度的最佳方法。」[4]

台灣的「學習共同體」現象

日本東京大學佐藤學教授在一九九〇年代發現日本學生「從學習中逃走」，失去學習的動力，校園暴力日增。他總共訪問過兩千五百所學校，剛開始推學習共同體的一千所學校都失敗，直到一九九七年第一個前導小學濱之鄉小學才成功。目前在日本推動學習共同體的學校約有三千五百所，已佔公立學校的百分之十。學習共同體也開始席捲了亞洲國家，包括二〇〇〇年韓國、二〇〇三年上海、二〇〇五年新加坡、越南、印尼；[5]遲至二〇一二年，才登陸台灣。而台灣一年之內，就已經迅速發展出一百所學共學校。

學共在台灣各地推動的方式各異，台北市教育局長丁亞雯任內，共有二十七所學校試辦，國高中則是自發性試辦，並未介入推動；二〇一二年新北市政府教育局開始主推，由歐用生教授、鄭端容校長成立讀書會，組團訪日。新北市校長是學共的「領頭羊」，先進入課堂授課，以降低教師的抗拒力；台南市是由教師工會開始推動；而淡江大學潘慧玲教授是「學習領導與學習共同體」三年計畫的主持人，以適應本土脈絡的模式，「學習領導」為上位概念，學習共同體是中間的一個實施形式。參與計畫的包括基隆、台東、北市、新竹縣，以及後來加入的新北淡水一帶三所學校，和台北市、新北市一些學校，採用資源共享的合作方式。其中有幾所是計畫內的試點學校，縣市政府端每個月都要參加例會，教育局處的計畫配合、跨校合作，教學精進計畫的資源如何幫助學校發展。此計畫於二〇一六年結束後，國教輔導團退居幕後協助。

「學習共同體絕對不是只有課堂改變的方式，而是讓學校轉型的一個非常重要途徑，從改變整個課堂的生態，到改變整個學校生態。」潘慧玲教授強調，「我們不是拿某一個人的東西在台灣推動，而是融合了很多包括西方和佐藤學，尤其是台灣固有的東西。」領導團隊研發的《學習共同體入門手冊》，包括重要概念和如何推動，參考表件有十種，如學習活動設計備課單、觀課／議課／備課自我檢核表、公開觀課紀錄表等等，還包括「如何探究合作與表達？」「如何設計一份好的學習活動單？」「老師如何提問？」「如何帶動更多的老師參與？」「如何把學校往前帶？」等問題討論。

二〇一四年出現的論文〈你的教室ㄇ了沒?〉對學習共同體做了較完整的記錄與反思，作者淡江大學課程與教學研究所教授兼所長陳麗華，於二〇一一年訪日時，就接受佐藤學教授之邀順道參訪學校，隔年幫忙譯者黃郁倫聯繫親子天下出版了《學習的革命》。這篇兩萬多字的論文，探討了學共熱潮的原因，同時也略提學術界的質疑，結論時說：「在導入策略方面因緣際會出現一些過去教改少見的非典型策略，相當新穎，包括：出版社的行銷策略、讀書會、日本參訪體驗、研討會與工作坊、出版實施手冊、公開授業研修會、校長與主任入班教學、課例研究分享平台。」陳所長並以新興宗教現象為譬喻，「跟以往教改的推動策略非常不同，過往的教改總是透過專家學者來傳遞與詮釋教改的理念與精義，這次大不相同，許多現場教師透過讀書會直接閱讀佐藤學原著，親身與佐藤學對話，以獲取實踐養分與動能，這就有點像是新教徒逕行閱讀聖經，自行跟上帝對話、親近，不需要透過神職人員，讓新教傳布神速。」[6]

佐藤學教授表示：學習共同體的學校改革之路，是沒有「標準作業流程」（SOP），也非學校問題「處方箋」；因為學習共同體是一種「願景」與「理念」，如何實踐此「願景」與「理念」，有千百種方法，各國及各校都可自行去發展出適合國家及學校的教育發展脈絡。經常受邀來台並走訪許多縣市的佐藤學，卻「希望台灣可以『慢下來，而且越慢越好』」。二〇一三年九月的《親子天下》雜誌的一篇標題為〈教改非流行，佐藤學要台灣慢下來〉文中說：「如果只有上位者要求『量』，教學現場就學不到內涵。或老師孤軍奮鬥嘗試改變，但是少了行政和家長的支援，改革不易持續。換言之，各個角色如果無法互相支援，那麼改革就會失敗，淪為一種流行」。

在其他新的教學法陸續推出之時，旋風式的學習共同體似乎逐漸趨於平靜但深耕，無論這第一波由下而上的教改革命是否成功，都已經明顯地顯示，教育現場的教育工作者對傳統教育長期積壓的不滿，以及亟欲尋找出口的現象。

註釋：

1 清南校長部落格（fvs101.blogspot.tw/2013/11/105-how.html）。
2 《學習的革命：從教室出發的改革》佐藤學（親子天下）。
3 〈與學習共同體共舞：新北市的實踐與反思〉歐用生（首府大學講座教授）、林文生（新北市秀山國小校長）、吳麗玲（新北市麗園國小教師）
4 〈學習共同體的基礎建設：先導學校工作備忘錄〉林文生，出自《學習共同體特刊》（二〇一三）。
5 〈從「疑惑」到「讚嘆」，再到「疑惑」的參訪之旅——「學習共同體」下校長「學習領導」的新議題〉高松景。
6 〈你的教室冂了沒？台灣導入學習共同體學校的模式與策略省思〉陳麗華、陳劍涵、陳茜茹（二〇一四年五月）。

翻轉教室

——上課前先看教學影片再進課堂

學生上課前先在家裡看完教學影片，進課堂以後寫學習單或討論，是「翻轉教室」的進行方式。「翻轉教室」創始人之一的強納森．柏格曼（Jonathan Bergmann）認為「翻轉教室」最大的好處不是看教學影片，「直接授課這件事已經移到教室外面，現在我們的學生能夠參與更多、更好、更有意義的活動。」[1]台大電機系副教授葉丙成認為老師把自己的價值全押在講課，是很危險的，「因為他是很容易被影片取代的」。[2]

「幫孩子建立看片子的習慣，是『翻轉教室』老師的責任！」[3]葉丙成老師在書中的「BTS翻轉——馴化篇」（BTS，By The Student的縮寫），傳授四個祕訣：

一、「頭兩週先在課堂看影片」；

二、「給予差別化待遇」，他堅持課堂上只讓學生發問，「絕對不可以在上課講課！」上課前沒看片的學生就只能在教室後方看片，不能加入班上的討論或活動；

三、「加強同儕壓力」，用臉書社團的「線上民調」功能，顯示已經看完影片的學生名單，給落後的學生壓力，或用Line、WeChat成立聊天群組，要求學生回報影片預習的進度；

葉丙成老師在2016年《聯合報》舉辦的「國際名人論壇」中發表演講。果哲攝

四、「學生分組」，「BTS翻轉教室最重要的精神，就是學生要分組。小組與小組之間彼此競爭，小組之內互相合作。」

二〇〇七年，美國高中老師強納森·柏格曼和他的同事艾倫·山姆（Aaron Sams），開始錄製上課影片並放在網路上，讓那些缺課的學生自己去補課，老師就不用一直重複教學，這些影片意外地引起廣大的回響，全美各州都有老師或學生在使用。艾倫提議下，兩人將所有授課內容事先錄下，要求學生先看影片，記錄重點當作家庭作業。兩位老師發現，學生不但可以在一節課之內完成所有的事，還會多出二十分鐘才下課。[4]兩位老師都曾先後獲頒總統傑出科學數學教學獎，「我們當然重視影片，但它卻不是翻轉學習的關鍵要素。」兩位老師在書上細緻地教授如何用手提電腦自製教學錄影片，他們更發展出翻轉學習網絡（Flipped Learning Network）。

葉丙成老師兩年兩百多場的演講，成了台灣「翻轉教育」的代言人。他的翻轉教育叫作「BTS翻轉——For the student! By the student! Of the student!」，更建立了自創的線上遊戲網站——BJT-Online，把各組學生出的作業跟遊戲結合，藉由團隊之間的競爭，由每組攻破別組的題目，讓學生練習解題。二〇一六年四月，在《聯合報》舉辦的「國際名人論壇」中，全程以英文發表演講時提到一位歐洲教授，向他讚揚他們設計的遊戲之後說：「但是我們歐洲人，不喜歡競爭」，葉丙成表示，不用競爭的方式玩遊戲，一樣很有趣。

葉丙成老師的演講激發老師「為人師」的熱情，「身為一個老師的核心價值，究竟是什麼？我們該怎麼樣才不會被影片淘汰、被影片取代？」[5]近年來在各國免費網路教學的開放之下，「到底有沒有什麼事情是只有你可以對你的學生做的，而那個網路的MOOC影片或是補習班老師沒辦法對你的學生做的？」

求學生涯一直是菁英的葉丙成，在台大二〇一六年畢業典禮演講時說，自己一生追逐標籤，從小學就是要拚第一名，中學拚建中、資優班；考進台大後拚的是「系學會會長」、「書卷獎」、「留學名校」；工作拚的是「台大教授」，現在成為「翻轉教育」的代言人。三十五歲就已經成名，找到人生方向，感到非常充實與愉快。他認為人生找到方向、活出價值時的終極標籤是：「人生最該追求的一張標籤，就是自己的名字。」

當台灣培養出來的菁英人才，有更多人願意從人生勝利組中開始回饋台灣社會，分享給更多需要的人，才是台灣未來的希望。

註釋：

1《翻轉教室：激發學生有效學習的行動方案》強納森・柏格曼、艾倫・山姆著，黃琸琳譯（聯經）。
2《為未來而教：葉丙成的BTS教育新思維》葉丙成（親子天下）。
3同上註。
4同上註。
5同註1。

參考資料：

〈葉丙成：給台大生的畢業叮嚀——放下台大，才能超越台大！〉，《天下雜誌》「獨立評論」，二〇一六年六月五日。

學思達

——公立高中老師的教學法從台灣走向東亞各國

二〇一三年，台北市立中山女高國文老師張輝誠得到校長的支持之後，成立了「學思達教學班」，對新生家長和學生做了一場說明，採取自由報名方式，從七十五位報名學生中抽出三十八位，張輝誠老師開始進行隨時開放教室觀課。兩三年的時間，前往中山女高觀課的人數達幾千人，除了台灣各地之外，還有來自東亞各國。

「學思達不是翻轉教室」，張輝誠老師認為翻轉教室是影片加上「家庭跟學校功能的對調」；而學思達是「老師跟學生角色的對調」。「學思達注重的是講義，而不是影片」，語文科老師張輝誠強調，閱讀的速度比說話的速度快，一部十五分鐘的影片轉成文字，也許三分鐘就看完了。所以學思達的老師，花很多時間在備課時準備講義，上課時提供給學生閱讀。

學思達的課堂進行

「學思達的方式，是由老師提出問題，學生自己找出答案。因此，學生必須在老師提供的補充資料中，快速閱讀找答案。」張老師認為這種教學方式，完全排除了老師寫黑板學生抄筆記的時間浪費，並且「節制了老師一個人說個不停的時間，把整個課堂時間，留給學生發言，讓學生主動閱讀找答案，也就是培養學生自主學習的能力。建立起互相討論的課堂方式，學生可以進入一個高速度、高效益的學習現場」。張輝誠說明學思達的老師，需要花五到十倍的時間備課的原因，是因為教科書資料嚴重不足，導致學生無法自學，「學生的自學，需要完整而充足的資料」。

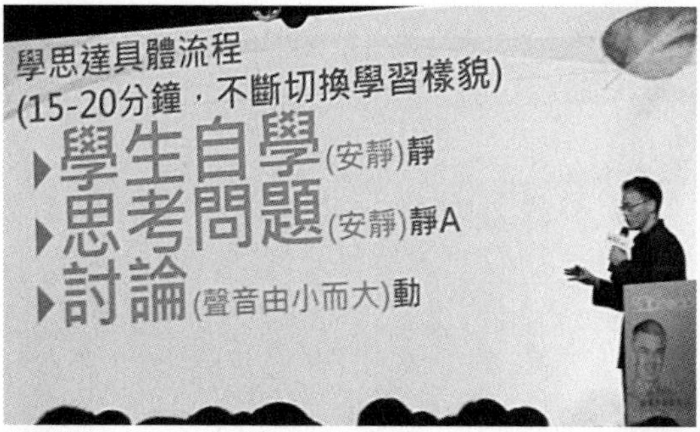

張輝誠老師在2016年《聯合報》舉辦的「國際名人論壇」發表演講。果哲攝

鐘聲一響，學生就可以開始進入自學了，因為老師課前備課做講義，給學生足夠的補充資料。張輝誠老師強調，「用問答題問學生，他才會自己找答案」。有的學生懂，有的學生不懂，於是加上分組進入討論的狀態。到底懂了沒有？就由老師抽籤上台，既可以訓練表達能力，又可以確定學生懂了沒，「把同一組的成績綁在一起，懂的學生就一定要教會不懂的學生」，最後再

由老師補充。

台灣老師為什麼不讓學生上課講話？張輝誠老師的經驗是，因為學生會越講越開心，「重點是怎麼控制學生不聊天，而在聊知識」，因此分組討論必須掌握技巧。

由於學生最佳的專注力是十五至二十分鐘，張輝誠老師透過不斷切換學習狀態，他所描述學思達的課堂是：讓學生保持最佳的專注時間。當學生在自學時，課堂上非常安靜；當學生在思考問題時，就會看見學生在翻講義尋找答案；當學生在討論時，就會聽到聲音，這時候學生在課堂上聊知識，討論知識了。一開始聲音很小，會越來越大聲，因為學生開始聊天，表示已經討論完了；抽到的學生上台報告，其他的人聽。如此，不斷地切換學習狀態。

張輝誠老師說明學思達的成效：學生自學佔百分之十，思考問題佔百分之七十五，轉身討論佔百分之五十，會的教不會的佔百分之九十，上台表達示範並告訴答案佔百分之九十，老師補充佔百分之五。學思達專班的成績單第一張是學生的自學能力，自己評自己、同組評、老師評。思考能力、表達能力、領導能力、合作能力、競爭能力，而學業成績表現只是附件。

「台灣補習班流行的原因是因為對手太弱，台灣用低成效的學校現場圖利補習班業者。」所以，張輝誠老師認為，如何把低成效拉到高成效才是台灣國高中教學現場最艱難的挑戰，「一般人的閱讀速度是講話速度的三倍，老師上課不要講太多話，學生的知識量會突飛猛進，閱讀習慣和能力，會每天在課堂上被建立起來。」

「隨時開放教室」的觀課方式

二〇一三年九月八日，張輝誠把自己的課表在網路上公開，歡迎任何一位老師隨時來觀課，但建議老師前往觀課前，還是先跟該課的老師打個招呼，確認是否方便觀課。學思達的觀課有自己的主張與規矩，前往觀課的老師，需要先閱讀「觀課須知」。

觀課老師只能坐在教室的最後，不干擾學生上課是最重要的原則。學思達的觀課重點絕大部分都在老師，只有一小部分才會放在學生身上。張輝誠認為觀課老師應該觀察授課老師如何設計？如何引領？如何實踐？老師如何順利成功地引領學生進入「成為學習的主人之方法、過程與機制」。

張輝誠老師希望觀課老師在「觀課前」，透過文章或影片先對學思達有初步了解，並讀過觀課須知；再了解授課老師採用何種教學法與其特色；觀看老師如何設計講義。在「觀課中」，觀看老師如何主持？如何班級經營？如何引導和統整？如何輔導？至於觀看學生的學習狀況，張輝誠認為可以看全班的所有學生、個別學生皆可，不用整節課只單看一組。「觀課後」，議課的重點就是在教學現場觀察到所有包括講義內容及老師整體狀態等等，議課不是學思達的重點，但鼓勵老師寫下觀課心得上傳至學思達平台，互相交流。

張輝誠老師在全台開設學思達的培訓班或工作坊，有時兩天，有時四、五十個小時，幫老師進入學思達狀態：做講義的能力、設計問答題的能力、主持的能力、引導的能力、強大的班級經營能力和一對多的指導能力。

學思達工作坊是怎麼來的？「學思達工作坊，一開始是由高雄市教師會董書攸會長，北上台北和我敲定好。然後接著就由台灣各地的學校、校長、教師會或輔導團，主動接洽、輪流舉辦。有些由主辦單位籌措經費，有些則由學思達最大支助者方慶榮董事長支助，大家有錢出錢，有力出力，兩年半來一路走到現在。」

在多少地方辦過學思達工作坊？「高雄，基隆，彰化，雲林，桃園，南投，澎湖，金門，新竹，接下來還有台北市、台東、嘉義和屏東。國外則有山東、馬來西亞、新加坡、香港、北京和江西。」[1]

究竟要怎麼教，才能培養出會思考、能表達的學生呢？這些學思達老師的教學講義長得什麼模樣？他們又是如何教學的？所有的問題，都可以在「學思達教學法平台」找到演講影片，也有詳細的分組、評分、講義製作方法。像是「引導學生上台表達的具體操作方法」、「如何促進學生分組時積極融入討論」、「學思達問題意識、設計與引導」、「翻轉講義製作原則說明」、「學思達教學法講義製作示例」等等。平台還有全台灣「開放教室」清單以及課表，包括開放教室的地點、科目、老師、時間。

學思達平台最大的特色，就是整理出超過千份的教師講義。這些講義是由全台各地的老師自願上傳、分享。講義內容從國小到高中都有，主要是國文科，也有生物、地理、歷史等領域。講義都是用 Word 格式上傳，所以老師可以自由下載後自行修改編輯。

祐生研究基金會林俊興董事長幾十年前就長年投入鉅資、默默地栽培台灣年輕人中的菁英，期待他們未來能回饋台灣社會。張輝誠老師的大學時代，曾受過祐生長期栽培，他看見長期堅持的重要與力量，「老師的堅持、家長的理解、校長的支持，是不走回傳統的重要力量」。

學思達的十年計畫，目前已經進入第三年，開放教室兩年半，全世界超過五千個老師去觀過課，從小學到高中全台灣有五十八間教室開放。十年後的目標，是有六百二十五間，每個縣市從小學到高中每一個科目都有，把封閉的教室打開，讓家長看到孩子接受什麼樣的教育品質。

「台灣用六年的填鴨式教育來荼毒中學生，中學生考上大學之後，就用四年的玩樂來報復國家。」張輝誠老師提供了一種新的可能，以培養學生能力為導向，同時兼顧課業與成績，又能慢慢改變台灣教育型態，還能慢慢改變台灣大學生的樣貌。學思達重視的是閱讀速度、閱讀能力、理解能力、表達能力，而閱讀速度越來越快，知識量就會突飛猛進了。閱讀速度增加之後會很驚人，「我要讓台灣的高中生大學生化，甚至研究生化，去凸顯台灣大學生高中生化的荒謬。」

註釋：

1 二〇一六年的學思達翻轉大會報告。

MAPS

——有效教學法與成就他人

曾獲得POWER教師、SUPER教師全國首獎、一〇三年師鐸獎的王政忠老師，吸引一年約兩千位老師，從台灣各地甚至海外慕名而來，聚集在這所全台灣最窮的平地鄉學區——南投縣立爽文國中，人們口中的偏鄉奇蹟學校觀課。

從《老師，你會不會回來》到《我的草根翻轉MAPS教學法》

二〇一一年九月《老師，你會不會回來》（時報）出版，王政忠老師細細描述著他曾經一心想逃離的偏鄉學校爽文國中，但一九九九年的那場九二一大地震，改變了他的一生。這本書，還

王政忠老師在夢二的閉幕式中，面對台下兩千五百位老師用手電筒致意。圖片來源：MAPS 提供

拍成了電影。

王政忠老師出身貧窮家庭，需要靠自己打工求學，還要幫家裡還債，刻苦考上高雄師大。他白天念書，晚上是補教界名利雙收的英文名師，但由於母親要求，他便回到南投繼續償還剩餘的債務。對於未來人生充滿憧憬、準備當完兵就奔向富裕康莊大道的王老師，卻在因地震倒塌的校舍、孩子們的淒厲哭號聲中，開始動搖。和謝百亮校長的一席談話之後，王政忠老師回到了爽中，再也沒離開過。

地震後，爽中剩下八十三個學生，目前有一百二十六個學生，超過六成來自弱勢家庭的孩子，現在遷入就讀的外地學生佔百分之三十。「轉進來的叫作教育選擇權，留下來的叫作基本受教權」，二〇一六年五月王政忠老師另一本著作《我的草根翻轉MAPS教學法》（親子天下）出版。書中他公開了自己花了七年，從發想、設計、實踐、調整到確定架構的「MAPS教學法」。

二〇〇九年開始，「為了追求真正有效的教學」，國文老師王政忠反覆嘗試，發展出一套「台灣本土、草根與原創的教學法」。新書中從論述開始，到課堂進行的照片、各組需用文具的照片、籌碼計點所用的代幣照片、各種心智繪圖的照片，以及貼滿補充紙條的學生課本照片，圖文並茂、應有盡有、巨細靡遺，滿是王政忠老師的熱情分享；書中甚至還不忘條列這個教學法的局限，也是反省。

王老師在二〇一二年才從「翻轉教室」首次聽到翻轉二字，「二〇一三年起，翻轉教室的資訊排山倒海而來，莫名地，我被列入所謂的翻轉教師。」但是他認為，「MAPS教學法」應該被稱為「有效教學法」，因為爽中考上公立高中職的比例，從十五年前的百分之二十六，增加到現在的百分之八十九；PR80 以上，從原本的百分之零點六升高到現在百分之十五；PR25 以下低成就，從原本的過半百分之五十一，降到現在百分之二十二。溫美玉老師的「不談教育，只談教學」，給了王老師很大的啟發，經過微調之後，定調為MAPS「教學法」，認為「先談教學，再談教育」。

超過百分之九十的孩子考上了他們選填的第一志願，「孩子想去的地方，就叫作第一志願」。王老師力圖扭轉傳統思想，「第一志願不是父母要的，不是分數排序要的，更不會是學校貼榜單要的。唯有孩子想要的，才叫作第一志願。」

讓孩子真正成為學習的主人

MAPS教學法有心智繪圖（Mind Mapping）、提問策略（Asking）、口說發表（Presentation）和同儕鷹架（Scaffolding）四個核心元素。透過老師的引導，共讀討論文本。分成小組討論之後，每組將討論的內容做成心智繪圖，並需要立刻上台做口說發表，驗證自學的結果。每位學生都要發表，讓自學成果彼此分享，然後獨立完成心得報告。有異於課本講義所說的答案，「學生才是課堂的主人，當老師願意在教學上堅持零點一的改變，孩子就會不一樣。」

王老師的步驟設計不僅細緻，更藏有小技巧，例如在分組學習時，依照語文能力將學生分為不同角色名稱；利用差別紅利制度引導程度好的學生積極教導其他人，培養共學精神。課堂裡，學生熱烈搶答、討論，不到十五歲的學生站在台上侃侃而談，流露大方與自信，讓觀課老師都驚訝不已。

為了讓學生知道學習的價值，設計了「學習護照」，記錄下學生的每個歷程，包括學科學習和生活學習，歷程變成點數，點數兌換二手商品，包括學習、生活所需，這些二手物品來自全台灣的捐贈，讓孩子用學習點數兌換生活用品。

不是只為了物質，還要內化。小五之前，會借用物質改變行為；小五之後，社會化增強、認知內化，要讓孩子明白真正重要的，不是讓孩子獲得點數，不是換到了什麼，而是擁有兌換的條件。

爽中的國一有畫家教學生畫畫，國二有陶藝家教學生捏陶，二〇〇二年還成立了國樂團，在這個生長環境裡，沒有一個孩子有樂器的基礎。二〇〇三年，國樂團第一次站到舞台上，到了二〇一一年便得到了八十五點八的優等成績。二〇〇八年召集畢業生成立「爽中青年軍」，二〇〇九年開始辦棒球生活營，由青年軍設立棒球教學，吸引國小的小朋友參加。透過設計課程，告訴小朋友什麼叫勇敢、禮貌、孝順，青年軍成為了生活楷模的示範。

從二〇一〇年開始，青年軍在寒暑假接手學期中未完成功課的學生，以一對一、一對二的方式，讓學生達成爽中規定基本能力的最低要求，「因為學習可以慢，但不能算了」，青年軍在示範的，就是成就他人。

二〇一二年英文課透過視訊跟美國大學生 skype，一週一次；加拿大人文關懷課程統整，請加拿大醫學院學生駐校半年，每節下課安排 English Corner，每週都有不同的主題。二〇一三年七月，由AT（American Teacher）的大學生和七所大學十五位IT（International Teacher）志工在暑假開辦二至三週的全英語營隊。

我有一個夢

二〇一五年四月，王政忠老師在臉書上寫下〈我有一個夢〉，呼籲老師改變教學法，引起廣大回響。王政忠認為，「每一個人受教育一開始都是為了成就自己，成就自己是快樂的，但成就別人是一件快樂一百倍的事。」

同年七月，以偏鄉老師為主的教學研習活動「夢一」在中正大學舉行，共有一千七百位老師參加，「我們一起號召了超過二成比例的偏鄉教師參與了這個夢，這個比例是台灣教育史上，教師自主研習前所未有的紀錄」。不僅在台灣，王政忠老師也接到新加坡、香港、馬來西亞以及中國大陸的演講邀約。

夢一的戰略目標之一是「引起各方對於偏鄉教學的關注」，讓參與的教師實質獲得教學經驗及技巧的協助。「我們期待夢二夢三之後，工作坊能回歸各地自主開花，讓每年一度的大會，成為各領域各年段傑出教學嘗試的發表平台，會場內外是各式各樣的教學軟硬體資源博覽會」。「最大的獎賞，是留在偏鄉，讓孩子感受到，教育才是翻轉未來的希望和力量。」集教育界三個首獎於一身的王政忠，不斷在各偏鄉、離島之間奔波，「我有一個夢，我想幫忙更多，但我清楚知道，在地力量才是翻轉孩子學習樣貌的根本。」

二〇一六年，在嘉義中正大學舉辦的大型研習「夢二」，號召了兩千五百人參加，王政忠老師希望能集合各領域的優秀老師，和偏鄉老師分享教學心得。

在「夢二」的閉幕式上，王政忠老師宣布不會再舉辦「夢三」了，兩千多聽眾亮起手機的手電筒，照著舞台上的王政忠，「燈滅了，我就會下台」。他想回到他的偏鄉學校去，做一個平凡的老師，好好陪伴他的學生。

眾人擁簇、鎂光燈聚焦的王政忠老師，並沒有在虛名中迷失自己，保持清醒才能不戀棧舞台，為人師表的王政忠以身教示範，因為懂得下台，而成為最明亮的一顆星星。

討論三：體制內的實驗教學法

一九九四年四月十日的民間四一〇教改大遊行之後，台灣教育體制內的教改，在紛紛擾擾中舉步維艱，當體制外的教育改革已經結出成熟的果實之際，體制內仍陷在各種纏縛中動輒得咎。

台灣體制外的各實驗學校，在媒體雜誌長年不斷的持續報導之後，開始影響了體制內有熱情的教育工作者。經過幾年醞釀之後，二〇一二年改變體制內教學法的《學習的革命》一出書，體制內首度四處揭竿而起。

體制內的共同難題

推行學共三十多年的佐藤學認為，東亞國家共通的難題皆為如何擺脫「追求以考試為目的的學力」，「東亞國家教育的特徵是，學校教育為了國家利益服務，為了考試競爭。所以學校早期是為宣傳國家利益，提升國家經濟。」東亞各國到八、九〇年代才真正民主化，「但教育和民主的連結還是不清楚」，佐藤學主張，「東亞國家有三個問題非解決不可：競爭教育要變成共生教育，量的教育要變成質的教育，有目的的教育要變成有意義的教育。」[1]

台灣體制內的各教學法，每每衝撞到圍城之下，便很難再跨越，在填鴨式教育裡最重要的，仍是考試分數。國小沒有升學考試壓力，在國小現場最容易展開各種實驗嘗試；一旦進入中學六年，進行任何實驗教法之後，都會被關切「成績有沒有變差？」這道隱形的高牆，不但無法跨越，也是大部分教師們拒絕嘗試新方法的主因。

在傳統主流價值主導之下，早些年體制內的學校若想開展實驗教育，校長有著共同難題，有時校長首先會努力獲得幾項政府頒發的各類優質或特優獎項，得到家長和老師的信任後，再開始進行實驗教育。其次，在進行的同時，還要一邊不斷地教育和說服老師和家長。然而最後，無論是國中或高中，到了第三年時，就得恢復傳統課程，全力應付升學考試。這些在體制內進行實驗的學校，通常只能務實地進行前兩年的實驗教育。

二〇一四年諾貝爾物理學獎得主、日本的中村修二，在一篇比較中、日、韓三國教育的文章中說：「為何東南亞會有這樣的教育體制呢？我覺得，是因為東亞國家在現代教育體系本來就有的普魯士的基因，再加上了東亞儒家和科舉傳統。」中村認為人類的思想領域被切割成一塊塊便於管理的「學科」，以及一個個單獨的「課程單元」，「這個模式，是在十八世紀由普魯士人最先實施的」，目的是為了炮製忠誠且易於管理的國民，服從父母、老師、教堂的威權，最終服從國王。

而對於聯考式的公平，中村認為是儒家「不患寡而患不均」的思想，反而壓制了人才的發展，「學生如果長期處在考試的競爭壓力下，自然也就不可能有長遠的自我成長計畫，而只能把心思集中在將會決定一生道路的一次次考試上。」

他認為東亞教育體制的工業時代基因，是用訓練體力勞動者的做法，來培養他們心目中未來的學者和企業家，「這種體制由於造就了多個既得利益階層，所以很難撼動，甚至會像蘇聯重工業綜合體或印度種姓制度一樣，『病得至死方休』。」中村修二出身於普通漁民家庭，考上一個連物理系都沒有的三流大學，卻憑藉自學，最後因研發藍光LED，而獲得二〇一四年諾貝爾物理學獎。

西方學者一再討論的社會複製問題，中村也談到，「東南亞的教育制度，一方面，養活了龐大的低效率又思想陳舊的各類公司教育機構，另一方面，對於通過學歷的看重，佔據社會高階層的，多半都是最適應這個體制的，而這個階層又通過在考試教育上的更多支出，保證自己的下一代在這個考試體系中也能脫穎而出，從而把自己在社會地位上的優勢又傳給了下一代。這個亟需改革的體制，就這樣在各個社會集團的共謀下，益發僵硬了。」[2]

台灣體制內的教育現象，並非台灣所獨有，東亞的教育體系都相仿。當東亞各國和西方國家一樣，都在為自己的教育煩惱時，台灣處在相似的困頓阻力中，是否能借鏡東、西方各國的教改經驗，看清自己的狀況、看見自己的劣勢與優勢，找到自己的出路，將各國經驗本土化。

實驗教育從體制外走進體制內

民間的實驗教育學校，經過十多年少數媒體雜誌的不斷報導，醞釀著無法估計的影響力。近三年，再也等不及的體制內教育工作者紛紛站出來，開始走上心中理想教育的實踐之路。

體制內學校的教師，雖然無法改變整個學校的傳統體制，卻可以改變經營自己的教室。於是，除了各地同時興起的日本佐藤學「學習共同體」，以及幾位明星老師的全力推動，全台灣各地都有教師開始在自己的班級教室中做改革。其中，更有由教師主動向學校爭取開辦實驗班，出現非由學校主導的實驗班；有台北市中山女高張輝誠老師的「學思達實驗班」，推動自創的學思達教學法，和台北市南港高中林靜君老師的「國際人文實驗班」，側重培養哲學思考能力。

而最早帶動教師改變教學法的佐藤學「學習共同體」，則除了努力在各學校內推動教師課堂改革之外，有些由校長發動的全校改革，也成為體制內學校的實驗教育中，依循國外實驗教育而進行學校改革的例子。

體制內的各種新式教學法，無論課堂是安靜或喧嘩，無論教學法有何差異，都是為了改變教育現狀而奮力拚搏。台大電機系教授葉丙成和中山女高國文老師，張輝誠的教授學生均屬於菁英型，張輝誠老師重視如何加深教材內容，超越高中程度；而MAPS王政忠老師教的偏鄉弱勢學生，重點放在有效學習，讓學習落後的學生不被放棄。在不同的背景情況與目標之下，所用的方式自然也各不相同。

儘管教學法各有不同，然而，從他們幾位滿檔的演講與工作坊，與國外越來越頻繁的邀約，他們為了改善教育的願景而付出的辛勞與血汗，卻是相同的。

各種教學法的風潮中，除了各有擁護支持的教師社群之外，也有的教師並未加入哪一個社群，只是默默的多方學習，自己靈活運用；也有的教師，雖然加入社群，也是依然綜合使用各家教學法；甚至開始陸續有教師做了一些調整後，各自推出自己的實驗教學法，在網路上公開並推動。越來越多老師的追隨和改變，都足以說明，這些辛苦耕耘的帶動者，確實已經為台灣教師群，帶來無法估計的影響。

從永齡希望小學的帶領（請參考討論五），到學習共同體的推動，台灣一些學者開始進入學校現場，參與教學實作的研究。有些教授本身起了很大的思想改變，「越進課堂越謙虛」，淡江陳麗華所長說自己在觀課時，看見教師的認真、學生的反應，「才發現自己其實是去學習的」。

教師社群的蓬勃發展，是推動新式教學法之後興起的現象，這些教師社群支持並延續了各教學法，通常在教師社群中，可以看到令人感動的教師互動，這些不是出政府推動的教師社群，反而更實質進行著政府期待的教師社群功能。

一家雜誌社帶動台灣各地的翻轉教育

二〇一二年四月，《親子天下》雜誌出版的《學習的革命》，點燃了台灣體制內學校第一波自發性的教改浪潮。二〇一三年十一月，出版了《翻轉教育》，「我們應該期待，這一場學習的革命，要從教室開始。讓教師成為『學習的專家』，讓學校成為有助於學習欲望滋長的花園。家長和整體社會，也應該改變關注的焦點，在大免試時代，重新啟動下一世代孩子們的學習動機。」[3]爾後，二〇一五年五月《親子天下》雜誌同時出版了兩本書，葉丙成的《為未來而教》以及張輝誠的《學思達》；同年《親子天下》成立「翻轉教育」網站與粉絲團，而葉丙成也成為翻轉教育的代言人。二〇一六年五月，繼續出版了王政忠的《我的草根翻轉MAPS教學法》。這三本書都以作者照片為封面，憑藉作者本身對教育的一腔熱血，不斷地舉辦工作坊與演講，加上媒體持續宣傳，擴大個人影響力。

二〇〇八年《親子天下》雜誌創刊，二〇一三年對自己網友調查資料顯示，訂閱者八成為女性，三十至四十歲的已婚女性居多，年收入八十萬以上的家庭佔六成。二〇一三年成立「親子天下悅讀粉絲團」，同年以「學習的革命」網路專輯，得到亞洲卓越新聞獎（SOPA）年度卓越多媒體新聞獎首獎。

《親子天下》雜誌創刊之後，首先對台灣體制外教育的各實驗學校以及各國教育現況，做大量的報導，這些在台灣堅持走自己的路、沒沒無聞的體制外理念學校，透過雜誌的傳遞訊息，終於讓一小部分關心教育的人看見。

然而，對於教育體制內的老師家長而言，因各種現實考量無法脫離傳統體制。在同一片土地上，這些另類學校的報導在人們的心中，還是醞釀著不安與騷動，在學習共同體進入台灣之後，各地的許多教育工作者，一觸即發。

二〇一二年《學習的革命》出版，台灣首次有了體制內可以依循的操作模式。日本教育現場和台灣相似，讓壓抑已久的教育工作者看見希望；佐藤學在日本及各國的成功紀錄，也讓地方政府大膽地起而效之。

淡江陳麗華所長的論文〈你的教室ㄇ了沒？台灣導入學習共同體學校的模式與策略省思〉中，雖然對出版社的行銷方式做了分析，並提到學術界對於以出版社影響教育圈的反應，然而她最終認為，「更重要的是要思考，如何轉化外部引發力量，導引出教育界內部更多的自發性」。

一間雜誌社堅持報導乏人問津的冷門教育訊息，幾年之後，竟然帶給台灣教育界很大的影響與改變。從結果來看，台灣教育體制內教學現場的教師改變，從出版日本佐藤學的翻譯著作開始，到後來出版幾位本土教師的書之後，在這些熱血教師的帶動之下，確實產生如滾雪球般的效應。即使只是教學方法的改變，卻已經推動得如此辛苦，受影響的老師人數雖然在增加，但在所有教師的總數中，依然佔少數，也因此更顯得這些推力的重要。

一些文字媒體雜誌也逐漸開始正面報導教育新聞，直到二〇一五年，《聯合報》Udn「願景工程——偏鄉教育」全面進行偏鄉教育報導；同年遠見天下新辦《未來Family》雜誌，二〇一六年遠見天下文化教育基金會啟動了「教室應該不一樣」計畫，七所體制內國小參與計畫，有六個跨領域主題課程；網路媒體「報導者」也加入行列，開始對實驗學校進行一系列的報導。當更多的媒體業者願意投入協助，台灣的教育工作將可以逐漸得到應有的社會關注與參與。

德國國際比較教育研究所前任所長沃爾夫岡．米特爾（Wolfgang Mitter），在一篇論文中指出，國家對於教育的掌控力逐漸下滑，國家不再是教育服務的提供者，而成為教育分配品質與平等的護衛者。[4]

在這樣的趨勢之下，台灣政府應該如何重新思考自己的教育政策？

註釋：

1 《翻轉教育——未來的學習・未來的學校・未來的孩子》（親子天下）

2 「諾貝爾獎得主的深刻反省：東亞教育浪費了太多生命」中村修二於二〇一五年一月在東京的駐日外國記者協會舉行記者會上的講話。

3 同註1。

4 "Rise and decline of education systems: a contribution to the history of the modern state" Wolfgang Mitter.

第四部

哲思教育

毛毛蟲兒童哲學基金會

台灣兒童閱讀學會

樂觀書院青少年哲學俱樂部

Café Philo 哲學星期五

PHEDO 台灣高中哲學教育推廣學會

毛毛蟲兒童哲學基金會

——台灣兒童哲學的發源地

楊茂秀教授開始說故事了！他說了一個「中的」故事，關於小朋友尿褲子的故事，又說了一個「短的」故事，還沒開始他就說：「說完了！」最後再說了一個「長的」故事，是關於螞蟻和畫的故事。

楊楊米上圍著一群大大小小的孩子和爸媽，外號「歐巴桑」[1]的楊茂秀整頭蓬鬆的白髮，從年輕就喜歡跟孩子們說故事，說到興致來時，把頭上的帽子摘下來當道具，又是比畫又走又演，感覺不出已經是位七十多歲的阿公了。

楊茂秀老師在毛毛蟲基金會對著小朋友和家長講故事。 果哲攝

李普曼的兒童哲學小說

兒童哲學是什麼？楊茂秀老師很少直接對兒童哲學下定義，而是帶領大家以探索團體的方式進行討論，讓大家從當中體驗什麼是兒童哲學。「這就像吃有營養的東西一樣，不會有明確的影響立即顯現。想了解兒童哲學，只有請你來試試看，自己做判斷。」[2]兒童哲學，強調「做哲學」（Doing Philosophy）。

楊茂秀認為說故事是「大學問」，因為要藉由故事，教會孩子一些哲學的思考方式。「毛毛蟲兒童哲學基金會」的思考教學，主要是依據美國教育學者李普曼（M. Lipman）的教學理念與教材設計。李普曼將一些思考技巧編進故事中，稱為「兒童哲學小說」，然後帶領兒童進行共讀與討論，透過拆解與學習書中的思考技巧，來增強兒童的思考能力。

一九八〇到九〇年代，毛毛蟲翻譯了不少李普曼的「兒童哲學小說」。最早被翻譯成中文出版的，是李普曼當年進行實驗教學的成名作《哲學教室》（*Harry Stottlemeier's Discovery*），這是一本透過一群班級兒童對語言規則的探索故事，向兒童介紹一些思考規則的初級邏輯書。國立東華大學林偉信老師強調，「書中所援引的邏輯觀念雖說簡單，但還是要用心閱讀、領會，否則小朋友在整本書中就只會看到故事，卻感受不到思考邏輯的威力。」這本書出版之後，引起「美國國家人文基金會」的注意，以這本書為教材，李普曼親自在一所小學五年級，展開為期九個月、每週兩小時的試教與實驗。他還編寫教學指導手冊《哲學教室教師手冊》，在手冊中指出各章節所涵蘊的思考理則與哲學觀念，以及可引用的教學設計與討論技巧。

李普曼於一九七四年成立「兒童哲學促進中心」（The Institute for the Advancement of Philosophy for Children, IAPC），這是一個以研究「如何改善兒童思考教育」與開發相關教材為主的教學研究中心。從七〇年代開始，就在全美各地的中小學進行教學實驗。

經由討論找出思考的脈絡

楊茂秀敘述當年因為整個哲學教育、思考教育不同意傳統的做法，他於一九七五年就寫了一個兒童哲學的故事，篇名就叫「哲學教室」。他後來的妻子白珍看到了就說：「美國有人正在發展你想做的事」，拿一張紐約的報導給楊茂秀，「你就不必發明輪子了，何不和李普曼博士聯絡？」她幫忙寫了信；不到兩個禮拜，就收到教材，於是他就開始進行翻譯。

林偉信老師是楊茂秀教授的第一批學生，曾任基金會董事，專長兒童哲學。他依據李普曼教材設計的原意，推薦適合幼稚園到小學三、四年級學齡的教材是《艾兒飛》、《鯨魚與鬼屋》、《靈靈》，適合中學學齡的教材是《思考舞台》、《Suki》、《Mark》。林偉信也著有《怎麼說都說不聽？——日常教養語彙的哲學分析》、《故事、閱讀與討論——一個「兒童哲學」式的觀點》等書。

《哲學教室》中「探究團體」的進行方式是，在這個團體中的成員各有自己的興趣與想法，但也能尊重他人，並且練習思考合作。「探究團體」首先一起讀一篇文章，接著提問，再釐清問題並且將問題分類，最後以關懷思考、合作思考等有趣的方式進行討論。

「哲學是要做出來的，而不是被教的；是被討論出來的，而不是被告知的。」毛毛蟲兒童哲學基金會前研究發展中心主任陳鴻銘老師表示，「兒童哲學即是要教孩子怎麼思考，要他們學會如何自己思考，而訓練孩子思考的最佳方法便是討論。討論的意義在於：弄清楚或更清楚自己本來就知道的東西，進而去了解別人所說的，並讓別人了解我在說什麼。」陳鴻銘老師並且提醒，「學習哲學注重的是思考的過程，必須經由不斷的討論，才能從中找出思考的脈絡。」[3]

「不是一直要教小孩，是要向孩子學習」，楊茂秀認為兒童哲學應該從幼兒園開始做，「五歲前的思維和大學三年級一樣」。小學五年級小孩，教什麼都太慢了，五年級之後，知識雖增長，但思考力並沒有增長，「哲學需要跟生活結合跟故事結合」，楊茂秀強調，「遊戲是孩子最重要的功課」。

「主流教育、法治、政治三種必須結合在一起，不可能脫離，所以是最保守的。」楊茂秀認為教育的希望在民間。「毛毛蟲兒童哲學基金會」早期與民間團體合作成立了「毛毛蟲親子學苑」，也是現在種籽實小的前身；同時，開啟書香滿寶島的閱讀與故事媽媽培訓，「不是教你怎樣教，而是提供你很多的建議。」

「毛毛蟲兒童哲學基金會」是台灣兒童哲學的發源地，以「散播兒童哲學理念及做法」為出發點，試著將哲學概念帶入孩子的生活及人與人的關係之中，藉由民主的討論態度、親子關係的想法以及各式各樣不同活動的結合，延續了兒童哲學的精神。[4]

基金會的工作包括：兒童哲學教材的翻譯與本土教材的開發，《毛毛蟲》月刊及書籍的出版工作，兒童課程的實驗及研究發展，幼稚園及國小教師研習（兒童故事、兒童哲學及合作思考教學），成人讀書會、媽媽讀書會及兒童讀書會的推廣，故事媽媽研習與書香活動推展，圖畫書的研究與推廣等等。基金會還與公私立學校合作做兒童哲學師資培訓，接受國科會的委託與台灣大學、中正大學、清華大學、輔仁大學、主婦聯盟、板橋教師研習會合作；在《誰說沒人用筷子喝湯——大人必修的二十堂兒童哲學課》一書中，介紹了楊茂秀教授所推廣的兒童哲學。

「我們不管做什麼，都以了解兒童，了解大自然，了解哲學在人與人、人與大自然、人與其他生物之關係中所扮演的功能與任務作為指導原則。」經常戴著貝雷帽、束著馬尾的楊茂秀總不忘記提醒，「不要阻礙了探索的道路」。

註釋：

1 「歐巴桑」，台語，意指中年婦女。

2 〈為孩子說故事〉李倩萍（www.ylib.com/author/obasan/teller.htm）。

3 〈兒童哲學的發源地：毛毛蟲兒童哲學基金會陳鴻銘老師專訪〉謝育貞（www.nani.com.tw/teacher_share/article/D_4_2_10_101.htm）。

4 同上。

台灣兒童閱讀學會

——由說故事訓練孩子的思考力

在台灣的小學裡，有許許多多的故事媽媽進學校，說故事給孩子們聽，這二十多年來，已經成為台灣特殊的風景。其中包括佛教大愛媽媽講靜思語的故事，基督教彩虹媽媽「生命教育」講聖經的故事，以及全國各地故事協會的互動式說故事。

「說故事可不可以著重在孩子的思考能力？如何做？小孩可不可以自己選書？如何從選書、品書、評書當中，去訓練思考的可能性？」「台灣兒童閱讀學會」（簡稱「台兒閱」）創會理事長盧本文女士認為，培養孩子自主學習的能力，就從陪他們閱讀開始。

台兒閱的老師在學校進行說故事。照片來源：台兒閱提供。

讓小孩有方法、有系統地閱讀

「小小書評家」是「台兒閱」主推的活動，針對四年級十歲的學童，「從閱讀中學習，學習如何閱讀。」一學年讀二十本書，一週進班一次。「小小書評家」九年來，已經參與的有一百零八校次，四百零五個班級，以及一萬四千五百位學生。

「小小書評家」引導學生閱讀與思考的核心方式，稱作「焦點討論法」（ORID），包括以下四點與回顧四點：

一，外在的（客觀性的問句）：1.故事中，有哪些字詞、畫面引起你的注意？2.你聽到了哪些故事中的對白？3.你記得有哪些人物？4.故事的情節是什麼？最開始發生什麼事？然後呢？等等。

二，反射、反應（反映性的問句）：1.這個故事引起你什麼聯想？2.故事中的哪些地方讓你感到驚訝？3.故事結束時，你的感受是什麼？等等。

三，解釋、說明（詮釋性的問句）：1.對你來說，這個故事的意義是什麼？2.這個故事在你生命中的哪些時候也同樣在發生？3.你覺得文本中要詮釋什麼？等等。

四，決定、行動（決定性的問句）：1.這個故事在告訴我們些什麼？2.這個故事在告訴我們該做什麼？要有如何的態度？要知道些什麼？3.如果你是故事中的旁觀者，在一旁看著這故事的最後一幕發生，你會說什麼？4.你會對故事主角說什麼？或對作者說什麼呢？5.你會把這個故事說或介紹給誰聽呢？等等。

回顧四點：

一，今天的故事，什麼地方讓你印象最深刻？為什麼？

二，你會用什麼形容詞來形容你今天上課的心情？

三，透過今天的故事，你的收穫是什麼？

四，請用一句話來形容今天的課程。

「小小書評家」的推薦書籍有二十本：圖畫書十本，文字書十本，班級用書都可以在「愛的書庫」的每箱三十五本中借出。有的學校買二十本書，四年級輪流讀。

「小小書評家」還有一種「主題書群」的方式，就是先設定一個議題，再選擇與議題相關的書籍做書與書之間的思考連結。書籍選擇方式由淺入深：由簡單到複雜。例如：從圖畫書、橋梁書、少年小說到成人書籍。「主題書群」的類型有議題式，例如「什麼是公平？」、「生命的故事」、「談情說愛」等等；還有創作者，例如「在故事中遇見作者」，本土作家哲也的《小火龍》系列作品，美國作家李歐．李奧尼（Leo Lionni）的作品……等等。

具備理性思考的素養，就要從小開始培育。「台兒閱」藉著閱讀與討論培養三類型思考：

一，批判性思考：指的是一種能夠追根究柢、對問題進行深掘探問的「聚斂型」思考能力。這能力落實在閱讀上，便是希望兒童在閱讀討論時，能夠對自己的觀點（或論據），學習扣緊閱讀的文本脈絡，從中找理由、尋證據，做「講理」式辯護與說明。

二，創造性思考：是一種能夠發揮想像力、進行活潑聯想的「發散型」思考能力。這能力落實在閱讀上，則是希望兒童在閱讀過程中，能夠觸類旁通、激發出各式各樣解讀文本隱喻與串聯文字意義的可能性，進而為自己尋找出合適的閱讀意義。

三，關懷性思考：是一種能夠真誠關注、對他人亦能將心比心的「關懷（關係建立）導向」的思考能力。而這能力落實在閱讀上，則是希望兒童在閱讀過程中，能夠切入文本的情感面，對情節脈絡中的人文關懷感同身受，進而培養出深刻的人文氣質與情操。

培養兒童高層次的思考能力

對於兒童思考的培養，「小小書評家」著力在深度理解文本、了解故事架構、聚焦文本討論。另外，還強調要「注意自己的思考，享受各種思考方式，尊重與自己不同的思考風格，為自己的思考找出自己的意義」。從小就先培養出正確的態度，為著將來長大之後，成為有理性思考素養的公民。

徐永康老師是「台兒閱」現任的理事長、政大哲學博士。二〇一五年他去弔唁意外身亡的偏鄉老師張雅茹，面對死亡的課題，他思索著，「所有的個人名聲都是個社會謊言」。長年的深度思考訓練，他已經能隨時反觀自己，「當眼前的照片換成是自己時，又有多少事能被人記得呢？就算記得又如何呢？」[1]

徐永康老師在台北市立圖書館和新北市立圖書館帶領讀書會，已經八年了。教育部的偏遠地區兒童閱讀推廣，沒人要去的地方他願意去，他最早帶頭去馬祖，十幾年前他就把馬祖所有的小學繞了一圈，行事低調的永康老師，對偏鄉教育充滿了熱情與理想。

「小小書評家」陪讀員的角色是陪伴兒童，透過對話幫助兒童建立關係。所謂「建立關係」是指：一，建立兒童與書的關係；二，建立兒童與思考的關係；三，建立兒童與陪讀員的信任關係。而陪讀員須具備的能力是擴充閱讀素材、深度理解文本、促進對話與思考的能力。而帶領人的準備是：一，慢讀、反覆讀、深讀，才能深入了解文本。二，與人討論，得到更多自己沒發現的不同觀點與理解。三，若把孩子當作閱讀伙伴，當個好的陪伴人就好。四，若把孩子當作教學對象，一定要事先準備好，多練習、思考過，才開始進行閱讀教學。五，進行閱讀活動時，以增加小孩閱讀興趣，尊重並協助小孩成為閱讀主角。

「小小書評家」培訓的領導力和反思力中，傾聽觀察的訓練分為對內——內觀自己內在的反應（情緒反應、情緒來源）；以及對外觀察——看見、聽見語言以及非語言。

擔任台灣促進國際閱讀素養研究（PIRLS）召集人的中央大學學習與教學研究所教授柯華葳說：「閱讀素養是能理解，並應用語言書寫的能力；能建構，從各式各樣的文章中建構出意義來；被啟發，從閱讀中獲得新事物；能參與，可以參加學校和生活中的閱讀社群活動；能享受，從閱讀中得到樂趣。」盧本文表示，台兒閱「小小書評家」專案是以閱讀活動，促進兒童發展高層次思考能力；也是為兒童鋪陳閱讀素養的深耕閱讀。

盧本文認為「孩子思考比大人活潑」，父母與孩子一起分享童書稱之為「親子共讀」，「不是因為你要在共讀中，把你的一些想法或期望加給孩子；而是藉由說故事去對孩子傳遞一種自然關懷的情感。」

盧本文表示，說故事要站在兒童觀點，盡量貼近孩子的心理狀態與需求，透過故事給予滿足。「說好笑的故事、看滑稽的圖畫」，包括冒險、幻想、自由、造反、顛覆等，「親子共讀並不是刻意讓孩子學習，而是在快樂喜悅的情境中，享受親情，在心靈互動下交換語言、體驗語言。」盧本文透露說故事的祕訣：「有趣比真假重要，要廣泛的閱讀，經常練習與觀摩，還要三八和放得開。」而共讀的原則是：「寧慢毋快、寧少毋多、寧遊戲毋教訓、寧輕鬆毋嚴肅。」

註釋：

1 引自徐永康臉書（YungKang Hsu）。

參考資料：

1《學·問 ORID》布萊恩·史坦菲爾（Brian Stanfield）（開放智慧引導科技）。

2「小小書評家」陪讀員培訓，台灣兒童閱讀學會。

3《故事、思考與討論研習會手冊》林嘉華，二〇一六年五月二十一日。

樂觀書院青少年哲學俱樂部

——台灣國中學生的哲學課

「國中生是重要的生命發展階段，特別需要點火和啟蒙」，樂觀書院哲學俱樂部的創辦人唐光華老師，重視國中學生的哲學教育，特別是思辨資源缺乏的地區，「以青少年的敏銳度，對生命進行反省思索，哲學課可以幫助他們思想上的成長，以及養成思辨的態度。」

「孩子很少有機會表達自己，與高采烈地討論」，一般孩子感覺哲學課大概很沉重、有壓力、很難，但是唐老師上課的氣氛輕鬆，大家暢所欲言，「在學校能討論表達自己意見的機會，高度受到壓抑，孩子普遍不被肯定、沒有信心」，在這樣缺乏思辨的教育中成長的孩子，進入社會後，「若有不同想法就要對立衝突，面對不同意見會焦慮緊張，認為這是我的敵人要把他消滅掉」，

客廳即教室，台南師生思辨如在沙龍般自在。圖片來源：唐光華提供

不懂得「和而不同，要欣賞不同想法」。

啟蒙、播種、一花開五葉

樂觀書院「青少年哲學俱樂部」的課程全部免費，是一個共學團體，課程分為基礎課程和進階課程。第一堂體驗課，由每個孩子講他最喜歡的一本書，分享生命經驗，多讓孩子表達。基礎課程以兩年為一學程，目標是打西洋哲學史的基礎：首先共讀奇幻小說麥克・安迪（Michael Ende）的《說不完的故事》（*The Neverending Story*），因為幻想國的世界裡發生很多故事，都是少年的成長經驗，適合作為啟蒙書。接著讀赫胥黎（Aldous Huxley）的《美麗新世界》（*Brave*

New World），再由孩子自選書並做報告；自選書的參考書單是選些討論性比較高的書。之後，再讀喬斯坦．賈德（Jostein Gaarder）的《蘇菲的世界》（*Sophie's World*），各地依年齡程度的不同，略做調整。

課程一個月一次，一次兩個小時，通常會延長到兩個半小時，一班人數最多不超過十五人（國中生較多，高中生次之）。先由老師開場，再請學生輪流說說這個月的心情、印象最深的事等等，讓同學之間互相交流不同的生命經驗，有原住民孩子的部落經驗、有棒球隊隊員的棒球經驗、有登高爬山、有慈善募款，「生命的啟發不完全靠書，生命經驗本身就很有意義。」

心情交流之後進入文本討論，先由學生輪流報告書中想討論的主題，老師引導協助問題收攏、延伸、深化、整合公眾議題，由大家發表看法。唐老師採用蘇格拉底的教學法——產婆法。「真理是透過產婆的對話，由學生自己發現真理、說出真理，所以做老師要很節制，不要說出答案，要學會等待。」

最後半個小時是才藝表演，家長也可以參加，有人朗讀詩歌；有人用台語誦讀唐詩；有人分享畫作，也有人彈鋼琴、彈吉他、唱歌、介紹木作工具等等。唐光華老師在北、中、南播種，並培養在地家長傳承，成為種子教師，「總希望學程結束後，陪讀的家長能成為新講師，繼續於在地帶領哲學俱樂部，讓啟蒙的薪火綿延不斷。」

初階結束後，進階班要讀一年馮友蘭的《中國哲學史》和桑戴爾（Michael Sandel）的《正義：一場思辨之旅》，「春秋戰國百家爭鳴，哲學思潮的多元與豐富，對青少年也很有吸引力。」由於讀文言文比較困難，有團體會在課前先由家長帶一次討論，再正式上課。有的孩子讀了之後開始自願讀古文，有的孩子上網查作者與文本相關資料，「用西方哲學來理解中國哲學會有幫助；用亞里斯多德的倫理學來了解孔子的中庸，用柏拉圖理想世界和經驗世界，來了解道家的『有』與『無』觀念，以及西洋現代哲學的本體與現象觀念，都有幫助。」

青少年哲學俱樂部最早是五年前在台北指南山開班，之後不斷地接受邀約，逐漸往各地延伸。台北古亭、台北文山、台中、宜蘭蘭陽、台南、高雄都有開班。此外，唐老師還在竹東天主堂帶過原住民中學生兩年，但由於他們需要幫忙家裡做家事，沒時間讀書看課外書，因此唐老師就讓學生們談談自己在山裡面的生活，受過哪些啟發和鼓舞去思考過生命的意義。「他們的回答非常好，有的孩子看見雜草的生命力很強；有的孩子很愛她的祖母，年紀大了還是很勤勞；有的孩子看見山上不同的動物，希望像老鷹一樣飛高一點。這些是生命哲學，不一定要從書本中帶哲學課。」

成長與轉變

「唐老師大概上哲學課一年到一年半左右，約有一半的家長會反應，孩子問的問題他們答不出來；有時會有親子衝突或孩子突然發現父母不太能討論事情。」台南青少年哲學俱樂部的種子教師王玶瑜說，當孩子的邏輯思考能力被培養出來之後，父母若沒有心理準備接受孩子的思辨力增強，又正值孩子青春期的轉變，通常父母會出現兩種選擇：有些家長希望孩子回到過去的聽話、意見不要太多；也有些家長積極進入課堂，希望能和孩子一起成長。

台南的王玶瑜與薛夙娟接續樂觀書院青少年哲學班閱讀與思考的傳統，成功地帶領青少年熱烈討論與書寫心得，「唐光華老師有極強的背景知識及引導經驗，能將問題從本質、哲學觀點、歷史、文化等面向帶入討論。台南班的哲青偏愛時事討論，所以課程是很活潑的。」

王玶瑜的孩子龔延沼，一向不在意學校的成績，有書寫障礙，國一時面臨體制內價值觀衝突問題，因此申請在家自學。在參加哲學俱樂部之後，能針對課程準備報告，整合以前大量閱讀的內容，對於文史方面的養成幫助很大，以至於到了九年級時確認方向，延沼決定要參加會考。他認為人文背景需要長時間準備，無法速成，他文史科底子好，準備就變得很容易，而數理科只要觀念理解，就能短時間內準備。延沼最後考上了台南一中，這樣的轉變玶瑜認為，「參加哲學俱樂部的這三年，對我們母子的幫助都非常大。」

宜蘭的「蘭陽青少年俱樂部」大部分是自學生，還有小四的學生參加。自學生灌品在校生活受到考驗，灌品媽媽也倍感艱辛，國中畢業後申請在家自學，國三下時報名參加「蘭陽青少年俱樂部」之後，開始對中國哲學產生興趣。他對閱讀不是很有興趣，但喜歡聽或討論，於是自己上網找「百家講堂」、「台大開放課程」聽課或自己看蔡志忠的漫畫。對墨家的魯班工藝和科學的探究，影響灌品後來人生道路的選擇。灌品自學的主要課程以木工為主，從明式古董家具看見文化底蘊，因而熱愛上傳統工藝。最後他隻身去麥寮拱範宮實際參與國定三級古蹟維修，學習文化資產保留技術的傳統建築大木作，他想挑戰最難的證照。生活條件相對簡陋，身邊全是半百的師傅，每天接受嚴格的要求，老師傅逐漸開始把重要的工作，像是主梁的維修交給他，「我最近白天，常想到每天能做喜歡的事，就很高興的笑了。」

雨過天青的灌品媽媽回頭看見走過的路，「唐爸的哲學班，除了讓哲青了解思考讀本教材內容外，讓孩子一生受用的是哲學式的思考，且勇於表達自己的想法，更能尊重多元的意見，接納自己的獨特和包容異己，個人認為是現今社會青少年至於成人都很欠缺的修養。」

在參加台北「文山青少年俱樂部」之前的司語，就已經自己閱讀哲學書籍，但是平時沒有什麼機會去聊哲學話題，缺少討論的對象。參加哲學班之後，「老師給的題目需要更多面向去思考，可以看見自己的盲點、沒看見的細節。」司語認為哲學課對他最大的幫助是，「注意到生活中的細節，提升觀察力。」他的文學創作通過拾穗計畫考上清華大學，司語知道這樣的哲思課對他的文學創作幫助非常大，「作者本身要呈現新的角度，必須要增加觀察力。」司語感覺現在這種機會太少了，同學會時看見同學都拚命忙著考試，「被課本淹沒了，沒時間想；或太累了，沒力氣想。有些人已經停止思考，只會想眼前的事，很少看見感性的思考。」還沒上大學年輕的司語，已經能觀察並清晰描繪出同年齡的生活模式，他再三地重複，「這種哲學團體很有必要」。

政大哲研所的劉佳奇，是文山班的課務助理，在中研院、誠品工作過，對兒童與高中哲學班也很了解，「對孩子全然的尊重，唐先生是做得非常好的，面對孩子的一些問題，他不做太多的價值判斷，而是鼓勵他們自己去想、自己去閱讀、自己去找。這一點我認為是最根本的起點，當孩子得到鼓勵尊重的時候，他們才有接下來的可能。」

一門四傑的改革之路

這些年來南北奔波、車費自付的唐光華老師，目前是自主學習促進會理事長，也是實驗團體代表。他參與在家自學學生的訪視和審議工作，看到其中的許多差別，很多不同做法都很有效，「現在謙虛很多，不敢說哪種教育對哪個孩子是適合的，必須先了解孩子才能做建議。」

唐老師的老大進入學校後頻遭霸凌因而出現上學恐懼症，小學六年換了六所學校，太太李雅卿找了十個家庭，在一九九四年創立了第一所由父母組織、以孩子為中心的「種籽親子實驗學苑」。種籽被日本國立教育政策研究所「國際另類教育研究計畫」主持人永田佳之教授譽為「亞洲國家中最好的另類學校之一」。

一九九八年，李雅卿繼續在北政國中推動第一所由家長自組、學生自治的「北政六年一貫實驗計畫」，並擔任計畫主持人。然而這次創舉，三年後被迫停止招生，並遷校到私立景文中學，繼續辦五年直到學生全部畢業為止。在北政進行的一校兩制實驗計畫，是一個重要的實驗教育貢獻，強調在公立學校辦實驗教育，不篩選學生，經濟弱勢也有機會接受實驗教育，並將自主學習理念和實踐的相關資料，放在自主學習促進會平台，提供各界參考。

老大唐鳳，自幼天賦很高，小時候父親唐光華經常用蘇格拉底思辨法，提出問題，激勵唐鳳的想像力與找尋真理的好奇心。

學歷只有國中畢業，念北政國中時校長就允許他去大學旁聽，且開始研究哲學、易經、社會學和文學，國中畢業後開始完全自學。十六歲與人合創電腦公司，被譽為資訊科技界的天才、台灣十大電腦高手。唐鳳三十三歲就宣布退休，結束了矽谷式創業者的生活，目前是多個跨國企業的數位顧問，並參與g0v零時政府的平台建構，推動開源運動，投身開放原始碼。編纂「萌典」網路線上辭典，包含英文、德文、法文、閩南語、客語、阿美族語，可離線使用，由幾千志工參與共筆協助，並和牛津出版社簽約。唐鳳與g0v的伙伴在毛治國、張善政主持行政院時，政務委員蔡玉玲的邀請下，完成多個專案，才參與一年就讓台灣政府成為一個資料開放、透明化的政府，並在英國「開放知識基金會」（OKFN）資料開放國際評比中獲選為全球第一。g0v並協助社會，如高雄氣爆事件發生後，打造一個全國重症醫院急診室的即時資訊網站，提供多少病人等著看診、多少病人等待病床等資訊。

小兒子唐宗浩回憶小時候父親重視討論和用字的嚴謹，比方說要講社會主義、或是左派，就必須要了解這些字的意義和起源，這對宗浩後來講學與著書立說的用字態度，產生了很重要的影響。他高一時就已經確立方向，未來要走教育的路，念大學時與母親合著了一本書《另類教育在台灣》（唐山），是台灣第一本研究台灣體制外教育的書。現在是數學老師的宗浩，寫了一本《跟孩子一起玩數學》（遠流），談家長如何用方法破除孩子對數學的恐懼；還有另一本正在進行的著作是教孩子編寫程式設計。

「不是由老師灌輸真理灌輸知識，是由對話找到真理，不強調傳道授業解惑，而是起惑、覓道、崇德。」唐老師認為自己沒有能力解惑，只能質疑困惑。這位博學而溫潤如玉的唐爸，已經是阿公的身分，卻仍堅持走在淑世（儒家淑世精神）的實踐道路上，繼續披荊斬棘，勇往直前。他最終回到西方哲學思想，蘇格拉底的「我無知」——I know that I know nothing。

Café Philo 哲學星期五

——點燃台灣民間哲學團體的第一把火

台灣一九八七年解嚴，二十三年之後的二〇一〇年八月，才在台北出現了一個哲學團體——「哲學星期五」。

每週五晚上，「哲五@台北」在慕哲咖啡的地下室舉辦公共論壇，免費自由參加。聽眾從高中生、上班族、大學教授到退休人士都有。有一回，後面坐了一整排高一女生，是學校老師推薦她們來聽講的；而常去哲五的幾位高中生，已經辦起了北中南大串聯的高中職跨校網路媒體「囝語」，關注高中生的議題，表達高中生的心聲。

「哲學星期五」的創辦人是輔仁大學哲學系沈清楷教授，比利時魯汶大學哲學博士。他任職

每週五晚上舉行的哲學星期五講座，現場聽眾踴躍。 果哲攝

於青平台基金會時期，與鄭麗君女士共同主持的公民論壇，由沈清楷執行。目前「哲學星期五@台北」仍與青平台保持合作關係，但是哲五的選題與規劃，完全以志工團的形式獨立運作。除了慕哲社會企業免費提供場地讓「哲五@台北」使用外，還有定期和不定期善心人士的小額募款，加上許多人願意熱情地分享他們的理念與知識，志工自己發動議題，才使得「哲五@台北」可以一年辦平均超過七十場的活動。

跨出台灣，遍地開花

從最初的幾個人聚會，到現在常有一百多人擠滿了地下室，「我在歐洲的時候，有機會參加Café Philo的活動，或是比較嚴肅或主題式的小型聚會，有幾個人到十幾個人聚在一起討論。但是回到台灣沒有這個討論的氛圍，或是因為特殊的需要，聚會常常肩負著一種動員需求。」鴨舌帽蓋住了沈清楷的及肩長髮，「不過，哲五的討論，動員不是目的，我們只是想好好地討論事情，不需要組織的忠誠度，大家想來就來，可能會談一些主流可能忽略的議題。」

譯者梁家瑜在慶祝「哲五」五歲生日的文章裡回憶著，「我想起在同一場討論上，和第一次認識的計程車司機、台商、電腦工程師和高中生，在座談結束後圍坐暢談，那時討論的議題，還要等半年後才會在媒體上出現。」沈清楷淡淡地說，組織「哲五」最大的收穫，是聽到許多豐富多元深入的觀點，「台灣人才其實是非常多的」。

哲五的三個默契：不討論熱門議題、不找線上政治人物、不做組織運動。沈清楷認為，「討論的厚度會決定一個國家的模樣。」哲五的每個人都是平等的，場地不收費，演講者與主持人沒拿分文。而負責籌劃與運作的人也全是志工，聽眾會在地下室幫忙排椅子，只有請學生幫忙做美編時需要付費。

楊宗澧只帶了三萬元到台中成立哲五，透過平常持續的小額募款，年底做收支報表才發現，「這筆錢還有兩萬，很划算。」台中哲五的聽眾七成都是國高中生，討論兼具深度與廣度，他們說：「當初成立哲五，只跟阿楷和 Sophie（廖健苡）講過一次 skype 而已。」在二〇一三年，「哲五@雲林」開始，接著是台中、高雄、花蓮；同年，哲五也進入校園，從北部的師大、輔大、政大，到南部的長榮、東華，遍地開花。

隔年，哲五開始在海外發展，紐約最先起跑，接著波士頓、芝加哥、匹茲堡，再到歐洲荷蘭陸續開辦，全球串聯。波士頓的哲五成立才第一年，就超過了二十場，聽眾上千人，志工多是來自哈佛、麻省理工學院等名校學生。迄今，哲五的各地扎根已有二十二處。每個地方的哲五「各自獨立、互不隸屬」，但是共同分享同樣的精神而相互合作。

帶著疑惑前來的孤單靈魂

沈清楷常開玩笑地說：「哲五聚集著孤單的靈魂」。他曾是南陽街的補教名師，也曾在台南、花蓮、基隆、宜蘭兼課，每天要坐飛機趕課，最高紀錄是一週上七十個小時，直到三十歲時，才到比利時魯汶大學攻讀哲學博士。[1]「來哲五的孤單靈魂，是因珍惜靈魂才思考，因思考而不從眾，才會孤單。」這些不受束縛、崇尚獨立思考、追求思想自由的人們，通常也都是最有個性、最難搞定的人物。政大副教授葉浩認為，「難搞，是因為希望有真正的對話，而不是附和或各說各話。雖然渴望一點暖度，卻又只能接受意見的摩擦與論辯的火花來升溫，否則也不給講者面子，提前離席。」

師大公布「二〇一六全國高中生人文經典閱讀會考競賽」的指定閱讀書單，並將仿效「法國高中畢業會考」哲學考題模式命題，立刻引起各方議論。沈清楷在《第一本法國高中生的哲學讀本》推薦序〈高中哲學教育的視野——思考那不被思考的事情〉中表示：「法國哲學教育對台灣是一個『文化視野的參考』，但這個舶來品不能取代我們從自己土地的反思。」文中也探討了高中生該怎麼學哲學、老師怎麼教哲學、對台灣的啟示是什麼。「法國高中哲學教育不從哲學史教起，而是注重問題意識的發現、對定義深入探討，並強調正反論理的過程。哲學於是成為跨越人文學科的基礎知識，以及培養公民思考能力的教育。」

「哲五不是學院，其實不需要因為講者來朝聖（即使還真的免不了）；哲五也不是社運場合，不必刻意喊口號來武裝自己、說服別人。」廖健苡說明哲五的活動性質，「歡迎大家帶著你的疑惑前來討論，而這個疑惑不見得馬上會有解答，就像生命中的許多事件，總是需要有時間、有耐心去處理它。」[2]

翻開「慕哲咖啡」的 menu，第一頁寫著，「二〇一〇年之後，在台灣，我們相信，也可以有一個瀰漫咖啡香的空間，讓民眾進行最直接的公民對話。任何人都能走進咖啡館，一起思索從深奧難解到趣味橫生的哲學、社會、文化、公共議題，或高談闊論，或傾聽，或思索。」許多個揉合咖啡香味與公民對話的夜晚，「然後走出咖啡館，成為改變的力量。這是我們心中理想的實踐。」

註釋：

1 〈沈清楷：讓思辨像呼吸一樣〉簡永達，「報導者」，二〇一六年一月二十八日（www.twreporter.org/a/identity-twstory-shen）。

2 哲學星期五官網：www.5philo.com/index.php/news/item/692-lorem-ipsum-dolor-amet-consectet。

PHEDO台灣高中哲學教育推廣學會

——首先進入台灣公立高中的哲學課

台灣高中哲學教育推廣學會（PHEDO）的現任祕書長梁家瑜，當年在法國學電影的課堂裡，發現同學對於上課內容提出的反應非常多，他受到很大衝擊，「什麼樣的教育可以教出這樣的年輕人，對事情有這麼多自己的想法？」後來才知道法國高中有哲學課，而且佔的比例非常重，一週就有四到五小時，但是哲學課在台灣則非常缺乏。回國以後，和哲五的沈清楷商量，是不是可以在高中進行這樣的哲學課程。於是慢慢邀集眾人，成立了PHEDO，二〇一三年立案，年底成立，召開第一次大會。

「一直到去英國念書，我的許多疑問才獲得解答，」葉浩回憶，以歷史課為例，老師先教導史學方法，討論課本是以誰的觀點撰寫，讓他驚訝不已。PHEDO首任理事長、政治大學政治系副教授葉浩說：「領悟到，鼓勵反思、批判、對話，才是真正的教育。」[1]

高中哲學營

PHEDO的高中哲學營，前兩年暑假在台大舉行，連續三天，對全台灣的高中生開放招生，招收高一到高三，以及應屆畢業生，名額約一百到一百二十人。由於希望避免講述式的課程，「哲學思考需要從互動對話中產生」，考慮以小組分組討論的效果，因此不希望規模太大。今年新增南部場，由雲科大支援場地，開辦哲學營。

另外他們還辦過兩次公開的課程，兩次主題分別是「正義」和「友誼」。一個下午三個小時的公開講座，邀請學校老師帶他們的學生，共有三、四個學校的老師，帶了大約百來個學生參加。

「哲學談淺淺」是他們的一個出版計畫，每一章介紹一個很簡單的哲學概念，用淺顯易懂的方式說明一個哲學理論，舉一個實例讓學生思考；未來也準備出版哲學專論，有系統地介紹哲學史上重要的思想家，以及他們重要的理論，都是以生活化的方式，目標是希望高中生能看得懂。

新辦公室位於民權西路站附近的錦西街上，有自己的錄音室。目前已開始舉辦高中老師的論壇，邀請各科老師，由自己的教育哲學設計出來的課程，實踐自己的教育理念，做哲學教育實驗的平台。

PHEDO還有系列講座與讀書會，前者以主題安排場次，深入淺出地介紹哲學知識；後者則是由導讀人帶領參加讀書會的伙伴，一字一句地閱讀、解析，以四次聚會的時間，扎實地讀完一本哲學書籍。

PHEDO哲學咖啡館——哲學Café

「喝咖啡，聊是非。」PHEDO的哲學咖啡館——哲學Café，從二〇一五年開始，每週二早上十點零五分至十一點正，由葉浩、林靜君等人主持，在教育廣播電台播出，大眾可由線上收聽最近兩個月的訪談內容。節目有吳豐維談「兒童哲學」，高雄大學副教授陳德興談「中國哲學」，譯者廖健苡談新書《法國哲學讀本》，邱振訓、蒲世豪談「日常生活中的邏輯」，蔡士瑋談「哲學有用？無用？」等等。

節目內容分成：讓高中生的心聲與意見能真正被聽見的「高中談不玩！」；由老師分享人生

歷程中，什麼事情啟發他們走上哲學這條路的「我的哲學故事」；介紹哲學經典作品的「哲學家說書」；從電影中探討哲學議題的「哲學的眼睛看電影」；回答節目網站上高中生留言的「哲學問很大」。

PHEDO不斷開設講座讓學生來上哲學課，「如果教育部長說明天開始，高中每週上一小時的哲學課，那會是個大災難，因為完全沒有那個能力去教。」第二任理事長文化大學哲學系吳豐維老師，也負責課程內容的規劃，他認為重點是師資，台灣沒有那個能力，「我們完全不是要做體制化，我們找有興趣的高中生教他哲學課，不是要灌輸他特定的思考模式，而是要台灣年輕人可以成為獨立思考的人，就是我們的目標。」

PHEDO期待有興趣的高中教師一起加入，「這是一個漫長的過程，課開再多沒有用，重點是誰在教？」大學教授進入高中任教，吳豐維向現場老師學習，「大學教授不是一個指導者的角色，而是合作者。現在很多高中老師都很優秀，比我們懂教育現場，我們懂理論，結合在一起。做出好的教材，是需要花成本、花精力去做。」

南港高中的「國際人文實驗班」

「法國人有句話說，寧願你是沒品味的人，但絕對不能接受你是沒意見的人。」南港高中英文老師林靜君在國外念書時，她的教授在第一堂課就告訴他們說：「你們如果坐在這裡什麼話都不講，就是在這裡剽竊別人的想法，自己卻不貢獻。」靜君老師在國外遇到的中學生，都能侃侃而談。

回到台灣後發現，台灣教育教出來的孩子都是坐在那邊聽老師講，一聽老師說這是重點就趕快抄，老師抄黑板學生就趕快抄筆記，完全沒有自己的想法。問他們很簡單的比較問題，學生不敢回答，覺得很害怕，期待標準答案。討論完了也不敢勇敢地說出來，怕自己的答案不是標準答案會很丟臉，怕被扣分，靜君老師發現，「這個情況非常嚴重！」

「教育就是要讓孩子有好奇心和動力，能夠去找答案，而且也知道怎麼找答案，他具備這樣的態度能力知識的時候，就不必擔心他以後要做什麼了。找到他的興趣，他就會往自己的方向走，沒有人攔得了他」，靜君老師認為根本不需要老師或家長去管他念書、考試。靜君老師帶了當時的導師班學生去上PHEDO的講座，只上了「正義」和「友誼」兩次課之後，學生就很勇於發言了，「雖然只是社區高中，不是明星高中，還是一樣可以跟別人討論，長出了一種信心──我是可以有意見的，值得跟別人討論分享的。這個就很可貴了。」

靜君老師發現台灣學生有著很可悲的自我階級化心態，社區高中的學生普遍自認為不如明星高中的學生。從這兩次的課程結果，靜君老師開始明白讓學生勇於發言，「這件事情是可以做到的，而且早就該開始做了！」

靜君老師得到新任校長劉葳蕤的支持與同意之後，於二〇一四年秋，成立南港高中「國際人文實驗班」，目的是教導學生的獨立思考能力，自己取捨價值觀。在新生會上靜君老師向大家介紹實驗班將上些什麼課程，然後自由報名，從一百多個報名學生選出三十七名學生。實驗課程有人文思想導論、語文創思、第二外語、全球化議題等等；二年級要寫小論文，參加教育部中等學校小論文比賽。

人文思想導論就是哲學課，請 PHEDO 的老師來授課，不同的單元請不同的老師授課，靜君老師當助理老師做連結，解答問題與看作業。PHEDO 老師朱家安經常在哲學營或各種課程中舉行「小逃殺」或「大逃殺」，也是最受歡迎的招牌活動。

「哲學大逃殺」的進行方式是，「讓每個參與者拿到兩張白紙，參與者在兩張白紙上寫下一個『哲學問題』和『自己的名字』。紙條收回後，讓每個參與者隨機抽出兩張紙條，收到紙條後，參與者或自己思考問題、或找作者討論；然後再隨機抽籤，請參與者回答他抽到的問題以及他的答案，而其他人也可以針對這問題提出想法。工作人員即時把大家發言的要點打在投影布幕上，讓人能隨時跟上討論脈絡。」「小逃殺」則省略投影機的部分，只做現場討論。

學生有時需要執行任務，比如做一個道德哲學實驗時，學生要向全一年級的學生做問卷調查，問他們對這個問題有什麼看法。並請他們嘗試解讀調查數字，偏高或偏低所代表的意涵。靜君老師的角色，是和授課老師討論某個主題對高中生而言，談哪些內容就夠了，怎麼鋪陳、怎麼帶學生進入討論，循序漸進、加深加強。

不論是學校的人文思想導論，或是在哲學營裡，「我們都會告訴學生一個觀念，就建立學習哲學的基本態度。你們要知道，我們不是來同意對方的，如果同意對方，就沒有什麼可以進步，不可能有新的想法出現。」靜君老師強調，「不是為反對而反對，而是提出對方可能沒有注意到的點，然後就事論事，這件事情還有什麼樣的面向可以切進來觀察；反對對方，是為了讓彼此的想法更成熟更完整。」

當獨立思考習慣的養成，首次導入公立學校的學生之後，就像是在無彩的黑白世界，現出第一道彩虹，因為曾經看見，未來的世界就和過去不再一樣了。

註釋：

1 〈鼓勵學生反思、對話，當個有意見的人〉李雅筑，《遠見雜誌》，二〇一五年八月號（www.gvm.com.tw/Boardcontent_29255.html）。

討論四：哲思教育

「究竟什麼樣的具體思維、能力，會是下一世代的人類所必須具備的？當機器人與人工智慧可以將幾乎一切都做得比人類更好的時候，當機器人可以設計甚至能夠製造機器人，而那些機器人又能夠替人類服務、解決問題的時候，人類的基本價值又該回到哪裡找尋？」知名未來學家雷．柯茲威爾（Ray Kurzwell）曾經預言，人工智慧將在二〇四五年超越人類擁有的能力，「我的答案是：『創意』、『哲思』與『大膽』。這三個層面，將是次世代的孩子們所必須擁有的核心價值與能力」。

國內外的哲思教育

近年來，法國的高中哲學會考題目一公布，台灣也開始有人議論紛紛，這些令人震撼的考題像是：「我們應竭盡所能地讓自己快樂嗎？」「為什麼要試著去了解自己？」「法律的定義是否就是正義？」「工作能讓我們獲得什麼呢？」法國高中大會考，第一堂考的就是哲學。自拿破崙設置哲學考試至今，法國國家教育堅持培養學生的思維、推理、思辨與分析能力。一篇報導法國會考的文章中指出，「法國堅持哲學課，是要訓練自由思考，是要避免制式思考，以免政府、媒體、時尚、政治人物灌輸同套價值標準……人們失去尋找真相的謙卑，這才是真正危機。」1

《正義：一場思辨之旅》的作者桑戴爾說，哲學其實很適合培訓學生獨立、多元與批判思考能力，在公開議題裡佔一重要席位。現在的歐盟二十八國，其中二十五國都實施哲學相關教育。香港中學裡規定有一門通識課程，也是以培養批判思考為主。

台灣的傳統教育，為了競爭計較一、兩分的考試分數，相同的教材內容不斷反覆背誦、熟讀、演練、複習，直到成為機械式反應選對答案為止，不但用範圍內的有限教材佔據青年學子的年輕歲月，甚至造成台灣發育中青少年睡眠不足的普遍現象。孩子的獨立思考能力失去了發展鍛鍊的時間與機會，十幾年教育之後，學子的思辨能力自然就削弱鈍化了。台灣傳統的「背多分」教育，培養出許多不知如何思考的學生，與人交流溝通時，沒有自己的意見與想法，經常表現出畏縮無自信。無論是在台灣或在國外，台灣學生的整體表現，總是安安靜靜地坐著聽課，不會舉手發問，沒有自己要表達的意見。

哲思教育起頭難

二〇一六年六月台灣哲學學會哲學教授發表連署，呼籲新政府在一〇七課綱的修訂中，在高中增加「哲學推理」和「批判思考」一類的課程。然而，有的哲學老師反而擔心，若是由政府規定學校推行哲學教育，將會成為另一種災難。把哲學課程加入補習項目、考試背誦答案等等，變質變向而行，只會帶給學生更多的苦難。哲思課程，注重的是思考的方式與過程，而不是尋求一個標準答案。

「一納入體制就要考慮評鑑，要分數、要考試，若是要去背哲學史那就太無聊了，要讓孩子具有思考的能力，不代表他們要去熟悉哲學史的一切，那是哲學系本科生的事情，而不是鼓勵孩子思考的重點。」身為哲學人的劉佳奇表示，很多人擔憂政府一硬性規定之後孩子會失去對哲學的興趣，「怎麼樣出來帶領孩子，光是這件事情，就會有問題，你能給予的方法和背景知識，夠不夠支撐？」

「至於哲學教育如何進行，以獨立課程進行、以融入課程的方式進行、以特定領域主題（如政治、倫理學）進行、以哲學方法為主題（如批判思考、哲學推理）進行、以哲學議題進行、以哲學經典進行，就放手讓各校去決定。各校特性、資源、機運不同，教學與課程型態不用穿制服。」

參加台哲會連署的政大哲學教授林從一在臉書表示，「此事需要台灣哲學界的實質投入與素養提升，如果只是一張嘴說說而已，或是提供的哲學課程、師資專業水準極低，那麼，我建議，緩做，等條件成熟再做，如果總是無法滿足『積極投入』與『專業水平足夠』，那就永遠不做，放高中生一馬，讓他們自己去尋哲學糧草吃，不能誤人子弟。」

思辨課或哲學課，是否應進入學校成為一門課程？是不是決定學生具備思辨能力與習慣的關鍵？在孩子成長的過程中，許多時候都是練習思辨的好機會——無論是在家庭或在學校，若是只寄望於哲思課程才開始學習與練習，可能會窄化思辨的學習機會。思辨力的培養，若是能融入每個學科中，時時保持培養獨立思考，就必須透過各科教師與同學之間不斷提問與討論的過程，各科教師本身則需要做很大的努力來自我提升。但是這對於注重成績或方便管理的成人而言，孩子有自己的想法與表達自己的意見，確實不利於馴服。所以，許多老師和家長習慣教孩子「要聽話」、「要服從」，通常並不一定樂見孩子開始有自己的思考力，因為會開始「不聽話」、會爭論、不服從命令、有太多意見，這也是哲思教育不易開展的一個原因。

此外，教師本身的素養與身教，會產生很大影響。若是老師有預設立場，很容易讓課程變質，成為思想灌輸的課程。無論是強勢引導或是隱微牽引，或多或少帶著成人操控的心態和手法，為了滿足成人自己的主觀價值，而失去民主教育的真諦。教育若無法從身教開始，學生自然也學會思想操控的手法，其害反而甚於其利。

「思辨」與「思辯」

「批判性思考能力之所以重要，因為缺少了它，人的行為動作，就會直接和情緒或『相信』（Belief）掛鉤。我們都知道，從街頭兩個人打架，到國家戰爭，經常是因為雙方所相信的不同，或一時情緒的高漲。而批判性思考能力，就是一道防火牆，能夠讓人冷靜下來，從而找到真正的解決方向。」作家范疇對批判思考的定義是，「批判性思考就是一種不斷詰問的過程，不但詰問對方，也得詰問自己。兩者只要缺少一個，就不符合『批判性』的標準。」[2]范疇強調自我批判的重要性，在普遍缺乏批判性思考習慣的社會中，是非常難得的聲音。

「思辨」與「思辯」之間，前者重視自己內心的思考明辨，後者則要由內心思考轉化為表達，與他人互動。「思辨」的思考明辨，也可以分為辨識外在世界的對錯，或是審觀自己的對錯；通常教師多數培養學生辨別外界現象，忽略培養學生反觀自己。

而「思辯」是經過內心思辨，透過口說或書寫對外表達，目的是辯真理或辯勝負；而辯真理需要很多的練習過程，否則很難不演變成辯勝負。至於表達的態度與方式，形成正面的敘述、討論、辯證；或負面的爭執、攻擊、甚至因想法不同進而發動戰爭，都是可能發生的狀況。思辨若是能用來辨世辨己，是通往善的境界；若是用錯方向固執己見，以舌利當武器辯輸辯贏，埋下戰爭種籽，就容易造成災難。

培養獨立思考能力，原本就是最有價值與最困難的教育工作。在本書介紹的許多實驗教育中，從小學到高中，哲思教育都普遍進入平日的各種課程甚至學校生活裡，成為一種基本而自然的重要教育元素。同時，也由接受實驗教育學生的表現，看見學生的獨立思考力與自若表達力的展現，也就是實驗教育最珍貴的教育成果之一。

英國杜倫大學近期研究分布於四十八所小學的三千一百五十九名學童後指出，「從小學就開始接觸哲學，除了能夠讓學童在提出問題、建構論證、參與討論時更有自信與耐性之外，更有助於提升學童的語文與數學能力。」澳洲國立大學博士賴天恆在一篇文章中指出，「更進一步來說，學習哲學的果效在弱勢的學童身上特別顯著。該研究因此主張，當我們思考要如何協助弱勢時，應該認真考慮推廣兒童哲學。」至於哲學課能提升學童的整體學業表現的原因，是由於「他們在學了哲學之後，能採用『質問與分析』的方式面對其他學科的議題。」文中對哲學課的肯定，因為學習哲學「更能接受別人的觀點與自己不同、認清不是每個問題都有所謂的『正確答案』與『錯誤答案』，並且意識到有許多不同的觀點與思考方式存在」。3

然而，今日台灣社會充斥著謾罵與對立，在大學授課的林偉信老師認為，「在我們這個極度分歧的年代，年輕人不缺胡扯，不缺隨性的自由思考，但非常欠缺依循脈絡的思考與說理。」除了台灣失能的社會教育必須重新啟動之外，從孩子的幼苗期，就要好好培養理性思考。面對台灣今日社會的非理性，更清楚看出教育問題帶來的嚴重後果。

新近哲學書籍雜誌

兒童哲學除了「毛毛蟲」翻譯一系列美國李普曼的「兒童哲學小說」，專出兒童哲學讀本的米奇巴克出版社，引進了一套法國兒童哲學家奧斯卡．柏尼菲有關「哲學提問」的繪本，把兒童當做是一個可以做純粹哲學思考的個體；以及出版法國學者布莉姬．拉貝（Brigitte Labbe）和米歇爾．布許（Michel Puech）為兒童所寫的「哲學種子系列」圖文小書。奧斯卡．柏尼菲曾兩度來台，並示範課堂教學，他語鋒犀利、直指核心，與國內夏惠汶博士的課堂對話風格相近，在重視人情面子的華人世界，相當另類。此外，遠流出版公司二〇一五年也翻譯出版了《哲學相對論》、

《人生相對論》。

挪威中學哲學教師喬斯坦·賈德寫給學生的哲學小說《蘇菲的世界》翻成中文，並且熱賣；延伸閱讀是《哲學家的咖啡館》（*Das Cafe der toten Philosophen*）、《櫥櫃裡的哲學家》（*If minds had toes*）。哈佛大學政治哲學教授桑戴爾寫的《正義：一場思辨之旅》，介紹各種正義理論，二〇一〇年翻譯成中文之後，在台灣也掀起一股熱潮。桑戴爾在哈佛教了三十多年、最受歡迎的「正義」課程，已經超過一萬五千名學生。二〇一六年，第一本被翻譯成中文的《法國高中生哲學讀本I——政府是人民的主人還是僕人？》出版了，是一本探討政治哲學的書，也將會繼續出版一系列的法國高中生哲學讀本。

國內的哲學書籍中，推展哲學普及工作的朱家安，在他二〇一三年出版的著作《哲學哲學雞蛋糕》裡寫道，「當我們以淺白、易懂、清晰的方式進行討論，哲學思維內涵的邏輯和批判能力，就能發揮最大效用，幫助我們在複雜的情境中，做出正確的抉擇。」他認為哲學思辨，「不是拿來作為爭論的武器，而是可以讓社會溝通更容易運行與推進的工具，更是每個人都須具備的日常能力。」

在近年出版的哲學相關書籍中，高中公民課老師黃益中，將上課內容結合時事議題，於二〇一五年出版《思辨》一書。在袓心蒙特梭利小學開哲學課的蒲世豪老師，則將他上課教材編輯成書，二〇一六年出版《豪哥的哲學課：古希臘篇》，以虛構故事方式介紹哲學家與哲學觀點。每篇教材後面附有思考練習題目，讓孩子在閱讀長篇哲學故事內容之後，藉著題目開始導入思考，是適合青少年的哲學書。「哲學往往不傾向提供唯一的答案，而是將數種觀點陳列分析，以供參考」，蒲世豪認為，「培養思考不總是要勉強提出自己的想法，或一定要批評現代生活的議題，有時也可以去欣賞前人思考的出發點與深度，擴張自己認識的世界。」4

哲學書籍除了逐漸走向淺白易懂之外，書寫對象的年齡層也開始下降。此外，二〇一五年創刊的《青春共和國》雜誌，也是以中學生讀者為對象，並重視思辨教育，同時有培育思辨課種子教師的計畫。許多學校的各科教師參與此計畫，都各有可資示範的思辨授課方式，是思辨教師培訓的生力軍。

台灣在解嚴之後的政黨輪替中，逐漸鬆開對人民思想的箝制，台灣人民的自由意識才開始逐漸抬頭。而哲學團體發展的蓬勃度，通常又是觀察一個國家自由度的指標之一；具獨立思考與批判能力的哲學團體，永遠是當政者的人民監督。無論藍綠執政，若有心為台灣的子孫後代著想，除了放開在教育上的政治操控，讓教育獨立於政治企圖之外，還應積極培養下一代的思考能力；

即使培養出的人民不再溫馴聽話，但是，執政黨永遠必須在人民百年教育大計和短暫的政權生命之間抉擇，並且留下歷史紀錄。由台灣教育培養出的政治人物，又決定了台灣的教育發展，唯有導入良性循環，台灣未來的子孫才能看見希望。

註釋：

1〈各國教育制度／法國考哲學 訓練思考力〉戴定國，《聯合報》，二〇一四年六月二十四日（udn.com/news/story/6947/481726）。

2〈從課綱微調抗爭看「批判性思考」〉范疇，Udn 鳴人堂專欄，二〇一五年七月七日（opinion.udn.com/opinion/story/6067/1039846）。

3〈哲學教育對抗仇恨〉賴天恆，Udn 鳴人堂專欄，二〇一六年七一日（opinion.udn.com/opinion/story/6685/1799610）。

4《豪哥的哲學課：古希臘篇》蒲世豪著（紅桌文化）。

參考資料：

1〈鼓勵學生反思、對話，當個有意見的人〉李雅筑，《遠見雜誌》二〇一五年八月號（www.gvm.com.tw/Boardcontent_29255.html）。

2〈思考方法系列之一——活在沒有機會感的台灣，如何思考？〉范疇，Udn 鳴人堂專欄，二〇一五年三月十七日（opinion.udn.com/opinion/story/6067/770262）。

3〈二〇四五年電腦將超越人腦！不想被機器人取代，我們的下一代該培養這三個核心價值〉葛如鈞，《聯合報》，二〇一五年九月二十一日（goo.gl/zmFXrM）。

第五部

弱勢課後輔導的民間團體

台東孩子的書屋
博幼基金會
永齡希望小學
花蓮五味屋

台東孩子的書屋

——子自教、食自耕、衣自織、屋自建、政自理的「造鎮計畫」

「讓孩子不再流浪！」台東「孩子的書屋」在二〇一五年八月一日，第一座由孩子自己蓋成的屋子，舉行竣工典禮時，十二個「黑孩子」都哭了，書屋的落成讓「他們自信有能力替部落弟妹蓋一個家」。

這個由十二個青少年組成的「黑孩子」工班，在烈日下一磚一鏟的蓋著房子，書屋的其他孩子幫忙製作「土磚」，另外還有國際服務志工團五百三十五位志工陸陸續續參與。從二〇一四年十一月開始動工，九個月後，終於誕生了第一個屬於自己的書屋。

每個孩子都有晚餐可以吃

「有的孩子幾年沒吃過晚餐！」陳俊朗請兒子的同學一起去吃麵時，才發現這個事實。每天下午，書屋都會準備上百份晚餐，用專車送到每個部落的書屋，讓弱勢的孩子們有晚餐可以吃。

大家都叫他「陳爸」，「『陳爸可以讓我找到自己，以及我想要的關心跟照顧。就算只是陪在我旁邊做我想做的事，我家人都沒有辦法給。』但是陳爸可以。這些被學校與家庭視為『黑羊』的孩子覺得好酷，覺得他才是一個爸爸，『我可以不要聽任何人講的話，但是他的話我一定會聽』。」[1]學校老師對陳爸是又愛又恨，「偏偏老師眼中那些壞透了的學生，只聽我的話。」這裡不只是書屋也是家，陳爸笑著說：「學生在外面出了狀況，老師不是先報案，而是先通知我。」[2]

「他從學會爬就被送來書屋，」陳爸描述著貧窮人家的日子，「父親嗜賭，母親有藥物成癮行為，家裡被

由書屋的黑孩子親手蓋出來的房子。圖片來源：孩子的書屋提供

認定極度貧窮。他長大的家，一片薄木擋風雨的門，殘破的屋頂和人畜共活的居家。到附近的魚池打水是這個家的用水方式，而媽媽從四處帶回來的剩菜再加熱是家裡最常煮的餐點。」

陳爸照顧這樣的弱勢家庭約有七十戶，「社區裡這些族群大概佔了三分之一，但這三分之一卻是社區興敗的指標，也是沒人想答理或者敢處理的一群。」已經陪伴超過兩千位孩子的陳爸始終堅持著，「這些年的經驗，我們相信，這三分之一的翻轉就是社區的翻轉。無論是五年、十年、十五年或更多時間。」

教出一個健康而獨立的平凡人

「如何讓偏鄉弱勢翻轉，是我要花三十年的目的！」從一九九九年開始，陳俊朗在台東大知本區經營「孩子的書屋」。高中學歷、開過酒店、賣過A片的陳爸，回到台東開辦書屋，卻在書屋的兩個孩子先後出了人命，看盡人性醜陋之後，「你會更深刻感受到，你如果不出一點力量的話，這些孩子未來是沒有希望的。」幾年後，面對傾家蕩產，大半年員工的薪水發不出來，自己吃泡麵度日，加上妻子離去，陳爸自己的健康也出了問題，生命一度陷入垂危之中。

「其實我從來沒有不想放棄過。」一直想離開這些苦難深淵的陳爸，卻始終走不了，最後決定——「我如果因此會做到死，那就做到死吧！」[3]

從最初在老家屋前的曬稻場教幾個孩子寫功課、講故事，直到現在的八間書屋，由羊舍、豬圈改成，已經協助陪伴過數千名社會底層的弱勢孩子。但是，經常租約一到期，他們又得要搬家流浪，所以推行「一屋一田」計畫，期待能自力建造一間書屋，同時還有一畝田可以讓孩子們學習農作；孩子的父母也可以學習農務，不必為了謀生而與孩子分離。[4]

「台灣教育最大的問題，就是孩子已經沒有空間了！」陳爸認為我們可以留給孩子百分之二十或三十的空間，無論他是自己去尋找，或者透過討論。書屋會讓孩子製作投石器、水火箭，類似的好玩實驗課讓孩子學習物理化學理論，或者透過探索，都可以讓孩子建立起自己的思考模式、自己的價值觀之路，「我們在努力的是基礎教育，基礎教育就是不論你是漢人或原住民，以後如何在主流教育裡面生存的這個能力。」

「我們努力的是讓教育到它對的位子上，因為我們覺得現在所有教育都在做罐頭，除了智育之外其他都算二流，這是不對的。」書屋的課輔，輔導孩子學校的各學科，具備參與主流社會的能力，培養生存的技能，和自我特質的探索，「這只是我們跟外界溝通的一種方式。當我們說孩子的成績從零分變成十九分，外界聽得懂，但若我們說孩子從不會洗澡變成會洗澡，外界聽不懂。」學校功課只是書屋的眾多項目其中一項，「讓他學會如何與老師同學相處，是一個重要的能力，因為他一天八個小時就在那個地方，他的挫折感最多也是來自那裡。」

當書屋出現霸凌事件，陳爸會問孩子，「你為什麼把你的氣發在他身上？你應該跟老師談，而不是把你的不滿，找弱小來欺負；你應該去保護弱小不是去欺負他，這是弱者的表現。」書屋教孩子練搏擊、拳擊，讓他懂得保護自己也可以保護別人；他們還划獨木舟、騎單車、玩樂器等。

陳爸陪伴戒毒的人有自己的經驗，「吸毒的人會落入一種循環裡：騙，懺悔。他們心裡極度痛苦，但無法自拔。戒毒需要日日夜夜陪伴，當他毒發的時候，如何陪他度過那段想騙人又會懺悔的過程。」很多人都覺得孩子一定要什麼東西第幾名，教出一些「優秀」的孩子倒不是他想要的。陳爸說：「我很希望他能夠平平凡凡健健康康，有獨立人格，是我教育的最終目的。」

最大的夢想，就是不再需要書屋

陳爸的「教育造鎮」、「社區造鎮」計畫，已經重新組織化，建立制度和擴大規模，「現在的書屋給沒有飯吃的孩子有飯吃；把功課不好、要去當流氓的孩子召集起來，重新訓練，讓他們去學單車、學音樂等，重新建立信心，再接回主流的學校；逐漸地，連供應社區的菜都由書屋自種，連肉品的供應也在計畫中，自己養雞、養魚；下一步則是用自種、自養的菜、雞和魚來開餐廳，逐漸形成當地的地方特色。」[5]

書屋的終極目標是建造一個：子自教、食自耕、衣自織、屋自建、政自理的幸福莊園。「現在有很多人都缺乏自信，我很強調，我個人非常相信自己、很清楚自己這輩子要做什麼。所以，我很清楚我在做自己、做書屋、做社區，甚至更大範圍——事實上都在為自己找到一個定位。我陳俊朗是誰？我要做什麼？我是清楚的，你買不走我。」

「成立書屋最大的夢想，就是社區不再需要書屋。」期待未來食、衣、住都可自給自足，期望未來發展出社區學校、農產交易中心，甚至影響政治文化。陳爸說：「給我二十年，把一個孩子培養起來，再由他去影響、陪伴別人。」

註釋：

1 《愛．無所畏》陳俊朗、古碧玲（商周）。
2 〈退隱江湖蓋書屋　陳爸：孩子再壞也要救！〉郭錦萍，《聯合報》，二〇一五年六月十六日（goo.gl/rTYYFK）。
3 同註1。
4 同註1。
5 同註1。

博幼基金會

——進行教育濟貧的社會輔助

「透過教育讓孩子脫貧」是博幼的理念。博幼基金會每週免費課輔五天，從小學三年級教到國中三年級畢業，還會繼續追蹤孩子念高中、大學、甚至是他們的就業狀況，執行長陳良枝說明博幼針對一個孩子的服務會長達十五年的原因，「是因為我們了解，直至孩子穩定就業，才算是開始脫離貧窮。」

博幼董事長、前暨南大學校長李家同的理工背景，讓他想要證實當初的期待到後來是否真的如期發生，因此一路做了完整的追蹤調查。截至二〇四年上完博幼七年課的七百九十八個孩子中，當年度繼續升高中的達百分之九十九點五；高中職之後繼續念大專的有百分之七十一，連就業薪資都做了統計，「不要走偏，找到收入穩定的工作，對自己的家庭經濟能有幫助，未來還可以教

博幼基金會培訓在地的媽媽輔導小朋友作業。圖片來源：博幼基金會提供

自己的小孩，讓一個家庭往好的發展。」博幼想為一個孩子鋪陳一條長遠的路。

培訓部落媽媽成為課輔主力

博幼不是以安親和寫功課為主，而是以教會孩子在學校學不會的課程為主。一開始有與大學合作的課輔服務模式，但後來越走越偏遠，多以山區原住民部落、海邊貧困村落為主。若是在沙鹿、竹東、埔里屬於城鎮型的課輔中心，就要做家庭的經濟評估。但是「部落附近沒有補習班，資源缺乏、地理偏遠，就是有錢也沒有用」。陳良枝解釋走入偏鄉之後，不再只是小孩的課業學習，還包括大人的教育，培訓很多部落的媽媽，先把大人的能力帶上來，他們才能去教自己部落的小孩。

專職老師白天培訓在地媽媽，晚上去教國中生，而在地媽媽就去教小學生。在地媽媽了解部落每個家庭的情況，也從小看這些鄰居的小孩長大，比起每學期來來去去的老師，更懂得怎麼陪伴。課輔媽媽王金秀說：「以前我先生常潑我冷水，『你會教嗎？你能當老師嗎？這個能當飯吃嗎？』我告訴他：『我只是把我會的教給他們，讓我們社區的教育能提升。』而現在，他的態度轉變了。對於我最擔心的國三正值叛逆期的兒子，我先生會說：『你去課輔，我來顧！』」

陳良枝說，加強部落每個家庭的連結後，也請村長幫忙，學生若缺課，就使用「村裡廣播」找人。小孩子跑到哪都找得到，學生也會覺得被全村人關心，不會因為單親或隔代教養而失去上進心。「教育是全村落的事情」，讓學童願意自發用功讀書，成為有能力的大人。[1]

陳良枝提到有人認為原住民孩子功課落後，是因為天生不擅長學科學習，覺得他們應該發展運動歌舞等專長，而不強調去解決功課的問題，「我們自己進入到部落，認為這兩者不應該是衝突的」，從博幼開辦第一年就在博幼工作的執行長陳良枝認為，不是說有其他潛能，英數的基本能力就不可能達到。教育部的會考分ＡＢＣ三等級，在部落的國中畢業生六、七成以上都是Ｃ級待加強，「如果連基本的學習資源，或是教學方式都沒有為這些孩子做出過調整，就判定他們本來就是Ｃ、本來課業就會落後，對孩子來說是非常不公平的。」陳良枝認為我們前面沒有做好，「是我們該給孩子的沒有給，這才真正是叫作輸在起跑點。」

博幼還有配置社工人員，探訪過兩千多個孩子的家庭，若需要深入輔導，社工除了做家訪，亦會連結外界的資源如「家扶基金會」，一起幫助需要經濟補助的家庭。博幼的兩千個孩子，至少有一半是原住民，經過多次溝通，二〇一五年原民會也委託博幼做十六個部落的課輔教室，合作三年，服務將近兩百五十個學生。

自編課輔教材強調基礎學習

博幼自己編輯出版的英數及閱讀課輔教材，已經和教育部簽約，列入「國民小學及國民中學補救教學資源平台」，提供各國中小學使用。博幼的教材走「平民化」，教材使用不按年齡，而是依程度分級，回歸到基本。課輔教材的編輯由李家同校長親自指導，以基本概念為主，「不論英文、數學，我們都強調要把基本能力學會，因為缺乏基本能力，要一直往上升也沒辦法。」教材除了書店可以買到之外，博幼自編的版本及檢測卷也都放在網路上，需要的人都可以自己下載。

博幼現在在全台灣有十二個自營的課輔中心，服務兩千個孩子。另外，還有一千多個孩子是和五十五個社區組織（包括十八個安置機構）合作，把博幼的教學方式整個移轉給他們，同時提供博幼自己研發的教材，並且每個月至少一次到合作單位課輔現場培訓輔導和討論課輔運作狀況。目前博幼的小額捐款佔五、六成，其餘募款來自企業機構及以方案申請補助，博幼期待能有更多社會大眾支持和關心弱勢家庭學生的學習困境。

博幼國三畢業考上高中職的學生，基金會每年都會安排他們回來工讀幫忙，「他們一方面可以賺些學費，另一方面藉此學習服務的精神與工作的態度。除了協助工作人員一些行政事務，或是午餐分配、泡牛奶、影印考卷等。」屏東中心陳世雯說：「這些小小工讀生還會協助一些剛上課輔的小二、小三學弟妹學習英文單字或是數學等，互相學習成長。」

「阿嬤六十五歲了，嘸讀什咪冊，不會教孫子英文數學，又沒錢交補習費。還好有博幼補習班不收費，專門教厝裡嘸錢的囝子，我每天晚上載三個孫子去博幼，從國小到現在念到國中，載四年多了。」這位阿嬤小小的摩托車上，天天擠著另外三個孩子，「我希望三個孫子平安長大，能夠讀冊學到工夫，能夠賺錢養家照顧他們的老爸。他們的老爸因為車禍嘸法度工作，我們現在一家靠他的殘障補助和我做零工過生活。」

「這些窮困孩子的唯一希望來自教育」，李家同校長在《不能讓窮孩子落入永遠的貧困》一書中寫著：「我們很難揮動一個魔杖，使全國的窮人都脫離貧困，但我們要採取行動，使窮人的下一代不至於落入永遠性的貧困循環中去。」李校長希望國家基本教育要因材施教，絕對不可以混才施教。另外，還必須在教育上有適當的品質管制，不能讓孩子糊里糊塗地升級，政府應該要求所有的老師教會所有的孩子最基本的學問，「我一直在等教育部長說，『學生應該有基本學識能力，這是學生的權利，也是老師的責任。』」[2]

註釋：

1 〈偏鄉缺師資　在地媽媽當助教〉林秀姿，《聯合報》，二〇一五年一月二十五日（goo.gl/8bT95Q）。

2 〈搶救弱勢學習並非難事〉，《聯合報》【民意論壇】，二〇一六年五月十七日（goo.gl/52QlSb）。

永齡希望小學

——大學人力資源進入偏鄉教育

鴻海科技集團董事長郭台銘在二〇〇六年創立「永齡希望小學」，進行小學生免費的課後輔導工作。透過和各大學合作，經過社工家訪和請學校老師評估後，向有需要的學生提供協助。到二〇一五年為止，已經照顧近八萬個孩子，十年耗資近十億。

協助弱勢生，台灣各大學動起來

「弱勢學童的比例在學校持續攀高，二〇〇九年就已經超過了百分之二十五；更令人憂心的是，這個族群的比例仍然逐年攀升中。」前烏日東園國小輔導主任黃哲偉發現，「社會發展日益

參加永齡課後輔導的孩子使用永齡研發的電子書包輔助學習。圖片來源：果哲提供

複雜，家庭也隨著社會變遷逐漸演化。許多家庭規模持續縮減，許多功能更逐漸崩解中」，令人沮喪的是，「孩子仍然具備繼續學習的潛力時，卻被各種內外因素影響而放棄了課業學習。」

在偏鄉教育的現場普遍充滿著焦慮與困頓，二〇一〇年六月希望小學中興大學分校進駐東園，社工、志工、課輔教師同時投入之後，東園老師們對於希小的助益，表示肯定與支持。

目前與希望小學合作的全國大學有十四所：海洋大學、台北教育大學、中央大學、中興大學、東海大學、雲林科技大學、中正大學、成功大學、中山大學、高雄師範大學、屏東教育大學、宜蘭大學、東華大學、台東大學、屏東教育大學，以及新北市教師會、台灣世界展望會兩個機構。他們以大學為中心，四十分鐘車程、十公里以外及偏遠地區國小為合作對象。目前合作國小共兩百二十三所，開設課輔班級四百九十三班，全國參與課輔教師已有一千多人。

永齡的「課輔教師課程」，為了台灣不斷增加的弱勢學生，繼續培訓課輔老師。完成培訓之後，有了永齡課輔教師研習課程結業證書，可以進入希小或其他課輔單位任教。永齡維護課輔教師品質有一套認證流程：三年內參與一百二十八小時服務，可得到中高級課輔教師認證。雲林縣政府教育處於二〇一五年六月，指派雲林縣約一百二十所小學的代表教師，在永齡希望小學雲科分校，參加永齡補救教學的二日師培。

東華大學的陳曉雯，從大學時代就是永齡的課輔老師，中產階級出身的她，無法想像來自原住民、閩南、客家、新住民的偏鄉學童，城鄉間巨大的學習差異。她學會了陪伴與支持、給孩子們信心，當她的課輔學生跑到她面前說：「老師，我會造句了！」會讓她偷偷拭淚。大學念族群關係與文化學系的陳曉雯，研究所念了課程設計與潛能開發，做了六年的希望小學課輔老師，走過許多偏鄉；畢業後更取得種子教師資格，協助培訓各地方教育人才。[1]

自編補救教材，溝通即時化的e世代學習

二〇一五年，與教育部國民及學前教育署簽署合作，把花了多年時間所研發的國語及數學的補救教學教材，釋出印刷版權，提供給國小補救教學的現場使用。永齡的教材特色，在於可以讓老師運用永齡發展的測驗工具，找出孩子的學習弱點，從弱點個別化提升孩子的學習能力。

系統化的國語教材特色，讓孩子在國語文的課程裡，透過分析各種類型的文章架構，學會摘要、推論等閱讀能力，把能力運用在所有學科上，這些策略有效提升學生基本學科的能力。

「玩魔數」的數學教材，把孩子的生活經驗作為材料內容，以量、數、形的三大概念作為發展方向。並且，為了啟發孩童學習的動機，增進學習樂趣，永齡將課文變成動畫影片、測驗變成互動式學習，培養學童自我學習的能力。創辦人郭台銘董事長希望透過科技的導入，讓數位化學習拉近城鄉差距、敉平數位落差、實現公平教育的機會。結合了鴻海科技集團的科技技術與基金會，永齡希望小學的研發中心自編教材，於二〇一〇年花了七個月，開發出第一代的「永齡電子書包」，讓孩子從害怕數學到喜歡數學。

「永齡電子書包」包含國、英、數的即時最新教材，搭配同質的闖關遊戲；甚至將電子書包的單獨操作方式，變成電子書包與電子書包之間的互動應用——學生可在上課時與其他同學共同

完成隨堂練習或指定試題。全台目前已有三千位學童拿到專屬第二代的電子書包。

為了讓教材普及有效使用，永齡設計了分級課輔教師分級課程與認證。師培課程從易到難的分級內容，包裹教材及教法，帶領老師透過課程，學會教材設計的理念與教材教法，回到現場時便容易上手。此外，為維護現場的教學品質與成效，永齡提出了認證制度與辦法，維護使用補救教學教材的教學品質與成效。

前台中建平國小總務主任陳榮原，起初對大學生的授課能力感到憂慮，因為他們缺乏教學經驗，也較容易出現挫折感。然而事實上，充滿熱忱的大學生對孩子的真情交心，反而對學校帶來另一種衝擊，「孩子對課程的期待，及因無法參加而產生的失望不捨身影，對照兩年前甫聞課時，學生的低落求知欲與脫序行為，正為永齡希望小學的成效，下了最好的註解」。

永齡基金會投入偏鄉教育十年，帶動台灣最大規模的大學人力一起投入，讓數以萬計的孩子得到學習上的支援。而這些實際參與的大學教授，在這個機會中走進偏鄉的教學現場，親身了解偏鄉的難題。有些學者此後積極投入偏鄉教育的學術研究，發揮學者的專業與行動力，表現出教育工作者的教育本懷；而大批年輕的大學生在偏鄉的現場教學，雖然歷經挫折，但是也有年輕人因此走上奉獻偏鄉教育的道路。不問多少，當有人願意為台灣社會付出時，一個新的希望就已經開始落地生根了。

註釋：

1〈東華陳曉雯課輔六年伴學生自信會造句好感動〉，教育廣播電台，二〇一三年四月十七日。

參考資料：

1〈新光補救教學　讓學生反客為主〉，《台灣立報》，二〇一三年六月十九日。

2〈為弱勢編教材　獲國際學者認同〉，中央社，二〇一三年十一月十三日。

花蓮五味屋

——教育的自然農法

花蓮縣豐田小火車站的門前，一棟黑壓壓大屋頂的茅草屋，原本是早期日本人的住屋，風鼓斗造型的斜屋頂是用甘蔗葉做成的。外牆刷上了橄欖綠，重新賦予這幾乎被拆掉的歷史性老屋子，幾分美感和新生命。

門口豎立的兩面旗子上寫著「五味屋」，這裡就是「多一公斤旅行」[1]的終點，來自四面八方的二手物資，或寄、或載、或揹，集中在此，供應這裡一切學習運作的發生。

風鼓斗建築的五味屋是日據時代的歷史建築。圖片來源：五味屋提供

一個充滿關係，不是塞滿東西的二手鋪子

走進「五味屋」二手店，不大的空間裡滿眼都是吸引目光的小東西，印度裝飾用的金屬盤、各式女用皮包、咖啡機、碗具、筆紙、紀念品……琳琅滿目。每個週末開放兩天，學校的孩子們在這裡學會整理、歸類、標價、上架，甚至收銀與應對客人。每個孩子都有一本「點數存摺」，存點數的方式可以來自工作表現、參與活動等等。累積的點數夠了，就可以跟五味屋的老師換他想要的東西。

有孩子換到了書包，有孩子換到一趟環島旅行，東華大學教授顧瑜君表示，「五味屋鼓勵的是自助而後人助，而不是等待慈善的直接幫助。『靠自己努力獲得』是五味屋孩子簡單又驕傲的工作原則。」

二〇〇八年八月三十日五味屋成立，花蓮縣壽豐鄉牛犁社區交流協會楊鈞弼與游雅帆夫婦，以及東華大學顧瑜君教授，帶著大學研究生展開了社區弱勢孩子和學習有困難的孩子的社區生活學習方案，[2]和村落裡的各學校互補和協作，企圖去建構「社區生態協力網」，把社區、大學資源、NGO編織起來，「除了讓一群在學校系統中『掉出來』或『陷落』的鄉村孩子，被這個生態協力網接住，不繼續往下墜，同時借助專職專業社工與教育人員，幫助孩子們在當中找尋自己與人生的意義。」顧瑜君是長期且實際走進偏鄉，長年和弱勢一起生活的大學教授，「當我們理解到文化回應是一種接住這些滑落、漏出系統的孩子時，老師們就可以知道『教學』並不是一種『我教給你、我教會你』的機械式互動，而是一種因為接應了孩子，而能夠與之相遇的遭逢（encounter）經驗。」[3]

在一篇談論補救教學的文章中，顧老師提到這篇文章是為了那些「就算給予孩子適當且充足的補救教學後，卻還是感到挫折與想放棄的老師們而寫」，而五味屋為這類學生所提供的是，「與被歸類為補救教學對象的孩子們共同生活探究的歷程，多數經驗不在正規的教學中發生」，這些不在正規教育中發生的真實生活與困難，在顧老師的研究團隊努力之下，終於慢慢被看見、被理解了。

二〇一二年由新竹物流見性基金會贊助，在「五味屋」的後方設置「見性工坊」，作為孩子們工作學習與銷售的場所，在整理這些二手物資時，也教孩子學木工，做木器家具、樂器及修理腳踏車等技能。五味屋自二〇一三年起，在民權街（豐田村日據時代通往神社的「參道」）上，租了一棟房子，有一個大院子，這裡是「夢想館」，讓大孩子們放學後一起煮食、寫功課、做木工、修腳踏車、學才藝。同一條街的不遠處，有另一棟朋友捐出來的房子，作為書店和圖書館。到了週末，五味屋斜對面還租下一個可以提供簡食飲料的窗口，有在地媽媽烘焙的麵包等等。

「在體制內教育學習有困難的孩子，必須學習如何保有自己的獨特性的同時，與體制相處或和好。」在學校中受挫或是需要支援的孩子，和學校的關係緊張，適應不良，五味屋所做的非學校型態學習，是為了讓孩子體驗與感受到自己有另一種學習的可能與模式，而自主與自然的調整自己，將這個新的學習感受帶回學校去。這樣「孩子自己與學校老師，大家都放鬆了，就比較能好好過日子。你說真的需要什麼輔導，說白了，就是孩子要放過老師，老師也要重新看待孩子。大家各退一步，新的關係與視野就能產生，五味屋就是扮演這個創造彼此放鬆與重新看待的平台」。

有的孩子在學校與同學老師都無法相處，到了一種壓力鍋即將爆炸的狀態，此時能否給他一個空間，讓他一週內有幾個空檔，將在學校內的學習轉移到村莊中。「社區學習角」的概念是五味屋過去三年積極營造的學習環境，孩子們將學習的空間轉移到五味屋學習整理物資與銷售，到書店整理書籍與閱讀、到農場參與耕作、到工坊學習修繕或製造；這些個別化的學習過程，有工作人員和志工進行支持和陪伴。五味屋雖然無法支付老師授課鐘點費，卻可以尋求社區職人、達人、退休老師和志工幫忙；或是讀書會的媽媽，只要願意陪伴孩子的人，就是村莊裡社區學習角的老師，當孩子在課室外的空間獲得大人的支持與鼓勵而產生新的學習感後，他們開始有信心，當然也從中去找到孩子們可以照顧自己，又能夠在學校調整自己去適應的可能性，學校與老師看到孩子改變，接納度提高，便能創造雙贏。

教育的自然農法

五味屋的教育哲學稱為「教育的自然農法」，「長得起來就長得起來，長不起來硬要把他種下去也活不了，要有各種條件才發得了芽；學生要有動力，學校要有支持他的人，各個條件要俱足，慢慢把網絡編織起來，編不起來不能硬做。」曾經有個孩子，學校苦於找不到方法幫助他，五味屋剛好有機會送他去擅長馬術治療的老師經營的馬場參與學習，「不是診斷、分析、開處方的模式，不是計畫用什麼去藥物治療他、輔導他，我們是看懂之後接應了他。」

有些家長因各種因素對於學校的要求往往無法展現令人滿意的樣貌，以致成為學校沉重且無奈的負擔。五味屋的作法是，「再不好的家長到我們面前，我們都待為上賓，邀請合作，建議選擇，不強求；為了能與家長建立更緊密的合作關係，會邀家長一起去台北參與活動，例如感受頒獎等隆重的環境。」並不是所有人都認同這種對待家長的方式，但顧老師的看法是，「家長做出師長們不喜歡的行為時，與其選擇負面的解釋去看待家長，不如選擇正向與積極的態度，盡量去理解家長的處境。或許會看出他本身就是有困難和需要幫助的人。我們要跟他做朋友，雖然這並不容易，但總要持續的去努力看看。」

有些家長不能穩定地簽聯絡簿，無法注意到孩子穿的衣服是否乾淨、洗澡是否確實……這確實會造成學校的困擾，也會影響孩子在學校的人際關係（因為身體會有令人不舒服的味道）。五味屋雖然會想請家長改善，但任何對家長提出的要求若沒效果，就需要換個角度去學習；先放下繼續要求家長的模式，因為那樣只會讓彼此都受挫。「我們需要從新的角度認識這些問題與家長的處境，知道之後就是要了解，是洗衣機不對、還是肥皂不夠。」一位家長來接孩子時，向來只站在門外，一起去台北回來以後，家長終於願意踏進五味屋，願意坐下來，「不責備家長時，家長的社會功能開始自己轉化出來了。」

「很多時候，偏鄉的弱勢家長因為功能不如學校期望，容易被視為類似農業生產過程中影響產量的『雜草』和『害蟲』，大家習慣用『噴殺草劑和殺蟲劑把它消滅』的思維來應對。」但從「自然農法」的角度，雜草有覆蓋作用，根系複雜可以創造營養，讓植物有某一種能量跟養分。所以不應該消滅，應該要跟雜草共生，甚至連化肥、有機肥都不施。把土地養好，作物有能量，會找到自己生長的方式，「是以產量與績效為中心的思考方式才認為雜草有害。」顧老師希望用一個「生態營造」的方式，使雜草也能生、植物也能生，雖然不是那麼漂亮也無妨，因為「現在大家已經知道，其實蔬菜太漂亮的是有問題的」。

顧老師認為我們需要改變所謂「好的教育」的刻板想法，也要理解孩子對他人看待自己父母的心情，狀況再不好的家長，用這樣去建立關係，彼此都能建立很好、彼此合作的關係，「我們不認為他一定要有某一種社會功能，因為他就是在這個社會上有困境的個體；將心比心，誰希望自己的爸爸在公開場合是讓人家看不起的？這樣子孩子的自尊要從哪裡來？當他的父親一直被瞧不起，孩子最後不是切割就是逃離。因社會結構造成的循環，卻把它歸罪在個人的問題，這種『個人化』歸因是不對的。」

一位「教育專家」彎下腰身看見真實

在花蓮待了二十年的顧老師，「前十年不斷地在放下自己的教育專業，因為它限制你看到真實的需要，而讓受助者來配合你的專業施展。」她從過程中逐漸領悟，「我們的教育專業若不在高度的反省與調整下運用，是一種壓迫式的教育專業，大家來配合我，我怎麼說怎麼對，其實是很霸權的本位主義。」她在第一線跟學校老師合作時，「我們做諮詢的就說這樣做、那樣做，當老師說現場的這個困難、那個困難時，我才發現說不對不對，我們都沒有去看現場，我們都一直在問我們要塞什麼東西給第一線老師。」

顧老師反省，以前是專業擋在前面看不清楚，其實人必須要能和現場接觸，所以，她就把專業懸置了。同時，她也不再接受國家委託的計畫案，她不再告訴社區他們需要什麼，而是耐心地等待，等到社區居民找出自己想要的。她認為大學教授的功能，是協助他們做企劃、找資源。

在學校體制裡，老師有一大群學生要顧；在五味屋，工作人員則有比較寬裕的空間。一個孩子從小六到高二都在五味屋，「所以，我們不急著孩子在我們眼前脫胎換骨，我們就是一直等著他。」顧老師又說起自然農法，所謂的「計畫栽種」就是控制陽光水分，固定週數就可以收成；相較之下自然的情況是：最近就是比較冷長得比較慢，或是雨水就是比較少，或是比較熱、蟲子比較多。「學習不是『被誰教導學會』，而是從最小的事情裡累積出的酸甜苦辣鹹中，所產生的理解與力量。」顧老師帶著學生一起做社會與社區參與，透過行動親身實踐與投入，大學生會得到在大學裡無法獲得的學習與改變，「五味屋對自己與大學生來說，是一個珍貴的場所。」

「小偉，阿嬤最近怎麼樣？好、好……跟阿嬤問好喔。」「惠惠，今天有歌手在ＪＪ演唱欸。」「小凱，你那天在台上很穩啊，還好有你。」「阿文，印出來 power point，你簡單寫一下，『謝謝老師給我這個機會』，可以嗎？」塞得滿滿的五味屋，中間放著一張長木桌，顧老師安坐在長凳中間，一邊溫柔而堅定地指導身邊的孩子如何寫聯絡簿，一邊和媽媽、阿嬤溝通孩子的情況，還不時八爪章魚似的和四周的人保持互動，「與其說補救，不如說我們從孩子們身上獲得豐富的學習，而這份學習，成為我們與孩子共同生活的力量與愉悅的泉源。」一個外地人，一個走進偏鄉社區的大學教授，長年的在地耕耘與支持，逐漸地成為社會弱勢的朋友，成為家人。

註釋：

1 關於「多一公斤旅行」，可參考：www.5wayhouse.org/sec04p02.html。

2 從一〇二學年度起，五味屋正式在花蓮教育處申請為「非學校型態實驗教育團體」。

3〈社會受苦學童的接應：談文化與補救教學的手藝〉顧瑜君、吳明鴻、石佳儀，《帶好每一個學生：有效的補救教學》（心理，二〇一四年三月）。

參考資料：

1〈做工人與做老師的選擇——弱勢學生學習的脈絡化理解〉顧瑜君、林育瑜（二〇〇九年六月）。

討論五：弱勢課後輔導的民間團體

台灣民間自發性的課輔團體，從大學教授、台灣首富、牧師到一般市民，紛紛主動挑起照顧社會弱勢孩子放學後的工作。過去的台灣，經常是由教會等等慈善單位出面照顧弱勢孩子。近年來，台灣各方人士開始動員投入協助，然而，隨著投入之後才發現，越深入偏鄉，需要被照顧的孩子越多，像是沒有盡頭。

各個團體對於偏鄉孩子的協助，也各自有不同的主張與做法。未進入現場了解實際困難之前，若僅憑自己過去的有限認知去做論斷，對於日日付出、努力奮鬥的現場工作者有失尊重，換個角度看，對自己也是有失尊重。

「博幼基金會」、「永齡希望小學」致力於補救教學，主張教育脫貧；台東「孩子的書屋」則主張自力更生，身心健康有謀生能力；花蓮「五味屋」的學術研究團隊走入現場，了解並尋找教育的可能性；「科學小菁英」的陳立與「MAPS」的王政忠的補教背景，注重教學的效果，而陳立不認為有城鄉差距，王政忠的偏鄉學校教學經驗會照顧到落後生；華南國小、樟湖國中小則直接對偏鄉弱勢進行理念教育，回歸教育的本質。

民間組織參與

除了「博幼基金會」、「永齡希望小學」、「孩子的書屋」、「科學小菁英」迅速發展，成為全國性組織之外，全國各角落都有大大小小、有名稱或沒有名稱的民間團體在照顧著台灣的弱勢孩子。

華人被寫入最多本教科書的「公益天使」沈芯菱，出身自流動攤販的家庭，十一歲就就開始投身公益。她建立了「安安免費學習網站」，幫助六百多萬學子，深入偏鄉關懷原住民、新住民。她從未接受捐款贊助，十三年來獨力支出七百多萬元，受到各媒體讚譽。目前還在攻讀博士學位的沈芯菱，等待完成學業之後，台灣的偏鄉弱勢，將會再度出現一個強而有力的支撐力量。

另外，因受國外教育團體影響，而在國內組織起來的有兩個團體ＤＦＣ（Design For Change，全球孩童創意行動挑戰）和ＴＦＴ（Teach for Taiwan，為台灣而教）。二〇〇九年由印度河濱學校創辦人吉蘭·貝兒·瑟吉（Kiran Bir Sethi）校長發起ＤＦＣ，設計讓全球孩童參與的改善生活問題平台，六年發展到四十個國家，兩千多萬孩童參加，許芯瑋於二〇一一年成立台灣DFC。另外，一九八九年，由畢業於普林斯頓大學的溫蒂．柯柏（Wendy Kopp）創立Teach For America（為美國而教），培訓青年教師到偏鄉教書，在二〇〇七年成立了Teach For All（為所有孩子而教），發展三十五個國家，台灣的劉安婷在二〇一三年成立TFT，培訓大學畢業生進入偏鄉教書。

教學網路平台——大規模開放線上課堂

磨課師（MOOCs）是最近國內外大學興起的大規模免費線上開放式課程，由於科技帶來學習方式的巨變，所有過去的學校概念，開始受到挑戰。全球各地不分年齡的人，都可以同時在家裡聽課，而且可以選擇名校的名教授，或任何個人感興趣的課題。在世界各國已經造成熱潮的線上課堂，在台灣相對冷淡的原因，除了英文程度問題之外，對於學習失去熱情可能是其中的原因。

目前全球最受歡迎的磨課師：

一，Coursera 免費教學網路平台（www.coursera.org）是由兩位來自史丹佛大學的資訊工程教授創辦的營利公司。其模式為：與同意提供免費課程的大學院校簽約，一定比例的盈餘撥給

Coursera 公司。美國有幾十所一流大學加入，各國名校也跟著加入。

二，edX（www.edx.org）是和麻省理工學院、哈佛以及柏克萊大學共同合作的非營利組織。該組織希望提供免費的軟體平台，讓任何一個希望建立 MOOCs 的單位／個人皆可以使用，提供免費課程。

三，可汗學院（Khan Academy，www.khanacademy.org）是由麻省理工學院和哈佛大學的畢業生沙門．康（Salman Khan）所創辦的非營利組織。二〇〇六年創立時，是個提供簡短講課影片的線上圖書館，目前在 YouTube 上已有超過三千支影片。

四，Udacity（www.udacity.com）起源於二〇一一年史丹佛大學開設的免費計算機科學概論課程——Introduction to Artificial Intelligence。這是由塞巴斯蒂安．特倫（Sebastian Thrun）、大衛．斯特恩（David Stavens）以及邁克．索克爾斯基（Mike Sokolsky）投資的一個私立教育組織，目標在於實現民主教育。

五，FutureLearn（www.futurelearn.com）是英國 MOOCs 平台，由英國空中大學與全球近九十所大學及學術機構（如：大英博物館、大英圖書館、英國文化協會等）共同提供免費線上課程。[1]

台北市政府教育局的「酷課雲」結合現職教師的力量，教師們成立酷課師夢想團隊，台北酷課雲的核心理念是「以學生學習為中心」，提供全台灣的學生、教師及家長各項學習服務，包括「酷課學堂、酷課學習、酷課教室、酷課 App 及酷課校園」。

高雄市政府教育局的「Dr.Go 自主學習平台」開放給高雄、台南、台東、澎湖、金門，國文、英文、數學、社會（歷史、地理、公民）、自然（理化、地球科學、生物）等課程，然後召集各領域優秀老師，將每個核心概念拍攝成約十分鐘左右的微教學影片，建置由國小到高中一至十二的自主學習平台。另外還有均一教育平台，以小學數學為主，還有其他各式各樣的免費教育網路平台。

為台灣的弱勢孩子點亮一盞燈

台灣民間各大大小小課後照顧中心或課輔團體，從輔導孩子完成作業，到教會孩子在學校沒學會的進度。很多組織要靠社會善款，幫孩子們煮每天的晚餐，支撐這些孩子，不要染毒，不要進入詐騙集團。吃晚飯和輔導功課，是兩大待解決的現實問題。

課輔老師是最大的困難：永齡希望小學召集各校（以大學為中心四十分鐘車程及距離十公里以內）教育學系相關的大學生任教，同時永齡研發電子書包啟發學生的學習興趣；博幼基金會則培訓當地原住民媽媽成為課輔老師。畢竟，能長久經營培訓課輔老師的組織太有限，對於全台各地許多難求溫飽的小團體而言，無法希求得到協助。

科技時代的來臨，為這些茫然無助的弱勢偏鄉帶來一線生機。

台東鄭漢文校長苦尋多年，終於看見數位化教學的可行性；台北市的數學老師陳立，也開放台北的名師教學錄影讓台東等六鄉鎮的弱勢孩子分享；此外，有些偏鄉地區，由台灣大哥大贊助硬體與網路，並由「一點通」開放公益版名師教學錄影，讓城鄉的距離消失在數位中。

台灣有如此多的弱勢團體，需要社會各界一起伸手扶持自己的社會，我們需要台灣科技界的參與，需要各地補教界開放偏鄉公益版，為了守護弱勢孩子，請為他們未來的人生道路「點亮一盞燈」。

註釋：

1 國立台灣大學圖書館（eserver.lib.ncku.edu.tw/moocs）。

後記　向所有曾經奮力一搏的教育工作者致敬

書中各學校團體用堅定的行動力量，希望世界變得好一點，他們通過各種無情的磨難與考驗，最後樂於分享多年努力的經驗、理念與行動成果，提供給台灣社會各自取用，實質上，這是一本由民間集體創作的書。

本書從二〇一一年開始寫，側重值得與外界分享的各校實作經驗，而不在詳述辦校過程與全貌；每個主題之下，僅能介紹有限代表，無法完整寫入。書中各學校團體之間，各自秉持的教育理念與實作方式，有同有異，由於有差異懸殊的背景，本書希望自然呈現一個社會結構的多元面貌。在不同層面下的不同思考與不同需求，若用單一思維習慣去審視與對待，容易陷入褊狹。

由於寫作的時間長、範圍廣，因此早期文稿偏長，而晚期因文字量所限改成短篇。書的承載有限，對於早期長篇寫作，最後必須文稿刪半的學校；對於五年中已經走訪撰文，最後卻必須割捨整篇文稿的學校；對於許多已有口碑，來不及拜訪的學校，以及個人能力所限，無法顧及的在家自學，在此一併致歉。為了補充文字的不足，在「教育的天空」臉書上，有各校短片介紹，創辦人及各界人士的簡短談話，將陸續介紹各個角落的各種努力辦學成果，以分享社會；近期內並將成立教育基金會，聯合各界力量，一起為台灣教育打拚。

感謝各學校團體耐心受訪，並協助指正錯誤，以盡量貼近原貌。書中各種討論，只是非學術性的歸納與補充，匆促完稿並來不及校正，僭越之處懇請學界包涵，粗淺謬誤之處也待各界指正。本書僅拋磚引玉，期待教育專業人士，能做詳盡深入的研究；也希望各位讀者，能輕鬆閱讀。

在埋首寫作的日子裡，經常才跟窗外綠林問過安，再一抬頭，又慌張地發現忘了告別；隱沒在夜幕中的樹林，雖然從來不曾真正離開。這些年，能堅持繼續寫作的主要動力，來自於每個學校團體所帶來的感動，憑藉著一份份感動的力量，最後完成了這本書。

我以一首兒子送給我的歌，獻給在台灣的土地上，曾經努力過、正在努力、和即將開始努力的人，歌手 Angela Aki 唱的〈寫給十五歲的自己〉：

人生的一切啊　都有它的意義
不要害怕　勇敢去建築你的夢想吧
……
啊　不要輕易認輸
不要哭　覺得自己快不行時　相信自己內心的聲音　勇敢向前行就對了
每個時代都需要經歷一番磨練才會到達成功
讓我看看你的笑容吧　勇敢走下去吧　勇敢走下去吧

國家圖書館出版品預行編目（CIP）資料

台灣教育的另一片天空：二十年民間實驗教育的里程碑 / 果哲著.
-- 初版. -- 臺北市：大塊文化, 2016.09
408 面；14.8*21 公分. --（Smile；136）
ISBN 978-986-213-727-7（平裝）

1. 台灣教育 2. 文集

520.933 105014784